本项目系智库：浙江省数字化改革研究智库联盟、绍兴文理学院新结构经济学长三角研究中心围绕浙江省“社科赋能山区 26 县高质量发展行动”研究成果，受绍兴文理学院“社科赋能山海协作（松阳）”课题（2024ZXZD01）专项资金资助，受 2024 年绍兴文理学院出版基金、绍兴文理学院商学院出版基金资助出版

# 基于“文化—经济”融合视角的松阳人文经济学理论与实践

赵　江　吴　丹　宋晴怡　著

中国财经出版传媒集团
中国财政经济出版社
·北京·

**图书在版编目（CIP）数据**

基于“文化—经济”融合视角的松阳人文经济学理论与实践 / 赵江，吴丹，宋晴怡著．-- 北京：中国财政经济出版社，2025. 1. -- ISBN 978 -7 -5223 -3680 -0

Ⅰ. F127. 554

中国国家版本馆 CIP 数据核字第 2025GS1618 号

责任编辑：彭　波　　　责任校对：胡永立
封面设计：孙俪铭　　　责任印制：史大鹏

基于“文化—经济”融合视角的松阳人文经济学理论与实践
JIYU “WENHUA—JINGJI” RONGHE SHIJIAO DE SONGYANG RENWEN JINGJIXUE LILUN YU SHIJIAN

中国财政经济出版社 出版

**URL**：http：//www. cfeph. cn

E - mail：cfeph@ cfeph. cn



社址：北京市海淀区阜成路甲 28 号　邮政编码：100142

营销中心电话：010 - 88191522

天猫网店：中国财政经济出版社旗舰店

网址：https：//zgczjjcbs. tmall. com

涿州汇美亿浓印刷有限公司印刷　各地新华书店经销

成品尺寸：170mm×240mm　16 开　20. 75 印张　302 000 字

2025 年 1 月第 1 版　2025 年 1 月河北第 1 次印刷

定价：88. 00 元

ISBN 978 -7 -5223 -3680 -0

（图书出现印装问题，本社负责调换，电话：010 - 88190548）

本社图书质量投诉电话：010 - 88190744

**打击盗版举报热线：010 - 88191661　QQ：2242791300**

# 前　言

松阳县，位于中国浙江省丽水市，作为一个历史悠久、文化底蕴深厚的浙西南县城，以其独特的人文景观和自然资源闻名于世，被《中国国家地理》杂志誉为“最后的江南秘境”。近年来，随着国家对文化经济融合发展的高度重视，松阳县在国家和省级政策的支持下，积极探索经济与文化融合发展的新路径。文化与经济的融合不仅是松阳县实现可持续发展的关键，更是推动地区社会繁荣和居民生活质量提升的重要动力。国家层面上，文化与经济融合发展已经成为新时代中国特色社会主义的重要组成部分。党的十九大报告提出，要坚定文化自信，推动社会主义文化繁荣兴盛。文化是民族的血脉，是人民的精神家园，也是经济发展的重要引擎。浙江省作为中国经济最发达的省份之一，其文化和经济的融合发展也在全国范围内起到了示范和引领作用。浙江省政府在推进文化产业与其他产业融合方面，采取了一系列政策措施，鼓励文化创新，推动文化资源的产业化和市场化，使得文化产业成为经济发展的新增长点。丽水市作为浙江省的重要组成部分，松阳县更是丽水市下辖的一个典型代表。松阳县以其丰富的历史文化遗产和优美的自然风光谱写着文化与经济融合发展的故事，堪称当今中国最完整的“古典中国的县域标本”。

松阳的历史可以追溯到数千年前，其丰富的文化资源包括古村落、古建筑、古宗祠、古驿道、古廊桥等，依然保留完整，焕发着耀眼的光芒。而民间艺术、地方戏曲和丰富的非物质文化遗产也呈现出非凡的魅力。这些资源不仅是松阳文化的象征，也是经济发展的宝贵资产。本书以“基于‘文化—经济’融合视角的松阳人文经济学理论与实践”为题，旨在系统研究松阳县文化与经济融合发展的现状、机制和未来发展路径。通过对松阳历史文化背景、现代经济发展历程、文化与经济互动机制、文化生态旅游、民俗经济、数字化融合等方面的深入研究，探索文化与经济融合的理论与实践，为松阳乃至整个浙江省提供理论支持和实践指导。本书的研究方法主要包括文献分析、实地调研、案例分析和理论建模等。通过对相关文献的梳理，了解国内外文化与经济融合发展的理论基础和研究现状；通过实地调研，获取第一手资料，了解松阳县文化与经济融合发展的实际情况；通过典型案例的分析，总结松阳在文化与经济融合发展中的成功经验和存在的问题；通过理论建模，探讨文化与经济融合发展的影响因素和机制。

本书的研究框架分为十章，第一章是引言部分，主要介绍本书的研究背景、研究方法和框架以及研究的创新点。第二章系统阐述了松阳的人文经济学研究理论基础，探讨人文经济学的定义与起源，松阳人文经济学研究方法和定量分析，以及松阳人文经济学研究与传统经济学的对比。第三章详细介绍了古韵松阳的历史与文化背景基础，详细阐述松阳的历史发展与遗迹文物、文化传统与社会习俗、文化遗产的保护与传承。第四章详细阐述了古韵松阳的现代经济发展历程，分析松阳农业经济的历史演变、茶产业的发展模式演变、手工业的传承与创新。第五章深入分析了古韵松阳文化与经济的互动机制，探讨松阳文化对经济的影响机制、经济对文化传承的传承机制、诗词文化对现代产业的推动机制。第六章深入探讨了古韵松阳的文化生态旅游与经济增长效应，研究松阳文化生态旅游资源的经济基础、文化旅游的经济效益、文化生态旅游的品牌发展策略。

第七章深入阐述了古韵松阳的民俗经济与社会发展的机制，分析松阳民俗文化的传承与发展、地方剧种的现代传承与经济发展、松阳中草药饮品的现代传承之路。第八章深入阐述了古韵松阳的数字化与人文经济的融合，探讨数字化与智能化技术在传统产业中的应用、数字平台建设与智慧乡村发展的协同机制、生态文化建设对经济增长的长效机制。第九章系统分析了古韵松阳的人文传播对松阳经济的影响机制，阐明松阳文化历史的现代传播、人文传播对松阳发展的传播机制、文化创新带动经济发展的理论和实践。第十章阐述了政策支持与未来展望，探讨科技创新驱动人文经济发展的理论机制与路径、松阳的人文生态发展的政策支持、松阳的人文经济的可持续发展策略与路径。从整体框架看，全部十章内容层层相扣，始终围绕松阳人文经济理论实践展开，力求向读者展现松阳人文经济发展的全貌。

本书的研究创新点主要体现在以下方面：第一，理论与实践相结合。本书在人文经济学理论研究的基础上，通过实地调研和案例分析，深入探讨松阳文化与经济融合发展的具体路径和实践经验，成为浙江省人文经济学典型县域样本，为其他区县人文经济学研究提供可借鉴的模式。第二，多维度综合分析。本书不仅关注松阳文化与经济融合的历史和现状，还从文化生态旅游、民俗经济、数字化融合等多个维度进行全面分析，力求提供多维度、全方位的研究视角深入分析松阳文化发展对经济的巨大作用。第三，定量与定性结合。本书通过定量分析和定性分析相结合的方式，深入探讨文化与经济融合发展的影响因素和机制，为相关政策制定提供数据支持和理论依据。第四，政策建议与未来展望。本书不仅总结松阳文化与经济融合发展的成功经验，还提出了具体的政策建议和未来发展路径，为松阳县乃至整个浙江省文化与经济融合发展提供理论支持和实践指导。

总之，《基于“文化—经济”融合视角的松阳人文经济学理论与实践》一书，通过系统研究松阳县文化与经济融合发展的现状、机制和未来发展路径，力求为松阳乃至整个浙江省的文化与经济融合发展提供理论支持和实践指导，推动县域经济和社会的可持续发展，实现县域文化与县域经济的“双赢”。本书的出版既是对松阳文化与经济融合发展的系统总结，也是对全国文化经济融合发展的有益探索。希望本书能够引起学术界和实践界的广泛关注，为人文经济学的发展作出贡献。然而，由于作者水平有限，不足之处在所难免，恳请读者不吝指出，不胜感激。

**赵　江　吴　丹**

2024 年 10 月 1 日

# 目　　录

# 第一章

## 引　言

在中国的广袤大地上，历史与文化的积淀如同层层叠叠的画卷，向世人展现出一个个生动的文化历史图景。位于浙江省丽水市的松阳县便是其中一幅绚丽的画作，这里不仅以其悠久的历史、丰富的文化遗产和美丽的自然风光而举世闻名，更因其数千年来鼎盛的文化传承成为浙西南最富有特色的县域文化典范。松阳的独特之处在于其文化与经济的紧密融合，为我们提供了研究人文经济学的绝佳案例。自古以来，松阳就是一片文化的沃土，孕育了无数的文化瑰宝。从古代的文人墨客到现代的艺术家们，松阳这片土地一直成为文化创作和艺术灵感的源泉。悠久的历史、丰富的文化资源和独特的民俗风情，使得松阳成为一个承载文化记忆的活态博物馆。在这里，每一处古建筑、每一件文物、每一个民间故事，都诉说着松阳的历史与文化变迁。然而，松阳不仅仅是一个文化的宝库，更是一个文化经济协同发展的典范。在现代化进程中，松阳并没有一味地追求经济的高速增长，而是巧妙地将文化资源与经济发展相结合，走出了一条独具特色的县域经济发展道路。通过文化旅游、传统工艺品产业、特色农产品等多种形式，松阳实现了文化资源的有效利用和经济的持续增长，成为文化与经济融合的成功案例。

本书通过对松阳的深入研究，探讨其文化与经济融合的路径和机制。首先，全书将回顾松阳的历史发展，梳理其文化资源的形成与演变过程。这部分的研究将帮助我们理解松阳文化的丰富性和多样性，为后续的分析提供背景支持。其次，本书将分析松阳的经济发展状况，特别是文化产业的发展情况。通过实地调研和数据分析，将揭示松阳如何在保持文化传承的同时，实现经济的可持续发展。本书着重探讨文化与经济融合的具体路径。文化与经济的融合并非一蹴而就的，而是一个复杂而长期的过程。松阳的成功经验表明，县域地区的文化资源不仅是经济发展的重要基础，更是县域经济竞争力的重要来源。通过文化旅游的开发、传统工艺的创新与推广、特色农产品的品牌建设等多种途径，松阳实现了文化资源的价值转化，推动了经济的高质量发展。通过具体案例分析，本书揭示这些路径背后的机制和逻辑。最后，本书将总结松阳的人文经济发展的相关经验，为其他县域地区人文和经济融合发展提供借鉴。松阳的经验表明，只有在尊重和保护文化资源的基础上，通过创新和合理利用文化资源，才能实现文化与经济的“双赢”发展。本书希望通过对松阳的文化—经济融合发展的系统研究，能够为其他地区的文化—经济融合提供有益的参考，从而有效推动我国文化经济学的发展。

## 第一节　研究背景与意义

### 一、研究背景

2023 年 3 月全国两会期间，习近平总书记在参加江苏代表团审议时提出构建人文经济学这一理论界值得研究的重大课题。党的十八大以来，中国式现代化事业取得了历史性成就、发生了历史性变革，而未来要全面建成社会主义现代化强国，实现经济社会高质量发展，是提出和发展人文经济、构建中国特色人文经济学的总体现实背景[1]。反言之，促进人文精神与经济发展的交融互动、融合发展，是推进中国式现代化的现实需要和发展愿景。从概念看，人文是“人所能达到的文明形态”，以及这种文明形态的养成过程。人文关怀，就是以人为本的文明的生产过程中关心人的精神、文化、心理、道德、审美等方面的需求，以及关注人的尊严、价值和权利，强调人的自由全面发展。人文关怀的根本是人文精神、人文情感，是“以人文精神为内核的理性自觉”[2]。人文经济，是指在经济发展过程中，注重人文关怀，关注人的自由全面发展，强调人的尊严、价值和权利，以及关注社会、文化、环境等方面的可持续发展[3]。可见，人文经济注重人的幸福感、安全感和满意度的提升，而不仅仅是经济增长率或GDP的提高。在本质上，人文经济将人文价值观视为经济发展的深厚底蕴与重要内容，通过人文/文化的赋能，赋予经济发展更强的驱动力；通过政府、企业和社会各方共同努力，制订和实施相关政策、法规和措施，推动经济、社会、生态等多方面的人文化发展。

人文经济学作为一门跨学科的综合性科学，主要研究文化活动与经济行为之间的互动关系。理论基础主要源于经济学、社会学和文化研究等多个领域。Scott Marshall认为，人文经济学关注的不仅是文化产品的市场价值，更关注文化在塑造社会经济结构中的作用。其发展的背景可追溯至国家宏观经济与文化发展战略的不断推进。在全球化与信息化的时代背景下，中国正经历着深刻的经济和社会变革。党的十九届五中全会提出，要“坚持创新在我国现代化建设全局中的核心地位，把科技自立自强作为国家发展的战略支撑。[4]”然而，文化的力量在国家现代化进程中，也扮演着不可或缺的角色。习近平总书记多次强调，文化是一个国家、一个民族的灵魂，文化自信是更基本、更深沉、更持久的力量[5]。国家倡导弘扬中华优秀传统文化，坚持马克思主义指导地位和中国社会主义核心价值体系，以文化凝心聚力，为经济发展提供精神动力和智力支持。中国经济高速发展的同时，文化的传承与创新也逐渐成为国家软实力的重要组成部分。国家文化与经济融合的战略目标，体现在多个政策文件中。例如，《“十四五”文化和旅游发展规划》提出，要加强文化与旅游、科技等领域的深度融合，促进文化产业和旅游产业高质量发展。文化部和科技部联合发布的《关于推动文化和科技深度融合的指导意见》，也为文化与经济的融合提供了政策保障和指导方向。皮埃尔·布尔迪厄提出了文化资本理论，对人文经济学的发展具有重要影响。布尔迪厄认为，文化资本是经济资本的一个重要补充，两者在社会资源分配中发挥着同等重要的作用[6]。文化资本不仅包括物质文化产品（如艺术品、书籍等），还包括非物质文化资产（如教育、技能等），这种广义的文化资本观，有助于理解文化如何通过教育、艺术和其他形式，影响个体和社会的经济行为。

浙江省作为中国经济最发达的省份之一，不仅在经济发展上取得了显著成就，同时也在文化产业发展方面走在全国前列。浙江省的人文经济学研究，基于其独特的经济结构和文化资源，探索了经济与文化的融合路径，为其他地区提供了可资借鉴的经验。松阳县位于浙江省西南部，被誉为"江南最后的秘境"。素有"中国唐诗之路"的重要节点之称，是一个历史悠久、文化底蕴深厚的地方。松阳不仅拥有丰富的自然景观，如古林茶园、松阳茶山等，而且有许多文化遗产，如村落文化、建筑文化、民间传说等，这些都为当地发展人文经济奠定了坚实基础[7]。松阳的经济发展主要依赖农业、茶产业和旅游业。近年来，随着国家和省级政策的支持，特别是乡村振兴战略的实施，松阳县开始探索文化与经济融合的道路，旨在通过挖掘和传承本土文化资源，促进经济的可持续发展。

因此，如何使松阳的现代化建设彰显人文关怀，实现"人的现代化"和"物的现代化"之间的协调发展，成为浙江山区 26 县（市）面临的重要时代课题。本书所要解决的问题：一是松阳的人文经济究竟是什么？其本质内涵是什么？二是如何通过文化—经济融合视角阐明松阳人文经济脉络，为松阳发展奠定基础。

## 二、研究进展

人文经济学的基本内涵研究：首先，人文经济学坚持以人的发展为核心的价值导向，突破了传统经济学的藩篱，强调在经济发展中注重人文关怀与社会责任，关注人的需求、尊重人的价值、提升人的福祉。特别是人文经济是中国特色社会主义进入新时代的必然产物，是在习近平新时代中国特色社会主义思想指导下中国式现代化实践的新范式[8]。其次，在人文经济学视野下，文化不再是经济的附属品，而是推动经济发展的重要力量[9]。文化经济化和经济文化化的过程，实质上是文化与经济相互渗透、相互融合的过程。文化经济化代表着将文化资源转化为经济资本的过程，通过创新利用文化资源促进经济增长与转型升级[10]。而经济文化化则意味着在经济活动中融入人文价值，以提升经济活动的文化内涵与人文品质，实现经济发展与社会进步的有机统一。最后，人文经济学的研究对象包括经济行为的人文因素以及经济制度的人文影响。不仅聚焦于行为与经济制度的表象分析，更致力于探究潜藏在社会结构背后的历史脉络和成因机制，使经济发展更符合人文关怀价值取向[11]。

人文经济学的发展动因研究：第一，人本主义需求驱动。这一核心动因源于人文经济学的人文底色，研究焦点从单一的经济增长转向更为全面的社会福祉和文化需求的满足[12]。第二，文化与经济融合发展。人文经济学致力于探索文化与经济的相互交融和共进互动，旨在实现文化价值与经济价值的双重提升[13]。第三，创新引领与价值提升。人文经济学强调创新在经济发展中的重要作用。通过引入新技术、新思维和新模式，人文经济得以不断突破传统边界，实现文化与经济的价值跃迁[14]。第四，全球化与本土化结合。在全球化背景下，人文经济学既遵循全球经济的发展趋势，又注重地域特色的传承发扬，赋予构建人类命运共同体实践指引，为人类文明新形态提供坚实的理论逻辑[15]。

人文经济学的演进历史研究：第一，孕育阶段，体现了人性和经济的交织。包括1776年亚当·斯密的《国民财富的性质和原因的研究》，从市场经济的角度审视了人类行为动机的复杂作用。早期的经济学家从人本思想的视角出发，深刻揭示了经济活动中所蕴含的人性、道德和伦理等核心问题。第二，萌芽阶段，展现了理性选择与人文关怀（19世纪70年代至20世纪初期）。其中，欧文·费雪、弗兰克·拉姆齐等学者相继运用概率论、数理统计等工具来分析和解释个体的经济选择行为[16]。20世纪30年代，经济学家保罗·萨缪尔森、肯尼斯·阿罗、罗拉尔·德布鲁等，开始引入数学模型来模拟计算市场中的消费者行为，“科学的方法和实验”在经济学中得到持续广泛的应用[17]。边际效用学派则进一步将精神因素纳入经济学研究范畴，对人的消费偏好和决策过程进行了深入解析和阐释[18]。第三，初创阶段，经济行为的嵌入型（20世纪40年代至20世纪末）。20世纪40年代，卡尔·波兰尼在《大转型：我们时代的政治与经济起源》中对经济活动与社会结构之间的复杂互动进行了深刻剖析，强调了经济活动的“嵌入性”特征[19]。这与近年强调的非正式制度在塑造经济生活中的关键作用一致[20]。第四，拓展阶段，审美经济与文化消费（20 世纪 50 年代至 21 世纪初）。迈克·费瑟斯通也强调了消费文化中符号与象征意义对消费行为的重要影响，主张重视经济的文化层面与文化的经济层面[21]。与此同时，皮埃尔·布尔迪厄提出的“文化资本”与“文化媒介人”概念，为人文经济学的发展提供了重要的学理支撑和分析工具。第五，深化阶段，人文向度的聚焦与延伸（21 世纪初至今）。阿尔贝特·赫希曼的“退出、呼吁与忠诚”理论揭示了经济体系中个体的选择不仅基于经济利益，更受到文化、社会和伦理等多重人文因素的影响[22]。这种观点挑战了传统经济学“经济人”假设的单一性，强调了人文因素在行为决策中的重要性。达伦·阿西莫格鲁和詹姆斯·罗宾森在《国家为什么会失败》中深入阐明了这一趋势，系统探讨了经济制度、政治制度与文化之间的复杂关系，指出经济的成败不仅取决于经济制度，还与文化、历史和社会结构等人文因素紧密相关[23]。

人文经济学的中国创新研究：首先，从历史维度看，中国传统人文经济思想为人文经济学的发展提供了思想土壤。从“神本主义”到“人本主义”转向，标志着哲学观念的深刻变革，体现了中国传统人文经济思想的历史展演[24]。其次，从理论维度看，经济学数理逻辑与人文逻辑形成了交融共进。尤其是古诺、杰文斯、瓦尔拉尔、帕累托等学者运用数学工具进行经济分析，标志着经济学数学时代的开启[25]。厉以宁则引入人文因素，提出社会主义经济运行的理论、三种调节机制与三次分配理论以及“经济伦理学”与“文化经济学”理论框架[26]。最后，从实践维度看，人文经济学的苏州实践，实质上是自主发展、共同发展、质朴发展与精细发展的综合体现[27]。在人文经济学的思想指导下，苏州的高质量发展不仅助推了经济的持续增长和产业的转型升级，更在深层次上蕴含城市的文化脉络、价值追求和社会共识，推动苏州成为中国式现代化的标杆示范以及中华民族现代文明建设的城市典范[28]。

松阳人文经济社会发展研究：第一，松阳经济的发展阶段变化研究。“八八战略”提出“大力推动以公有制为主体的多种所有制经济共同发展”，浙江省丽水市松阳县积极践行并开展多种所有制改革试点工作，经历了初始阶段、发展阶段、多种所有制阶段，在推进传统村落实现共同富裕上发挥着重要的作用[29]。第二，从文化和文化人士延伸来看，千百年来，松阳涌现了一大批名人，如叶法善、沈晦、张玉娘、叶梦得、王景、詹雨、高焕然、刘德怀等，名士辈出形成了良好的人文环境和风气，松阳县历来学风浓厚，耕读传家绵延不绝[30]。第三，从现代松阳发展看，松阳老城的文里三庙，将古老的建筑与现代社会文化功能有机结合，获评“2023 年度浙江省最美公共文化空间”。第四，从松阳代表性民间文艺看，松阳高腔，一度式微，传承乏人，到通过专项保护和市场推广，重新得到了社会的关注，还入选亚运会开幕式暖场节目，向全世界观众展现了中国古老戏曲艺术的魅力[31]。第五，从松阳经济现状看，如今的松阳，茶市万商云集，绿茶交易量全国第一。电商小镇、电商园区涌现，成为全国电子商务百强县。数智工业高质量提升、拥有多家国家级专精特新“小巨人”企业、国家级绿色工厂，成为浙江唯一的智慧交通产业发展试点县[32]。

现状述评：一是现有研究为人文经济发展提供了广阔的视角。人文经济学研究是当前经济学领域的一个新兴方向，致力于将人文因素与经济学原理结合，探讨人类活动中的情感、文化、道德等非经济性因素对经济行为的影响。现有研究提供了更广阔的经济研究视角。二是现有研究大多停留在理论探讨阶段，缺乏足够的实证研究支撑，尤其是缺乏典型的山区县发展实践支撑，针对各省区市的人文经济学研究缺乏统一的框架和标准。三是现有研究强调人的主体性，提倡重视个体情感、信仰和文化等因素在经济活动中的作用，但人文因素、历史因素与社会因素的交互作用如何在经济研究中体现缺乏必要的理论支撑。因此，本书将以松阳为人文经济实例，通过案例、理论建模、实证分析等多种手段阐述松阳人文经济学实例，为人文经济学理论增加必要的基础。

## 三、研究意义

传统人文经济学主要侧重于文化产业、文化市场等方面的研究，而本书则注重探讨地方特色文化与区域经济发展的互动关系，尤其是在乡村振兴背景下，如何通过文化资源的挖掘和利用来推动经济发展。这将有助于完善人文经济学的理论框架，提供更为全面的理论支持。

理论意义：第一，本书拓展了人文经济学的研究边界。从现实维度，深入开展松阳人文经济的理论、实践和学术研究，精准把握中国式现代化人文关怀的本质内涵，注重探讨地方特色文化与区域经济发展的互动关系，尤其是在乡村振兴背景下，如何通过文化资源的挖掘和利用来推动经济发展。这将有助于完善人文经济学的理论框架，提供更为全面的理论支持。第二，通过对松阳文化资源的深入挖掘和分析，研究将揭示文化因素在推动经济发展中的作用，深化经济学研究的文化维度，推进经济学与文化学的跨学科融合研究。第三，本书是通过对“文化—经济”融合视角对松阳人文经济的系统概况，松阳的人文经济学研究不仅具有地方特色，也能为其他地区，特别是经济欠发达但文化资源丰富的地区提供理论上的参考。通过总结松阳在文化与经济融合方面的经验和教训，本书为区域经济发展提供了可借鉴的理论基础，有助于其他地区在文化与经济协同发展路径选择做出科学决策。

实践意义：第一，有利于更好地理解新时代中国特色社会主义现代化建设，帮助松阳县提高文化遗产保护和利用的效率，帮助地方政府更好地制订文化产业发展规划、保护和利用文化遗产、推动文化与旅游业的深度融合等。促进松阳乃至其他类似地区经济的高质量发展，实现经济效益和社会效益的“双赢”。第二，有利于厘清人文经济和县域融合的内在关系。相关研究对数字变革时代与松阳经济发展相适应的生产方式、生活方式和治理方式有一定的实践指导意义。为国家和地方乡村振兴战略的实施提供重要参考。通过文化与经济融合的发展路径，研究提出了乡村振兴的新模式和新方法，助力国家实现乡村全面振兴的目标。第三，提供文化和旅游政策制定的参考。通过对松阳县文化与旅游资源的深度挖掘和整合，本书将为政府和相关部门提供科学的政策建议，帮助制订更加合理和有效的文化与旅游发展政策，推动文化旅游产业的高质量发展。

# 第二节 研究方法与框架

## 一、研究方法

### 1. 案例分析

首先，选择松阳具有代表性的人文经济融合范例，如松阳古村落的文化旅游开发、松阳的茶叶文化、传统工艺的现代应用等。其次，详细介绍案例背景，包括历史渊源、文化特色、发展历程等。例如，某个古村落如何从传统的农业经济转型到旅游休闲经济，以及其中的转变过程、面临的挑战和采取的措施。

### 2. 深度访谈

首先，本书选择与松阳人文经济密切相关的不同角色代表进行深度访谈，包括松阳社科联代表、松阳文化学者、企业代表、本地居民等。通过设计有针对性的访谈问题，以获取多角度的信息。例如，针对松阳社科联代表询问如何看待和推进松阳的人文经济发展？针对文化学者询问松阳的人文特色有哪些，如何与现代经济相结合？针对企业代表询问在文化经济项目中，看到了哪些商业机会和市场需求？针对本地居民询问文化经济发展对生活产生了哪些具体影响？其次，对相关代表的访谈结果进行系统分析，提取出关键观点和共识，形成对松阳人文经济的多维度理解和洞察。例如，提取出政府支持、市场需求和文化价值是推动人文经济发展的三大关键因素。

### 3. 理论建模与计量经济实证分析

首先，根据松阳人文经济发展案例分析和访谈结果，结合相关理论，建立松阳人文经济学的理论模型框架。可以从文化资源、经济活动、政策支持、社会效应等多个维度入手，详细阐述模型的各个要素包括文化资源、经济活动、政策活动、社会效应等及其相互关系。其次，通过数据收集和实地调研，对理论模型进行实证分析，验证模型的合理性和可行性。例如，运用经济统计数据和文化产业发展指标，对人文经济发展给松阳带来的经济效益和社会效益进行量化分析。

## 二、研究框架

本书从松阳的人文经济学理论基础和实践路径进行系统阐释，通过案例分析、深度访谈、理论建模、策略构建等围绕人文经济学基础理论、文化经济互动机制、文化生态体系民俗经济、数字经济与人文传播等四部分内容进行详细阐述，具体步骤如图 1 – 1 所示。

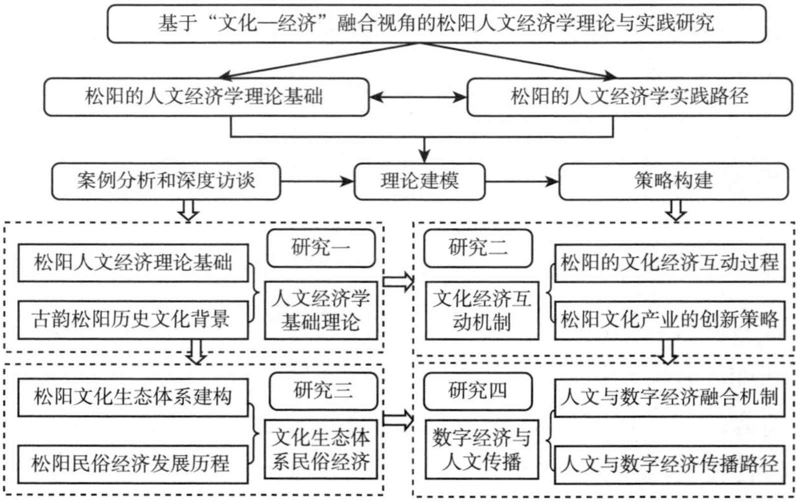


**图 1 – 1　本书的研究基本步骤路线**

# 第三节　本书的研究创新点

## 一、理论贡献

本书以浙江丽水典型县城松阳为人文经济学县域样本进行深入研究，这一选择并非偶然。松阳不仅以其丰富的历史文化资源著称，更因其独特的发展路径和创新的经济实践成为县域经济研究的理想案例。本书围绕松阳在人文经济学领域的探索，不仅为理论经济学开辟了新的研究视角，更提出了具有开创性的理论观点和结论。首先，本书通过详细分析松阳县的历史文化背景、经济发展现状以及文化资源在经济转型中的作用，展示了如何在现有人文经济理论框架下，进一步深化和拓展研究内容。例如，研究提出了“文化资本”这一新的理论概念，用于解释文化资源在县域经济发展中的具体效用，这不仅深化了对经济增长动力的理解，也为其他县域提供了理论参照。其次，本书通过理论建模分析，揭示了文化创新对地方经济发展的推动作用，强调了地方政府在政策制定和资源配置中的重要作用。例如，通过分析松阳在文化旅游、非遗传承、创意产业等领域中的成功实践，本书提出了一套系统化的县域文化经济发展策略，对其他县域如何在经济转型中充分利用文化资源提供了实践指导。此外，本书还提出了多维度评价县域经济发展的新方法，通过引入社会福利、文化活力、可持续性等多重指标，构建了一套全新的经济评价体系。这种方法不仅考虑了经济量的增长，更加关注质的提升，为地方政府制订更科学、更全面的经济发展政策提供了有价值的工具。

**1. 人文经济主体性的重新定义**

人文经济主体性理论认为，个体的经济行为不仅受自身利益驱动，还受到文化认同、社会角色和历史记忆等多重因素的影响。这一理论拓宽了经济学对经济行为的解释维度，提供了更为全面的分析框架。因此，本书以松阳人文经济为例，提出了松阳人文经济主体性的概念，强调经济主体不仅是理性决策者，更是文化和社会的参与者。

**2. 完善了跨学科研究方法**

本书倡导跨学科的理论研究方法，强调经济学与人类学、社会学、历史学等学科的融合。通过多学科的视角和方法，详细地对松阳人文经济学进行研究，更全面地解释社会经济现象的多样性和复杂性。例如，在研究消费行为时，不仅使用传统的经济学模型，还结合人类学的田野调查和社会学的问卷研究，从而获得更加丰富和深入的研究结果。

### 3. 文化变量的引入

本书强调文化变量在经济分析中的重要性，提出了文化经济学的基本理论框架。通过引入文化变量，使得人文经济学研究能够更好地解释经济行为中的文化差异。例如，在研究松阳经济发展历程时，不仅考虑了收入水平和区域环境等经济因素，还分析了松阳的文化价值观和社会规范对松阳经济发展的影响，从文化—经济融合视角提出松阳人文经济发展的规律。

### 4. 历史和社会背景的整合

本书在阐述松阳的人文经济学研究注重历史和社会背景的整合，强调经济现象的历史演变和社会结构。通过将经济现象置于历史和社会的大背景下进行分析，松阳人文经济学能够揭示经济行为背后的深层次原因。例如，在研究松阳的经济发展模式时，不仅关注当前松阳县的某些特定经济数据，还分析了该地区的历史渊源和社会结构，从而为全面分析松阳经济—文化融合提供更为全面的研究结果。

总之，本书通过对松阳县域的人文经济研究，不仅在人文经济理论上取得了显著突破，也为县域治理实践提供了宝贵的理论支持和实践指导。这些理论贡献不仅丰富了学术研究的内容，更为县域经济的可持续发展提供坚实的理论基础。

## 二、实践价值

为了验证理论的有效性，本研究团队围绕松阳的人文发展、历史进程等进行了大量的实地调研和走访。首先，相关研究不仅涵盖了不同文化和社会背景下的经济现象，还包括不同时期和地区的经济行为。通过实证研究，松阳的人文经济学理论得到了广泛的验证和支持。其次，本书不仅在学术界产生了广泛影响，还对政策制定和社会实践具有重要指导意义。通过强调文化、历史和社会因素在经济行为中的重要性，本书针对松阳的人文经济学研究为政策制定者提供了新的思考维度和解决方案。例如，在制订经济政策时，政策制定者可以借鉴松阳的人文经济学理论和实践，将文化和社会因素纳入考虑，从而制定出更为有效和可持续的政策。最后，本书的研究还为企业和社会组织提供了新的管理理念和实践方法。例如，在企业管理中，相关人文经济理论可以帮助松阳企业更好地理解和应对松阳特定文化背景下的员工和消费者需求，从而提高企业的管理效能和市场竞争力。

**1. 文化与消费行为研究**

通过实证研究发现，不同文化背景下的消费者在消费行为上存在显著差异。例如，在西方文化中，消费者更倾向于追求个性化和创新性的产品，而在东方文化中，消费者更注重产品的实用性和性价比。通过对比不同文化背景下的消费行为，松阳的人文经济学研究揭示了文化因素对经济决策的深远影响。

**2. 历史事件与经济发展研究**

针对松阳的历史经济学研究通过分析历史事件对经济发展的长期影响，揭示了历史与经济的复杂关系。例如，通过研究某一地区的历史事件，不仅影响了当地的经济发展模式，还对当地居民的经济行为产生了深远影响。通过将经济现象置于历史背景下进行分析，为松阳的人文经济学研究提供了更为全面的解释框架。

**3. 社会资本与经济合作研究**

针对松阳的社会经济学研究发现，社会资本在经济合作中起着至关重要的作用。通过实证研究发现，在社会资本丰富的社区，居民之间的合作意愿和信任水平更高，从而促进了经济活动的顺利进行。通过分析社会资本对经济行为的影响，本书揭示了社会因素在松阳的经济活动中的重要作用，这为企业加强与社会资本合作，推动社会经济发展奠定了良好的实践基础。

## 三、学术思想的特色

**1. 通过跨学科融合的特点系统阐述松阳人文经济学**

本书打破了传统学科界限，通过经济学、社会学、人类学、文化研究等多个学科的交叉融合，系统地分析松阳人文经济学。跨学科融合的特点使得研究视角更加广泛和多元，能够从不同层面和维度揭示文化因素对经济发展的复杂影响。

**2. 通过经济学理论建构与松阳经济发展实践相结合**

本书不仅注重学术理论的探讨，还强调理论在实践中的应用和检验。通过具体案例分析和实地访谈，研究揭示了松阳在文化经济发展过程中的成功实践和经验教训。理论模型不仅可以解释现象，更能够指导实际操作，从而为地方政府和企业提供切实可行的策略建议。

**3. 系统研究和大数据分析相结合系统量化文化因素**

本书强调大数据在研究过程中的核心作用，通过对经济数据、文化项目效益数据的系统分析，研究能够精准地量化文化因素对经济发展的影响。同时，利用对松阳县域相关人士的深度访谈和松阳经济—文化融合案例分析，深入阐释松阳相关文化旅游数据背后的社会背景和文化意义。

## 四、研究创新点

**1. 理论创新：首次提出人文经济学的县域发展模式**

在本书中，首次提出了以松阳为案例的县域人文经济学发展模式。这一模式强调了县域文化资源在经济发展中的重要角色，特别是在小城镇和农村地区，文化资源的有效利用能够为地方经济注入新的活力。该模式不仅聚焦于经济数字的增长，更注重文化遗产的保护与传承，以及文化认同感的提升。通过对松阳的深入研究，展示了人文经济学的实施能够促进社会和谐、提升居民生活质量，并具有广泛的推广和复制潜力，为其他县域均衡发展提供了宝贵借鉴。

**2. 方法创新：通过多种研究方法阐释文化对松阳经济的长效作用**

本书采用多种研究方法，系统分析文化对松阳经济发展的具体影响。通过定性与定量研究，全面探讨传统文化如何融入现代经济活动。详细分析松阳的诗词文化、地方剧种和茶文化的现代传承路径，揭示文化创新如何通过提升旅游吸引力、促进地方品牌建设等方式驱动经济增长。此外，本书提出文化经济效益的具体实现路径，包括文化产业的发展策略、文化活动的推广方式及市场营销的创新手段，为其他地区的文化与经济融合提供了清晰的参考框架。

**3. 视角创新：“文化—经济”跨学科视角阐释文化和经济的双向互动机制**

本书从“文化—经济”跨学科的视角出发，深入探讨了文化与经济之间的双向互动机制。综合运用经济学、社会学、人类学以及文化研究等多学科理论和方法，全面分析了文化对经济发展的影响，以及经济如何为文化传承创造良好的外部环境。通过具体案例，研究揭示了文化创新如何在推动经济增长的同时，又能反过来增强地方文化的生命力与吸引力，构建起一个良性循环的局面。这一全面的分析为地方政府制订文化经济政策提供了科学依据，也为其他地区在文化与经济融合发展中寻求创新路径提供了宝贵经验。

# 第二章

# “文化—经济”融合视角下松阳人文经济学理论基础

在人类社会的发展进程中，经济活动始终是推动社会变革和进步的核心力量之一。传统经济学强调市场机制、资源配置和供需关系，但随着全球化进程的加速和文化交流的频繁，单纯从经济学视角解释社会现象显得愈发局限。在这种背景下，人文经济学作为一门新兴的跨学科研究领域应运而生，旨在将经济活动置于文化、历史和社会的大背景下进行审视与解析，从而揭示经济现象背后的深层次人文因素。传统经济学以“理性经济人”假设为基础，认为经济主体在决策过程中总是追求自身利益的最大化。这一假设虽然在解释某些经济现象时具有一定的有效性，但忽略了人类行为的复杂性和多样性。现实生活中，文化背景、社会规范和历史记忆等人文因素在很大程度上影响着人们的经济决策。例如，不同文化背景下的人们对财富、消费和工作的态度可能存在显著性差异，而这些差异往往无法通过传统经济学模型进行解释。人文经济学正是基于这一认识，强调将人类行为置于文化和社会的背景下进行分析，强调经济活动不仅是物质资源的交换过程，更是文化意义的生产和再生产过程。通过引入文化变量，人文经济学模型能够更全面地解释经济现象的多样性和复杂性。例如，在消费行为研究中，人文经济学不仅关注消费者的收入和价格等经济因素，还考虑了消费者的文化身份、价值观和社会关系等人文因素，从而提供了更为全面和深入的分析。

本书围绕特定的县域地区——松阳开展人文经济学研究，并将其作为典型的样本进行分析和总结。本书的理论基础，既包括对传统经济学理论的反思和拓展，也涵盖了对人类文化、社会结构和历史演变的深度剖析。通过融合经济学、社会学、文化学、传播学等多学科知识，本书提出了一套完整的人文经济学理论框架，试图从更为宏观和综合的视角理解社会经济行为。这一理论体系为政策制定者和社会实践者提供了新的思考维度和解决方案。因此，本书主要从三个维度进行研究：第一，文化维度。构建了文化经济学。这也是本书理论体系的核心组成部分，强调文化因素在经济活动中的重要作用。本书认为，文化不仅是经济活动的背景和环境，更是经济行为的内在驱动力。文化价值观、习俗和信仰等因素在很大程度上影响着人们的生产、消费和投资决策。例如，在某些文化中，节俭被视为美德，这将直接影响家庭的消费模式和储蓄倾向。通过分析文化与经济行为的互动关系，文化经济学能够为理解和解释经济现象提供新的视角。第二，历史维度。本书构建了县域历史经济学。注重经济活动的历史背景和演变过程，强调历史事件和制度变迁对经济行为的长期影响。本书认为，当前松阳县域的经济现象往往是历史演变的结果，只有将其置于历史长河中进行审视，才能揭示其深层次原因。例如，松阳县域的经济发展模式可能受到松阳历史发展的影响，通过历史经济学的分析，本书可以更好地理解这一现象背后的历史脉络和逻辑关系。第三，社会维度。本书关注社会结构和社会关系对经济活动的影响，强调社会网络、信任和合作等因素在经济行为中的重要作用。本书指出，经济活动不仅是个体行为的集合，更是社会互动的结果。社会资本、社群关系和社会规范等因素在很大程度上影响着经济决策和市场运作。例如，在某些社区中，强大的社会网络和信任关系可以降低交易成本，促进经济活动的顺利进行。通过社会经济学的分析，本书可以更好地理解经济活动中的社会动力和机制。

## 第一节 人文经济学的定义与起源

在人类社会的漫长历史中，经济活动始终是推动社会发展的重要力量。

随着全球化进程的加速和文化交流的日益频繁，传统经济学逐渐显现出其解释力的局限性。为应对这些挑战，人文经济学这一新兴的跨学科领域应运而生，试图将经济活动置于更广阔的文化、历史和社会背景下进行审视与解析。因此，人文经济学是经济学与人文学科相结合的一门交叉学科，旨在从人文视角理解和解释经济现象。人文经济学的起源可以追溯到古希腊时期，亚里士多德和柏拉图等哲学家就已开始探讨经济活动中的伦理和道德问题。与此同时，中国古代也有丰富的人文经济思想。早在《管子》《荀子》《孟子》等典籍中，就包含着对经济行为中的伦理和道德的深刻讨论。例如，孟子的“仁政”思想强调政治经济活动应以人为本，关注民生福祉，这与现代人文经济学的理念不谋而合。近年来，中国学者逐渐认识到传统文化对现代经济行为的深远影响，逐步将人文因素纳入经济学研究中，形成了具有中国特色的人文经济学理论体系。在现代，人文经济学的发展受到了马克斯·韦伯《新教伦理与资本主义精神》的影响，韦伯通过研究宗教对经济行为的影响，揭示了经济现象背后的文化动力。这一思想为人文经济学奠定了基础。进入 21 世纪，随着全球化进程的加速和信息社会的到来，人文经济学的研究更加注重全球文化交融和科技进步对经济的影响。它不仅关注经济绩效和效率，更强调经济活动对社会公平、环境保护和人类幸福的综合影响。因此，人文经济学不仅是经济学理论的丰富和补充，更是推动经济与社会协调发展的重要理论基础。本节将从定义和起源两个方面详细阐述人文经济学的基本概念和发展历程，为深入探讨其理论框架和应用实践奠定理论基础。

## 一、人文经济学的定义

### （一）人文经济学的基本概念

人文经济学是一门跨学科的研究领域，旨在通过整合经济学与人文社会科学的理论和方法，探讨经济活动中的文化、历史和社会因素。与传统经济学不同，人文经济学不仅关注资源的稀缺性和配置问题，更强调人类行为的复杂性和多样性[33]。其基本假设是，经济现象不仅是物质资源的交换过程，更是文化意义的生产和再生产过程。在这一框架下，人文经济学研究的核心内容包括文化经济学、历史经济学和社会经济学。文化经济学关注文化因素对经济行为的影响，历史经济学注重历史事件和制度变迁对经济行为的长期影响，社会经济学则关注社会结构和社会关系对经济活动的作用。通过多学科的融合，人文经济学能够提供更为全面和深入的经济现象解释。

### （二）人文经济学的研究对象

人文经济学的研究对象涵盖了经济活动的方方面面，包括生产、消费、分配和交换等环节。在这些环节中，文化、历史和社会因素共同起作用，影响个体和群体的经济决策。例如，在生产环节中，文化价值观和社会规范可能会影响社会劳动分工和生产组织形式；在消费环节中，消费者的文化身份和社会关系会影响其消费选择和行为；在分配和交换环节中，历史事件和制度变迁则可能对资源的分配方式和市场运作产生深远的影响。通过对这些环节的研究，人文经济学试图揭示经济现象背后的文化逻辑和社会机制，从而为理解和解决现实经济问题提供新的思路和方法。

### （三）人文经济学的研究方法

人文经济学的研究具有高度的跨学科性，综合了经济学、政治学、社会学、历史学等多学科理论和方法来研究经济现象和问题。其主要研究方法如下。

**1. 文化分析法**

通过分析文化符号、价值观和行为规范等文化因素，探讨文化对社会经济行为的具体作用。例如，通过对不同文化背景下的消费行为进行比较研究，揭示文化因素在消费决策中的作用。

**2. 历史分析法**

通过分析历史事件和制度变迁，探讨其对经济行为的长期影响。例如，通过研究某一地区的历史发展脉络，揭示历史变迁对当地经济发展模式的深远影响。通过社会学角度研究经济活动中的阶级和群体关系。

**3. 社会网络分析法**

通过分析社会关系和社会网络，探讨其对经济活动的影响。例如，通过研究社会资本和社群关系，揭示社会网络在经济合作和市场运作中的作用，揭示个体决策如何在网络环境下受到文化习俗和社会规范等的约束。

**4. 定量与定性结合法**

综合使用定量分析和定性分析方法，既利用相关的县域统计数据和计量经济学模型进行实证研究，又通过田野调查和深度访谈获取丰富的质性资料，从而为县域人文经济学研究提供更为全面和深入的研究结果。

## 二、人文经济学的起源

### （一）早期思想源流

人文经济学的起源可以追溯到早期经济思想的发展历程。尽管作为一门独立学科，人文经济学的概念较为新颖，但其思想渊源却可以在古代经济思想中找到[34]。例如，亚里士多德在其著作《政治学》中就强调了经济活动与伦理道德的关系，认为经济行为应当遵循正义和公平的原则。而中国古代的儒家思想也强调经济活动的伦理维度，主张通过礼仪和道德来规范经济行为。这些早期思想尽管未能形成系统的理论体系，但为人文经济学的发展提供了重要的思想资源。随着历史的发展，这些思想不断被继承和发扬，为后来的学术研究奠定了基础。

### （二）古典经济学与社会学的交汇

18 世纪末至 19 世纪初，随着工业革命的推进，经济学逐渐从哲学和伦理学中独立出来，形成了以亚当·斯密、大卫·李嘉图和约翰·斯图亚特·穆勒为代表的古典经济学派。然而，古典经济学在强调市场机制和资源配置的同时，也关注了经济活动的社会背景。例如，亚当·斯密在《国富论》中提出了"看不见的手"的概念，认为市场中的个体行为虽然追求自身利益，但在某种程度上也会促进社会福利的提升。与此同时，社会学作为一门独立学科也在19世纪逐渐兴起。奥古斯特·孔德、卡尔·马克思和马克斯·韦伯等社会学家在研究社会结构和社会变迁的过程中，也关注了经济因素的作用。尤其是马克斯·韦伯在其经典著作《新教伦理与资本主义精神》中，通过分析宗教伦理对资本主义经济发展的影响，揭示了文化与经济之间的复杂关系。这些经济学、社会学和政治学等的思想交汇为人文经济学的诞生提供了重要的理论资源，促使学者们开始反思传统经济学的局限，探索将文化和社会因素纳入经济分析的新途径。

### （三）现代人文经济学的兴起

20世纪中叶以来，随着全球化进程的加速和文化交流的频繁，传统经济学的局限性日益显现。尤其是在解释发展中国家的经济现象时，传统经济学的理论和方法往往显得无力。例如，单纯依靠市场机制和经济模型，难以解释一些地区经济发展的多样性和复杂性。在这种背景下，现代人文经济学应运而生，试图通过整合经济学与人文社会科学的理论和方法，提供更为全面和深入的经济分析[35-36]。现代人文经济学的兴起可以分为以下几个阶段。

**1. 理论奠基阶段（20世纪50~70年代）**

这一阶段，学者们开始反思传统经济学的局限，提出了将文化和社会因素纳入经济分析的必要性。例如，卡尔·波兰尼在其著作《大转型》中，通过分析市场社会的兴起和演变，强调了社会结构和制度对经济行为的深远影响。

**2. 方法论创新阶段（20世纪80~90年代）**

这一阶段，学者们在理论反思的基础上，开始探索新的研究方法。例如，阿玛蒂亚·森在其著作《贫困与饥荒》中，通过分析社会选择和伦理价值，提出了发展经济学的新视角。而皮埃尔·布尔迪厄则通过其社会资本理论，揭示了社会关系对经济行为的影响。

**3. 学科融合阶段（21世纪初至今）**

随着跨学科研究的兴起，人文经济学逐渐形成了系统的理论和方法体系。学者们通过综合经济学、人类学、社会学和历史学的理论和方法，开展了大量实证研究，揭示了文化、历史和社会因素对经济行为的深远影响。

## 三、人文经济学的关键理论与方法

### 1. 文化经济学

文化经济学是人文经济学的重要组成部分，旨在探讨文化因素对经济行为的影响[37]。其基本假设是，文化不仅是经济活动的背景和环境，更是经济行为的内在驱动力。文化价值观、习俗和信仰等因素在很大程度上影响着人们的生产、消费和投资决策。例如，在消费行为研究中，文化经济学不仅关注消费者的收入和价格等经济因素，还考虑了消费者的文化身份、价值观和社会关系等人文因素，从而提供了更为全面和深入的分析。通过对不同文化背景下的消费行为进行比较研究，文化经济学揭示了文化因素在消费决策中的重要作用。

### 2. 历史经济学

历史经济学注重经济活动的历史背景和演变过程，强调历史事件和制度变迁对经济行为的长期影响[39]。其基本假设是，当前的经济现象往往是历史演变的结果，只有将其置于历史长河中进行审视，才能揭示其深层次原因。例如，通过研究某一地区的历史事件，历史经济学能够揭示这些事件对当地经济发展模式的深远影响。通过历史分析法，学者们可以更好地理解经济现象的历史脉络和逻辑关系，从而提供更为全面的解释框架。

### 3. 社会经济学

社会经济学关注社会结构和社会关系对经济活动的影响，强调社会网络、信任和合作等因素在经济行为中的重要作用[40]。其基本假设是，经济活动不仅是个体行为的集合，更是社会互动的结果。例如，在研究社会资本对经济合作的影响时，社会经济学通过分析社会网络和社群关系，揭示了社会资本在降低交易成本和促进经济活动中的重要作用。通过社会网络分析法，学者们可以更好地理解经济活动中的社会动力和机制。

## 四、人文经济学的实证研究与应用

### 1. 文化与消费行为研究

在人文经济学的实证研究中，文化与消费行为的关系是一个重要的研究领域[41-42]。学者们通过实证研究发现，不同文化背景下的消费者在消费行为上存在显著差异。例如，在西方文化中，消费者更倾向于追求个性化和创新性的产品，而在东方文化中，消费者更注重产品的实用性和性价比。通过对比不同文化背景下的消费行为，人文经济学研究揭示了文化因素对经济决策的深远影响。这些研究不仅丰富了消费行为的理论研究，也为企业制定营销策略提供了重要的实践指导。

### 2. 历史事件与经济发展研究

历史事件对经济发展的长期影响是人文经济学的另一个重要研究领域。学者们通过分析历史事件和制度变迁，揭示了历史与经济的复杂关系。例如，通过研究某一地区的历史事件，学者们发现，这些事件不仅影响了当地的经济发展模式，还对当地居民的经济行为产生了深远影响。通过将经济现象置于历史背景下进行分析，历史经济学研究提供了更为全面的解释框架。这些研究不仅丰富了经济史的理论研究，也为理解当前经济现象提供了重要的历史视角。

### 3. 社会资本与经济合作研究

社会资本在经济合作中的作用是人文经济学的另一个重要研究领域。学者们通过实证研究发现，在社会资本丰富的社区，居民之间的合作意愿和信任水平更高，从而促进了经济活动的顺利进行。通过分析社会资本对经济行为的影响，人文经济学研究揭示了社会因素在经济活动中的重要作用。这些研究不仅丰富了社会资本理论，也为政策制定和社会实践提供了重要的指导意义。

## 五、人文经济学的未来发展

**1. 跨学科融合的深化**

随着人文经济学的发展，跨学科融合将进一步深化。学者们将继续探索经济学与人类学、社会学、历史学等学科的交叉点，通过多学科的视角和方法，提供更为全面和深入的经济分析。例如，未来研究可以进一步结合心理学和认知科学，探讨个体经济行为的心理和认知机制，从而丰富人文经济学理论体系。

**2. 实证研究的拓展**

未来的人文经济学研究将继续拓展实证研究的领域和方法[43-44]。通过更多的实证研究，学者们可以进一步验证和完善理论假设，揭示经济现象背后的深层次人文因素。例如，未来的实证研究可以进一步结合大数据和人工智能技术，分析海量数据中的文化和社会因素，从而提供更加精确和全面的研究结果。

**3. 理论体系的完善**

随着实证研究的深入，未来的人文经济学研究将进一步完善理论体系。通过不断的理论反思和创新，学者们可以提出新的理论假设和分析框架，丰富和发展人文经济学的理论体系。例如，未来研究可以进一步探讨全球化背景下的文化交融和冲突，揭示其对经济行为和市场的影响，从而提供新的理论视角和实践指导。

总之，人文经济学作为一门新兴的跨学科研究领域，通过整合经济学与人文社会科学的理论和方法，提供了更加全面和深入的经济分析。通过对文化、历史和社会因素的深入研究，人文经济学不仅拓宽了经济学的研究范式，还为政策制定和社会实践提供了重要的指导意义。未来，随着跨学科融合的深化和实证研究的拓展，人文经济学有望进一步发展和完善，为本书更好地理解和应对复杂的经济现象提供更加全面和深入的理论支持。

## 第二节 松阳人文经济学研究方法和定量分析

松阳，位于中国浙江省丽水市，因其得天独厚的自然环境和深厚的人文底蕴，被誉为“江南最后的秘境”。在社会主义现代化经济的浪潮下，松阳不仅在经济建设上取得了一定成就，更在保持和传承文化遗产方面展现了独特的魅力。因此，如何在经济发展过程中充分体现和利用丰富的人文资源，成为松阳人文经济理论和实践的核心问题。本节的主要目的是从经济和文化融合视角探讨松阳人文经济的理论和实践，这不仅是为了更好地理解松阳的人文经济现象，也是为其他县域地区提供可借鉴的经验和方法。本书采取的主要研究方法如下。

### 一、研究方法

**1. 文献分析法**

文献分析法是人文经济学研究的基础方法之一。本书通过系统地搜集、整理和分析已有的文献资料，可以系统了解松阳文化与经济发展的历史和现状，掌握相关理论和实证研究成果。文献分析法不仅有助于建立研究的理论框架，还能为实证研究提供重要的参考和借鉴。

**2. 实地调查法**

实地调查法是获取第一手资料的重要手段。通过问卷调查、访谈和参与观察等方式，可以深入了解松阳文化产业、旅游业、传统工艺等领域的实际情况。例如，可以对松阳的文化产业从业人员、旅游业经营者和游客进行问卷调查，了解他们的经济状况、经营模式和消费行为。此外，通过访谈松阳的文化遗产管理者和保护专家，可以获取关于文化遗产保护与利用的深度信息。

**3. 案例研究法**

案例研究法通过对具体案例的深入分析，揭示文化与经济互动的具体机制和效果。在松阳人文经济学研究中，可以选择一些典型的文化产业项目、旅游景点或传统工艺品企业作为研究案例，详细分析其发展历程、经营模式、经济效益和社会影响。例如，本书对松阳茶叶产业的发展，尤其是大木山茶园等进行案例研究，探讨其在品牌建设、市场推广和经济效益方面的成功经验和面临的挑战。

**4. 比较研究法**

比较研究法通过比较不同地区或不同时间段的文化经济现象，揭示其中的异同和变化规律。在松阳人文经济学研究中，可以将松阳与其他具有相似文化资源和经济基础的地区进行比较，分析不同发展模式的优劣和经验。例如，可以将松阳的文化旅游业发展与丽江古城进行比较，探讨两者在文化遗产保护、旅游资源开发和经济效益方面的异同。

## 二、定量分析

**1. 描述性统计分析**

通过对调查数据和统计资料进行整理和分析，充分了解松阳文化产业、旅游业和传统工艺等领域的基本情况和发展趋势。例如，对松阳文化产业从业人员的年龄、学历、收入等基本特征进行统计分析，了解从业人员的基本构成和分布情况；对松阳旅游业的游客数量、消费水平和旅游收入等进行描述性统计，了解旅游业的发展现状和趋势。

**2. 相关分析**

相关分析是研究变量之间相互关系的方法。通过相关分析，可以定量揭示松阳文化与经济之间的相互影响和互动机制。例如，可以通过相关分析，研究松阳文化产业发展与地方经济增长之间的关系，探讨文化产业对经济发展的具体贡献；通过相关分析，研究松阳旅游业发展与居民收入水平之间的关系，探讨旅游业对地方经济和社会的影响。

**3. 回归分析**

回归分析是研究因变量和自变量之间关系的统计方法。通过回归分析，可以量化松阳文化与经济之间的关系，揭示文化因素对经济发展的具体影响程度。例如，可以建立回归模型，研究松阳文化产业投资、从业人员数量、市场规模等自变量对地方经济增长、就业水平和居民收入等因变量的影响；通过建立回归模型，研究松阳旅游业发展、游客数量、旅游收入等自变量对地方经济和社会发展的具体影响。

**4. 投入产出分析**

投入产出分析是研究经济系统内部各部门之间相互关系的方法。通过投入产出分析，可以了解松阳文化产业和旅游业在地方经济中的地位和作用。例如，可以构建松阳的文化产业和旅游业投入产出模型，分析其与其他产业部门之间的投入产出关系，揭示文化产业和旅游业对地方经济的拉动作用；通过投入产出分析，可以量化文化产业和旅游业对地方经济增长、就业和收入的综合影响。

**5. 多元统计分析**

多元统计分析是研究多变量之间复杂关系的统计方法。通过多元统计分析，可以揭示松阳文化与经济之间的多维互动关系。例如，可以通过因子分析，提取影响松阳文化产业发展的主要因素，揭示文化产业发展的关键驱动因素；通过聚类分析，将松阳的文化产业项目和旅游景点进行分类，深入挖掘文化变量的内在共同要素，识别不同类型项目和景点的特点和发展策略。

## 三、研究案例

本书通过具体的研究案例，系统展示各研究方法在松阳人文经济学研究中的有效应用，并根据相关案例进行系统建模，深刻阐释了人文经济发展的内在要素。

**1. 松阳文化产业与地方经济发展关系研究**

首先，通过问卷调查和文献分析，收集松阳文化产业发展的相关数据，包括从业人员数量、市场规模、投资情况等。其次，通过相关分析和回归分析，研究文化产业发展对地方经济增长、就业水平和居民收入的影响，揭示文化产业在地方经济中的地位和作用。

**2. 松阳旅游业发展模式及其经济效益研究**

首先，通过实地调查和案例研究，分析松阳旅游业的不同发展模式，包括历史文化游、自然风光游、民俗体验游等。然后，通过描述性统计分析和投入产出分析，量化不同旅游模式的经济效益和社会影响，探讨旅游业对地方经济和社会发展的综合贡献。

**3. 松阳传统工艺与现代市场融合研究**

首先，通过实地调查和比较研究，分析松阳传统工艺的发展现状和市场需求，包括瓷器、竹编、木雕、刺绣等传统工艺品。然后，通过回归分析和多元统计分析，研究传统工艺与现代市场的融合机制，探讨传统工艺品在现代市场中的发展路径和策略。

**结语：**通过系统的研究方法和严谨的定量分析，可以全面揭示松阳文化与经济之间的互动关系，为理论研究和实践提供有力的支持。在未来的研究中，应进一步完善和创新研究方法，加强多学科的交叉融合，不断提升人文经济学研究的深度和广度，为松阳乃至更广泛地区的文化经济发展提供科学依据和实践指导。

## 第三节　松阳县域人文经济学研究与传统经济学的对比

传统经济学主要关注资源的最优配置和经济增长，研究对象包括生产、消费、市场、价格、供求等诸多经济变量。它强调通过模型和数据分析，揭示经济规律和市场机制，从而推动经济效率的最大化、资源的有效利用，以及社会整体福利的提升。与之相比，人文经济学则注重经济现象中的人文因素，如文化、历史、伦理、社会网络等。在松阳人文经济学理论研究中，重点关注当地的文化遗产、历史背景、民间传统等对经济行为的影响。例如，松阳县域内传统手工艺品的经济价值、茶文化旅游对地方经济的推动作用、地方节庆活动对居民收入和就业的促进效果等都是人文经济学研究的重要内容[45]。另外，传统经济学关注经济效率、资源稀缺性和理性选择，重点研究经济活动如何实现资源的最优配置，如何通过市场机制来调节供需平衡，如何通过经济政策来促进经济增长和社会福利的最大化。例如，在松阳的农业经济研究中，传统经济学可能会关注农民收入增长、土地利用效率、农产品市场销售等。相比之下，人文经济学更关注经济活动中的文化和社会因素，强调经济行为与人类历史文化、社会关系、伦理道德等的相互作用。在松阳县域的人文经济理论与实践研究中，人文经济学关注点包括如何通过保护和利用文化遗产来促进经济发展、传统手工艺品和民宿经济对地方发展的贡献、社区文化活动对居民幸福感和社会凝聚力的影响等。

## 一、研究内容的差异

### 1. 人文经济学的研究内容

人文经济学的研究内容主要集中在文化与经济的互动和融合关系上，具体包括文化资本、文化产业、文化遗产保护与利用、文化旅游、文化创意产业等方面。在松阳县域的人文经济学研究中，重点关注以下内容。

（1）文化资本的积累与运用。

文化资本是一个地区在长期社会历史发展过程中积累的一种独特资源，包括物质文化和非物质文化。物质文化资本包括历史遗迹、名胜古迹、传统建筑等；非物质文化资本则包括传统技艺、民俗文化、口述历史、地方语言等。本书在针对松阳县域的研究中，文化资本的积累与运用主要体现为如何将这些历史文化资源通过教育、传承和创新的手段，转化为推动经济发展的动力。例如，通过学校教育、社区活动和文化传承项目，提高居民的文化素养，营造浓厚的文化氛围，从而形成一种无形的文化资本。

（2）文化产业的发展。

文化产业是以文化产品和服务的生产和消费为核心的行业，具有极大的经济潜力和发展空间。对于松阳县域而言，文化产业的发展尤为重要，主要包括茶文化产业、传统手工艺品产业和文化创意产业等。其中，松阳因其优质的茶叶而闻名。在茶文化产业的发展过程中，可以通过打造茶文化品牌、发展茶文化旅游、举办茶文化节等活动，提升茶叶的附加值和市场竞争力。此外，松阳拥有丰富的传统手工艺，如竹编、陶瓷、木雕等。这些手工艺品不仅承载着深厚的地方文化，也具有极高的市场价值。通过政策扶持、市场开发和创新驱动，可以推动这些传统手工艺品产业的发展，提升其在地方经济中的地位和贡献。例如，政府可以设立专项基金支持手工艺品的研发、推广和销售；同时，通过开拓电商渠道，将这些独具特色的产品推广到全国甚至全球市场。最后，利用松阳的文化资源，发展文化创意产业，如影视制作、文化旅游、艺术设计等。通过引进文化创意企业、设立文化创意园区，打造集创意、生产、展示、销售于一体的文化创意产业链。

（3）文化遗产的保护与利用。

文化遗产是一个地区历史文化的重要组成部分。松阳拥有丰富的文化遗产资源，包括历史建筑、古村落、传统文化习俗等。如何实现文化遗产的保护与利用，是人文经济学关注的重要问题。一方面，松阳可以通过制订和实施严格的文化遗产保护政策和法规，保护重要历史建筑、古村落和传统文化习俗不受破坏。同时，可以设立专门的文化遗产保护基金，支持相关保护工作。另一方面，在保护的基础上，积极探索文化遗产的创新利用方式，使其能够为地方经济发展服务。例如，可以将一些具有较高观赏价值的历史建筑和古村落，改造为旅游景点，吸引游客参观和体验，从而带动地方旅游业的发展。通过合理的保护措施和创新的利用方式，可以实现文化遗产的可持续利用，促进地方经济的发展。

（4）文化旅游的经济效益。

文化旅游是以文化体验为核心的旅游形式，具有较高的经济效益和社会效益。松阳的文化旅游资源丰富，包括历史遗迹、传统节庆、民俗文化等。分析文化旅游的发展模式和经济效益，探讨其对地方经济和社会发展的贡献，是人文经济学研究的重要内容。松阳的文化旅游可以采取全方位发展的模式，包括打造文化旅游品牌、举办大型文化活动、开发特色旅游产品等。例如，通过联合地方优势资源，打造具有地方特色的文化旅游品牌，提高松阳的知名度和吸引力；同时，通过举办如茶文化节、民俗文化节等大型文化活动，吸引更多游客参与和体验，提升文化旅游的经济效益。通过对文化旅游的经济效益进行系统分析，可以揭示文化旅游对地方经济发展的具体贡献。例如，通过对游客消费结构的分析，可以了解文化旅游在推动地方经济增长中的作用；通过对文化旅游相关产业链的分析，可以发现文化旅游对地方产业结构优化和升级的促进作用。

**2. 传统经济学的研究内容**

传统经济学的研究内容主要集中在经济行为和市场机制上，关注资源配置、供需关系、市场竞争、经济增长等方面[46-47]。在围绕松阳县域经济发展的传统经济学研究中，重点关注以下内容。

（1）经济增长与发展。

经济增长与发展是传统经济学研究的核心内容。通过分析松阳的经济增长率、产业结构、投资环境等，揭示经济增长的动力和制约因素，为政策制定提供科学依据。首先，通过统计松阳县域的经济数据，如 GDP 增长率、各行业的产值增长率等，分析松阳经济增长的总体趋势和变化规律。例如，可以通过时间序列分析，研究松阳在不同经济周期中的增长特点，找出经济增长中的驱动因素和潜在风险。其次，研究松阳的产业结构现状，包括第一、第二、第三产业各自的比重和发展状况。通过产业结构的分析，可以发现松阳经济发展的核心产业和薄弱环节。例如，通过结构性分析，了解农业、制造业、服务业在松阳经济中的地位和作用，探讨如何通过产业结构调整和优化，实现经济的高质量发展。最后，分析松阳的投资环境，包括基础设施、政策支持、市场环境等。通过评估投资环境，寻找松阳在吸引投资和促进经济发展的优势和不足，为进一步改善投资环境提供建议。

（2）市场机制与资源配置。

市场机制与资源配置是传统经济学研究的重要内容。通过分析松阳县域的市场运行机制，探讨市场机制对资源配置的影响，为提高资源配置效率提供理论支持。研究松阳的商品市场运行情况，包括主要商品的供需关系、价格波动、市场竞争等。例如，通过供需分析，了解农产品、工业品、消费品市场的供需情况，以及价格变化对市场供需的影响。此外，分析松阳的劳动力市场，包括劳动力供给、需求、工资水平、就业结构等。通过劳动力市场分析，可以了解地方经济中的就业状况和劳动力资源配置情况，发现就业市场的结构性矛盾和潜在问题。

最后，研究松阳的资本市场发展情况，包括融资渠道、资本流动、投资回报等。分析资本市场在推动地方经济发展中的作用，探讨如何通过完善资本市场机制，提高资本配置效率，促进经济增长。

（3）产业结构优化。

产业结构优化是经济学研究的重要领域。通过分析松阳的产业结构现状，提出产业结构调整和升级的策略，实现经济的可持续发展。首先，通过对松阳当前产业结构的分析，了解各个产业部门的发展现状和潜力。例如，可以通过产业链分析，研究农业、工业、服务业之间的关系，发现产业发展的瓶颈和机遇。其次，提出产业结构优化的策略和措施。例如，通过发展高附加值产业、引进先进技术、提升劳动生产率等，实现产业结构的优化升级。又如，通过发展现代农业、高新技术产业和文化产业，推动地方经济转型升级。最后，研究产业集聚效应，探讨如何通过产业布局优化，实现资源的集约利用和产业协同发展。为此，考虑设立产业园区和经济开发区，推动相关产业的集聚发展，提高区域经济竞争力。

（4）经济政策与调控。

经济政策与调控是传统经济学关注的重点。通过研究松阳的经济政策和调控措施，分析政策对经济运行和发展的影响，为优化经济政策提供建议。首先，分析松阳现行的经济政策，包括财政政策、货币政策、产业政策等，研究这些政策对地方经济发展的影响。例如，通过二次计划模型分析，评估财政政策在推动地方经济增长中的作用，找出政策实施中的问题和改进方向。其次，通过对政策实施效果的评估，发现政策在实际执行中的问题和效果。例如，通过数据分析和模型模拟，评估宏观调控政策对地方经济增长、通胀和就业的影响，提出优化政策的建议。最后，根据政策分析和效果评估的结果，提出优化经济政策的具体建议。例如，可以建议松阳政府在财政政策方面，加大对教育、科技和基础设施的投入；在税收政策方面，实行减税降费，鼓励企业创新和投资；在产业政策方面，重点扶持高新技术产业和文化创意产业，推动产业结构升级。

在总结上述两种经济学研究内容的基础上，可以看到人文经济学和传统经济学在研究内容上的显著差异。人文经济学侧重于探讨文化与经济的互动关系，注重文化资本、文化产业、文化遗产保护与利用、文化旅游等方面的研究；而传统经济学则侧重于分析经济行为和市场机制，关注资源配置、供需关系、产业结构、经济政策等方面的研究。这些差异不仅体现在研究内容上，也反映在研究方法、关注点和政策建议等方面。在松阳县域的综合研究中，结合两者的研究方法和成果，可以更加全面、科学地理解地方经济发展的复杂性和多样性，为政策制定和实施提供更加全面的支持和参考。

## 二、研究方法的差异

### 1. 人文经济学的研究方法

人文经济学的研究方法具有跨学科的特点，注重定性和定量分析的结合。常用的方法包括文献分析、实地调查、案例研究、比较研究、文化测量等。在松阳县域的人文经济学研究中，具体方法如下。

（1）文献分析。

系统搜集和整理松阳文化与经济相关的文献资料，为研究提供理论基础和实证依据。通过对已有研究成果的梳理，明确研究的方向和重点。

（2）实地调查。

通过问卷调查、访谈和参与观察等方式，获取第一手数据，了解松阳文化产业和旅游业的发展现状。实地调查可以获取大量的具体数据，为分析提供基础。

（3）案例研究。

选择松阳典型的文化产业项目或旅游景点进行深入分析，揭示文化与经济互动的具体机制。案例研究可以提供深入的个案分析，揭示复杂的互动关系。

（4）比较研究。

将松阳与其他地区进行比较，分析不同文化经济发展模式的异同和经验。通过比较研究，可以借鉴其他地区的发展经验，为松阳的发展提供参考。

**2. 传统经济学的研究方法**

传统经济学的研究方法注重定量分析和模型构建，常用的方法包括统计分析、计量经济学、投入产出分析、经济模型等。在松阳县域的传统经济学研究中，具体方法如下。

（1）统计分析。

对松阳经济数据进行整理和分析，如 GDP 增长率、产业结构、投资额等，揭示经济发展的基本情况和趋势。统计分析可以提供宏观的经济数据，揭示整体的经济发展状况。

（2）计量经济学。

建立经济模型，分析松阳经济变量之间的关系，如投资对经济增长的影响、产业结构对就业的影响等。计量经济学可以通过模型分析，量化变量之间的关系，为政策制定提供依据。

（3）投入产出分析。

构建松阳经济的投入产出模型，分析各产业部门之间的相互关系，量化各部门对经济的贡献。投入产出分析可以揭示经济系统内部的相互联系，量化各部门的经济效应。

（4）经济模型。

通过建立和运用经济模型，预测松阳经济发展的趋势，评估政策的经济效应。经济模型可以模拟不同政策情景下的松阳经济变化，为政策决策提供参考。

## 三、关注点的差异

**1. 人文经济学的关注点**

人文经济学，作为一门深入探究文化因素与经济发展内在联系的学科，其研究范畴涵盖了文化资本的积累与运用、文化产业的发展与创新、文化遗产的保护与利用以及文化旅游的经济效益等多个层面。在针对松阳县域的人文经济学研究中，本书进一步细化了以下几个方面的关注点。

（1）文化资本。

在松阳的背景下，本书着重关注如何通过有效的文化资本积累和运用策略，进而提升地方经济的竞争力和创新力。这涉及深入研究文化资本在教育体系中的融入、在传统文化传承中的角色，以及在创新活动中的催化作用。同时，本书还将探讨文化资本积累的具体路径，如通过教育培训、文化交流等方式，并分析其在地方经济发展中的最佳运用方式，以期找到促进松阳经济持续增长的新动力。

（2）文化产业。

关于松阳文化产业的研究，本书聚焦于其当前的发展状况以及未来的发展前景。这包括分析文化产业内部的创新机制、市场需求的变化趋势，以及产业发展所面临的主要瓶颈。在此基础上，我们将探索如何通过技术创新、市场拓展等策略，推动松阳文化产业实现更加可持续和高效的发展。同时，本书还将关注文化产业政策对产业发展的影响，以及提升文化产业整体竞争力的有效途径。

（3）文化遗产。

松阳拥有丰富的文化遗产资源，因此，本书特别关注如何通过科学合理的保护和利用措施，实现文化遗产的有效传承与可持续发展。这需要深入分析文化遗产保护与开发之间的平衡点，确保在保护文化遗产原真性的同时，也能充分发挥其经济和社会价值。本书提出一系列切实可行的保护与利用策略，旨在通过文化遗产的合理利用，带动松阳旅游业和相关产业的协同发展。

（4）文化旅游。

在文化旅游方面，本书重点关注松阳文化旅游的发展模式及其带来的经济效益。通过深入研究文化旅游对地方经济和社会发展的综合贡献，本书将评估其作为一种可持续发展路径的潜力。同时，本书还将探讨如何通过品牌建设、市场推广等策略，进一步提升松阳文化旅游的知名度和吸引力，从而增强其经济带动效应。这将有助于松阳构建更加多元化和富有活力的经济体系。

### 2. 传统经济学的关注点

传统经济学注重市场机制和资源配置，关注点主要包括经济增长与发展、市场机制与资源配置、产业结构优化、经济政策与调控等。在松阳县域的传统经济学研究中，具体关注点如下。

（1）经济增长。

关注松阳经济增长的动力和制约因素，研究如何通过政策和措施，促进经济的持续增长。分析经济增长的驱动因素和瓶颈，提出促进经济增长的策略。

（2）市场机制。

关注松阳市场机制的运行情况，研究市场机制对资源配置和经济效率的影响。探讨市场机制的完善措施，提升市场的资源配置效率。

（3）产业结构。

关注松阳的产业结构现状和优化策略，研究如何通过产业结构调整，实现经济的高质量发展。分析不同产业部门的发展潜力，提出产业结构优化的路径。

（4）经济政策。

关注松阳的经济政策和调控措施，研究政策对经济运行和发展的影响，评估政策的有效性。分析经济政策的实施效果，提出政策优化的建议。

## 四、政策建议的差异

### 1. 人文经济学的政策建议

基于文化与经济互动的研究，人文经济学提出了一系列政策建议，旨在通过文化资源的合理利用和文化产业的发展，促进地方经济的可持续发展。在松阳县域的人文经济学研究中，具体政策建议如下。

（1）文化资本培育。

文化资本的培育对于提升松阳地区的竞争力及经济发展具有重要意义。通过加强教育和培训，可以有效提升居民的文化素养和专业技能，从而为地方经济的发展提供坚实的智力支持。建议尤其注重职业培训、成人教育和终身学习等项目的实施，帮助居民在快速变化的经济环境中保持竞争力。通过引进文化艺术、历史、文学等多领域的教育课程，促进文化素养的全面提高。同时，可以鼓励社区和地方文化机构联合开展丰富多样的文化活动，如读书会、艺术工作坊和讲座，增强居民的文化认同感和参与意识，进而积累丰富的文化资本，提升社会的整体文化水平和创新能力。

（2）文化产业扶持。

文化产业对经济发展的贡献日益显著，因此，通过政策扶持和资金支持来促进松阳文化产业的发展显得尤为重要。具体措施应包括提供财政支持、税收优惠、融资便利等，以激励文化产业相关企业进行技术创新和市场扩展。例如，可以设立文化产业专项基金，支持初创企业和新兴文化项目的孵化。同时，鼓励文化企业与高校、科研机构合作，开展技术研发和产品创新，以提升文化产品的质量与市场竞争力。此外，通过市场推广和展览活动，提高松阳文化品牌的知名度和影响力，吸引更广泛的市场需求和投资，进一步推动文化产业的健康发展。

（3）文化遗产保护。

文化遗产是一个地区历史和文化的象征，加强松阳文化遗产的保护和利用对维护地方特色和促进经济发展至关重要。迫切需要制订合理的保护措施，包括设立专项保护基金、制订文化遗产保护法规以及开展宣传教育活动，提高公众对文化遗产保护重要性的认识。可以通过与旅游业的结合，探索文化遗产的合理利用和保护方式。例如，开发具有文化和历史价值的游览线路和展示项目，吸引游客参观和体验。此外，在加强遗产保护的同时，采用现代化的管理技术和理念，如数字化记录和保护，提升文化遗产管理的效率与效果，确保文化遗产得到可持续的利用和发展。

（4）文化旅游推广。

文化旅游是推动地方经济增长的重要动力，通过品牌建设和市场推广可以有效提升松阳的文化旅游知名度与吸引力。建议制订系统的文化旅游发展规划，明确文化旅游的目标、策略和实施路径。同时，积极组织文化旅游节庆活动，围绕地方特色文化，如民俗节庆和艺术展览，丰富旅游内容，提升游客的体验感与参与感。此外，结合现代数字营销手段，通过网络平台、社交媒体等渠道进行市场推广，拓展松阳文化旅游的受众群体。同时，应与周边地区协同发展，实现资源共享，联合营销，有助于提升整体文化旅游品牌形象，促进经济的共同发展。

综上所述，通过以上四个方面的综合措施，松阳不仅能有效培育和提升文化资本，还能促进文化产业的发展，保护和利用文化遗产，并积极推动文化旅游的蓬勃发展。这些努力将实现经济增长与文化繁荣的良性互动，为地方经济的可持续发展奠定坚实基础。

**2. 传统经济学的政策建议**

基于市场机制和资源配置的研究，传统经济学提出了一系列政策建议，旨在通过优化资源配置和市场机制，促进经济的高效运行和持续增长。在松阳县域的传统经济学研究中，具体政策建议如下。

（1）经济增长激励。

为促使松阳经济持续增长，可以采取一系列激励措施，如税收减免和投资补贴。具体而言，政府可以通过提供税收优惠政策，减轻企业税负，从而提升企业的盈利能力和投资意愿。此外，设立创新基金是推动企业研发和技术创新的重要手段，这些基金可以专注支持高技术产业和具有市场潜力的项目，以激励企业进行投资与创新。同时，鼓励外资引入也是提升区域经济活力的关键举措，通过改善投资环境、简化审批流程以及提供相关优惠政策，吸引外资可以为松阳带来先进技术、管理经验以及国际市场的连接，进而推动地区经济多元化和可持续发展。

（2）市场机制完善。

优化市场环境是提升经济效率的重要基础。因此需要完善市场监管体系，提高市场透明度与公平性，以增强消费者和投资者的信任。具体措施包括加强对市场行为的监管，对不正当竞争和市场垄断行为进行严厉打击，确保公平竞争的市场环境。此外，可以考虑建立健全的信息披露制度，使市场参与者能够及时获得有关市场动态和企业运营的透明信息，这有助于促进资源的优化配置和提高市场运行效率。通过以上措施，可以有效降低市场风险，提升经济整体的活力与韧性。

（3）产业结构优化。

为推动松阳的产业结构调整与优化，必须通过政策引导与产业扶持来促进产业升级和经济转型。例如，政府可以设立专门的产业升级支持政策，提供资金和技术帮助，引导传统产业向高附加值和高技术含量的方向转型。此外，技术改造补贴可以鼓励企业进行技术升级，提升生产效率和产品质量；促进产业集群发展则有助于实现资源共享和优势互补，形成产业链的良性循环。通过政策的有效引导与扶持，松阳可以加速实现产业结构的优化，推动经济转型。

（4）政策调控加强。

在保持经济稳定与增长的过程中，政策调控的有效性至关重要。通过宏观调控和政策调节，可以有效稳定经济运行并防范经济风险。为此，建议加强财政政策与货币政策的协调。例如，在经济增长乏力时，适当地扩大财政支出与减税，来刺激内需和消费，同时配合适当的货币政策，降低利率以降低企业融资成本。此外，合理调控经济周期，通过监督金融机构的风险管理，以防范金融系统性风险的发生。此外，还需要建立健全风险预警机制，及时识别和应对潜在的经济风险及其影响，确保松阳经济的健康持续发展。

## 五、综合对比与启示

### 1. 理论框架与实践应用的对比

人文经济学与传统经济学在理论框架和实践应用方面有显著的不同。人文经济学强调文化因素在经济发展中的作用，注重文化与经济的互动关系，而传统经济学则更关注市场机制和资源配置，强调经济行为和市场规律。在松阳县域的实际研究和政策制定中，两者可以相互补充，共同促进地方经济的全面发展。

### 2. 研究方法与数据运用的对比

人文经济学采用多样化的研究方法，注重定性和定量分析的结合，通过实地调查、案例研究、比较研究等方法，获取丰富的第一手资料。而传统经济学则更多依赖统计分析、计量经济学和经济模型，通过对宏观经济数据的分析，揭示经济规律。在松阳县域的研究中，可以结合两者的优势，综合运用多种方法，提升研究的科学性和可靠性。

**3. 政策建议与实施效果的对比**

人文经济学提出的政策建议主要围绕文化资本的培育、文化产业的发展、文化遗产的保护和文化旅游的推广，注重文化资源的合理利用和创新驱动。而传统经济学的政策建议则集中在经济增长激励、市场机制完善、产业结构优化和政策调控加强，强调通过市场机制和政策手段，实现区域经济的高效发展和经济的持续增长。在实际政策实施中，应综合考虑两者的建议，制订更加符合地方实际的发展策略，提升政策的实施效果。

## 六、具体案例分析

**1. 松阳茶文化产业的发展**

松阳茶文化产业是地方经济的重要组成部分，通过人文经济学的研究，可以深入了解茶文化的历史渊源、文化内涵和市场需求，提出茶文化产业的品牌建设、市场拓展和创新发展的策略。而通过传统经济学的分析，可以量化茶文化产业对地方经济增长、就业和收入的贡献，评估茶文化产业的经济效益和市场前景。

**2. 松阳传统手工艺品产业的传承与创新**

松阳的传统手工艺品产业具有深厚的文化底蕴，通过人文经济学的研究，可以探讨手工艺品的文化价值和传承路径，提出保护与利用相结合的发展策略。而通过传统经济学的分析，可以研究手工艺品产业的市场需求、生产成本和经济效益，提出产业发展的优化策略和市场拓展措施。

**3. 松阳文化旅游的发展模式**

松阳的文化旅游资源丰富，通过人文经济学的研究，可以分析不同类型文化旅游的经济效益和社会影响，提出文化旅游发展的品牌建设和市场推广策略。而通过传统经济学的分析，可以评估文化旅游的发展对地方经济增长和就业的贡献，提出提升文化旅游竞争力和市场吸引力的具体措施。

## 七、结语

通过对比松阳县域的人文经济学研究与传统经济学的研究，可以发现两者在研究内容、方法、关注点和政策建议等方面具有显著的差异。人文经济学注重文化因素在经济发展中的作用，强调文化与经济的互动关系，关注文化资本、文化产业、文化遗产和文化旅游的发展；而传统经济学则注重市场机制和资源配置，关注经济增长、市场运行、产业结构和经济政策的影响。在松阳县域的具体研究中，两者的研究方法和政策建议可以相互补充，共同促进地方经济的可持续发展。通过结合人文经济学和传统经济学的研究成果，可以全面揭示松阳文化与经济的互动机制，制订更加科学合理的发展策略，推动松阳实现经济与文化的协调发展。未来的研究应进一步加强多学科的交叉融合，提升研究的深度和广度，为地方经济和文化的协同发展提供更有力的理论支持和实践指导。

# 第三章

# “文化—经济”融合视角下松阳历史与文化背景

松阳县位于浙江省西南部的松古盆地，因地处长松山以南，故名松阳。据史料记载，松阳自东汉建安四年（公元 199 年）建县以来，至今已有 1800 多年的悠久历史。唐武德三年（公元 620 年），松阳县曾一度升格为松州，但在唐武德八年（公元 625 年）又改回松阳县。唐贞元年间（公元 785～805 年），因古市多次遭遇水患，县治迁移至现今的西屏镇。天宝三年（公元 910 年），吴越王钱镠改名松阳县为长松县，天福四年（公元 939 年）再次更名为白龙县。自宋咸平二年（公元 999 年）起，重新命名为松阳县，并沿用至今已有 1000 年之久。因此，松阳历史悠久，人杰地灵，历来被誉为“长松山水，松州古邑”。唐朝的时候，松阳就创办了处州最早的县学；光绪年间创办了震东女子两等学堂，先后涌现了“宋代四大女词人”之一的张玉娘、南宋左丞相叶梦得，明《永乐大典》总编之一王景等杰出人士。这里地势平坦，良田万顷，山水相映成趣，物产丰饶。自古以来，松阳便是人们心中美丽的田园风光之地（见图 3－1）。这里的民众世代在这片沃土上繁衍生息，耕作劳作，形成独特的田园文化。松阳保留了众多珍贵的历史遗迹，包括宋朝的古塔、元代的堰渠、明清时期的商业街和民居建筑等。除此之外，还有汤兰公所、詹氏兄弟进士牌坊、黄家大院等历史文化遗产，这些建筑见证了松阳丰富多彩的历史文化。

图 3-1 松阳县俯瞰图

目前，松阳县辖有 5 镇、15 乡，土地面积共 1406 平方千米，人口 23.14 万。全县共有 1961 个已登记的地名，其中行政区划和居民地名称 1241 条，专业部门名称 165 条，古迹、游览地、单位及其他人工建筑名称 371 条，自然地理实体名称 184 条。这些地名有的以山、水命名，有的以姓氏、植物或建筑物命名，还有的以民间传说命名。虽然历经沧桑，但这里的古廊桥、古驿道、古宗祠、古建筑和古村落等，依然保留完整，人们可以追溯到松阳的地理、历史和文化脉络，反映了松阳独特的地方文化。松阳的地名不仅反映了当地居民的生活环境，还深刻体现了当地居民浓厚的耕读文化和悠久的历史背景。这里的田园生活宁静而美丽，人们世代在这片土地上耕种劳作，同时也追求通过读书入仕实现人生理想。科举制度在宋代的推广，使松阳成为读书人梦寐以求的地方，文风鼎盛，书院林立，人才辈出。此外，松阳的地名也反映了当地丰富的宗教文化，自南朝梁起，道教、佛教便广泛传入松阳，至宋代达到繁荣时期。松阳的宗族文化也深深体现在地名中，许多村落和街道以姓氏命名，展现了宗族文化在当地的重要地位。地名不仅是松阳历史的见证，也是当地文化传承的重要载体。从这些地名中，人们可以窥见松阳丰富的历史故事和传说，感受这个古老县城的独特魅力和文化底蕴。未来，松阳将继续在保护和传承历史文化中探索新的模式，推动地方经济和社会的可持续发展，为弘扬和传承中华优秀传统文化作出更大贡献。

## 第一节　松阳的历史渊源与文化遗迹

松阳地处浙江西南部的瓯江上游，四周环山，森林覆盖率高达80.1%，被誉为浙江大花园的核心区。作为华东地区最大的原始森林，松阳以其独特的自然风光和丰富的生态资源吸引了无数游客。松阳中部平坦，拥有浙西南最大的山间盆地，曾是“松阳熟、处州足”的主要稻米产区。如今，这片土地已经从传统的农业转向了茶叶种植和乡村旅游。松阳的茶园面积广阔，茶农们通过科学种植和生态管理，使得这里的茶叶品质优良，远销国内外。松阳以“百里乡村百里茶”的壮丽风貌展现出勃勃生机，成为全国茶产业发展的典范。

松阴溪是松阳的母亲河，常年向下游输送优质水源，是长江经济带最美河流之一（见图3-2）。松阴溪水清澈见底，两岸绿树成荫，是许多珍稀鸟类栖息的理想场所。松阴溪不仅为松阳提供了丰富的水资源，还为当地居民和游客提供了休闲娱乐的好去处。松阳的田园风光吸引了无数仕族文人前来，其中不乏唐代的道教天师叶法善和诗人王维，以及宋代状元沈晦等。叶法善在松阳修行，留下了许多道教文化遗迹，而王维则以其诗歌作品描绘了松阳的秀丽风光，增添了这片土地的文化魅力。沈晦在此讲学，使松阳成为当时的文化中心之一。如今，松阳已成为国家生态县和“中国天然氧吧”，连续两年荣获浙江“五水共治”大禹鼎。松阳人民通过科学治理水资源和生态环境，保持了这片土地的自然纯净。

松阳以其独特的自然风光、丰富的生态资源和深厚的文化底蕴，成为人们心目中的桃源胜地。这里的山水田园、花海茶园无不展示着大自然的美丽和人类与自然和谐共处的图景。无论是春天的杜鹃花海，还是夏日的清凉溪流，抑或是冬季的珍稀鸟类，都使松阳成为人们向往的旅游胜地和生态乐园。

图 3-2 松阴溪图

## 一、松阳——底蕴深厚的江南秘境

松阳建县于东汉建安四年（公元 199 年），至今已有 1800 多年的历史。作为丽水市最早的建制县，松阳在其漫长的历史进程中积累了丰富的文化遗产和独特的历史底蕴。县城保留着完整的古城格局，拥有文庙、武庙、城隍庙等多座历史建筑，这些古建筑无不彰显着松阳深厚的文化底蕴和历史风貌。松阳的老街是这座古城的心脏，至今依然传承着传统的农耕商业业态，被誉为“活着的清明上河图”。在这里，古老的街道两旁是保存完好的古建筑，街道上行人熙熙攘攘，商贩们叫卖着各色传统商品，仿佛时间在这里停滞，带人们回到数百年前的繁华景象。老街上的传统手工艺品摊位琳琅满目，有竹编、陶器、木雕等，游客们可以亲身体验这些传统手工艺的制作过程，感受古老文化的魅力（见图 3-3）。

松阳全县保留着 100 多座格局完整的古村落，其中 75 个为中国传统村落，数量位居全国前列。这些古村落依山傍水，错落有致，村内古建筑保存完好，古朴典雅，充满历史韵味。每一个村落都有其独特的历史故事和文化传承，吸引了无数游客和文化学者前来探访。延庆寺塔和普济桥是松阳的重要文化遗存，延庆寺塔巍然屹立，是古代建筑艺术的杰作，而普济桥则以其精美的石雕和独特的桥梁结构闻名，被誉为“古代桥梁艺术的瑰宝”。松阳的黄家大院被称为“木雕博物馆”，这里汇集了各类精美的木雕

图 3-3　松阳老街

作品，展示了古代工匠高超的雕刻技艺和艺术创造力。黄家大院的木雕不仅是艺术珍品，更是研究古代木雕工艺的重要资料，吸引了众多艺术爱好者和研究者前来参观和学习。松阳高腔作为国家非物质文化遗产，是松阳独特的戏曲艺术形式，其高亢激越的唱腔和丰富多彩的表演形式深受当地百姓的喜爱。这里的古村落、古建筑、传统文化和自然景观相得益彰，构成了一幅和谐美丽的江南画卷。松阳不仅是历史文化的宝库，更是现代人寻找心灵宁静和文化归属的理想之地。无论是漫步在古老的街巷，还是聆听松阳高腔的动人旋律，抑或是参观黄家大院的精美木雕，游客们都能感受到松阳深厚的历史底蕴和独特的文化魅力。松阳以其深厚的历史文化底蕴和丰富的文化遗存，展示了江南地区独特的文化风貌。这里的古村落、古建筑和传统文化，构成了一幅幅生动的历史画卷，让人们在这里找到文化的根脉和心灵的宁静。松阳，这座底蕴深厚的江南秘境，正以其独特的魅力吸引着越来越多的人前来探访和体验。

## 二、松阳——中国茶乡的香飘四海

松阳是全国茶产业发展示范县、中国十大生态产茶县和中国名茶之乡，茶产业链产值达 127 亿元。茶叶不仅是松阳的重要经济作物，更是松阳文化和生活的重要组成部分。松阳拥有 13.7 万亩茶园，这些茶园依山而建，梯田式的茶园如同绿波荡漾的海洋，构成了一幅幅美丽的自然画卷。松阳的茶产业历史悠久，茶叶种植技术和茶文化传承有序。当地茶农世代以茶为生，积累了丰富的种植和加工经验。茶农们通过科学的种植和生态管理，使得松阳的茶叶品质优良，远销国内外。松阳的茶叶种类繁多，其中以绿茶最为著名，茶叶色泽翠绿，香气馥郁，滋味鲜爽，深受消费者的喜爱。

松阳的茶叶不仅在国内市场上占有重要地位，还远销欧美、东南亚等国际市场。松阳茶叶以其优良的品质和独特的风味赢得了广大消费者的青睐，成为中国茶叶走向世界的代表之一。浙南茶叶市场是全国最大的绿茶产地市场，也是中国绿茶价格指数发布市场。这个市场不仅是茶叶交易的重要平台，也是茶叶价格的风向标，直接影响着全国乃至全球的绿茶市场行情。大木山茶园是松阳茶产业的典范，这里是全国首个集观光、运动、休闲、文化于一体的国家 4A 级旅游景区。大木山茶园不仅是茶叶种植和加工的重要基地，也是茶文化展示和推广的重要平台。茶园内设有茶文化博物馆、茶艺表演厅和茶叶产品展示区，游客在这里可以亲身体验采茶、制茶的全过程，了解茶叶的历史和文化，感受茶文化的独特魅力。大木山茶园还开展了一系列茶文化体验活动，如茶道表演、茶艺培训、茶叶品鉴等，吸引了大批游客前来体验和学习（见图 3－4）。

图 3－4　大木山茶园

松阳的茶产业形成了喝茶、饮茶、吃茶、用茶、玩茶、事茶“六茶共舞”的大茶业发展格局。除了传统的茶叶种植和加工，松阳还大力发展茶叶深加工和茶文化产业，推出了各类茶叶衍生产品，如茶食品、茶饮料、茶化妆品等，这些产品不仅丰富了茶叶的利用方式，也增加了茶农的收入。松阳的茶文化旅游业也蓬勃发展，茶园观光、茶文化体验、茶叶品鉴等活动吸引了大量游客，成为茶产业的重要组成部分。

总之，松阳以其悠久的茶叶种植历史和丰富的茶文化底蕴，成为全国乃至世界的重要茶叶产区。这里的茶园美景如画，茶文化活动丰富多彩，为人们提供了一个了解茶叶、体验茶文化的理想之地。松阳的茶产业不仅为当地经济发展作出了重要贡献，也为中国茶叶走向世界增添了浓墨重彩的一笔。

## 三、松阳——动静相宜的诗与远方

松阳以其优美的自然环境和丰富的旅游资源，成为动静相宜的诗与远方。依托得天独厚的自然景观，松阳建成了箬寮原始林、双童山等高级景区，以及多条艺术创作精品路线，吸引了大量游客和艺术家前来体验和创作。箬寮原始林是华东地区保存最完好的原始森林之一，这里林木参天，古树名木众多，是动植物的天堂。其中，松阳的代表性景区箬寮原始林内设有多条徒步和观光路线，游客可以在这里尽情享受大自然的宁静和美丽。每年夏季，箬寮原始林成为避暑的胜地，清新的空气和凉爽的气候吸引了无数游客前来避暑度假。松阳的另一代表性景区双童山景区以其奇特的地质景观和丰富的动植物资源闻名，这里峰峦叠翠，瀑布飞流，是户外运动爱好者的天堂。双童山内设有多条登山和探险路线，游客可以在这里进行登山、攀岩、探险等活动，感受大自然的壮丽和刺激。双童山的美景不仅吸引了众多游客，还成为许多艺术家的创作灵感来源，这里优美的自然景观和独特的地质风貌为艺术创作提供了丰富的素材。此外，松阴溪滨水绿道被称为“浙江最美绿道”，这条绿道沿着松阴溪蜿蜒而行，两岸绿树成荫，溪水清澈见底，是骑行和散步的理想之地。松阴溪滨水绿道全长数十公里，沿途设置了多处休息区和观景台，游客可以在这里休憩、拍照，尽情享受大自然的美丽和宁静。这条绿道不仅是休闲娱乐的好去处，也是松阳居民日常锻炼和健身的理想场所。

松阳的精品民宿如“云端觅境”和“揽树山房”等广受欢迎，这些民宿依山而建，环境幽雅，设施齐全，是度假和休闲的理想之地。民宿内设有茶室、书吧、观景台等多种设施，游客可以在这里品茶读书，欣赏美景，尽情放松身心。民宿还提供一系列特色服务，如农家菜品尝、田园采摘、传统手工艺体验等，让游客在这里感受到家的温暖和乡村的纯朴。近年来，松阳承办了多项大型赛事，如全国山地自行车赛、马拉松赛等，吸引了大批运动爱好者前来参加。这些赛事不仅丰富了松阳的旅游活动，也提高了松阳的知名度和影响力。松阳以其优美的自然环境和良好的赛事组织，赢得了参赛者和观众的一致好评，成为国家全域旅游示范区、全国旅游创新发展示范地和全国最佳养生休闲旅游名县。

总之，松阳以其优美的自然环境和丰富的旅游资源，成为人们心目中的诗与远方。这里的山水美景、生态旅游、休闲度假活动无不展示着松阳的独特魅力。无论是徒步箬寮原始林，还是登山双童山，抑或是骑行松阴溪滨水绿道，游客都能在这里找到心灵的宁静和自然的美丽。松阳，这个动静相宜的旅游胜地，正以其独特的魅力吸引着越来越多的游客前来体验和探索。

## 四、松阳：潜力巨大的创业热土

松阳随着长三角一体化进程的加快，正逐步步入铁路、公路、机场“铁公机”综合立体交通时代，迎来了前所未有的发展机遇期。全县规划建设了 15 平方千米的工业平台，已开发 10.5 平方千米。这些基础设施的建设为松阳的经济发展提供了坚实的基础。2023 年，松阳主导的高端不锈钢管产业年产值达 116.6 亿元，占全县规上工业产值的一半，已成为松阳工业经济第一大支柱产业。松阳的不锈钢管产业以其高品质和创新能力在国内外市场上占据了重要地位。这些不锈钢管广泛应用于石油、化工、建筑等多个领域，成为松阳工业经济的重要支柱。松阳的不锈钢管企业通过技术创新和质量管理，提升了产品的附加值和市场竞争力，为地方经济的发展作出了重要贡献。

电商经济在松阳也发展迅猛，松阳连续五年获评“中国电子商务发展百佳县”，成功入选国家电子商务进农村综合示范县。松阳的电商企业通过互联网平台，将当地的特色农产品、手工艺品等销往全国各地，甚至远销海外。电子商务不仅为松阳的农产品找到了更广阔的市场，也为当地居民提供了更多的就业机会和创业平台。松阳以开放包容的姿态，推动营商环境的提升，吸引了大量外来投资和人才。松阳政府通过简化行政审批程序、提供财政支持和政策优惠，营造了良好的营商环境。松阳还注重人才培养和引进，为企业发展提供了坚实的人才保障。松阳的高等教育机构和职业培训中心通过与企业的合作，培养了一大批高素质的技术和管理人才，为地方经济的发展提供了强大的智力支持。

松阳致力于打造“智能制造新城、中国有机茶乡、全域康养胜地和国家传统村落公园”等具有辨识度的“金名片”。智能制造新城以高科技和现代制造业为核心，吸引了一大批高科技企业和创新型企业落户松阳，推动了地方产业的转型升级。有机茶乡则以生态农业和有机茶叶种植为主，促进了农业现代化和绿色发展。全域康养胜地通过发展健康养老和休闲旅游产业，为居民和游客提供了高质量的生活和度假环境。国家传统村落公园则通过保护和利用传统村落的历史文化资源，促进了文化旅游和乡村振兴。

总之，松阳正以其独特的区位优势和良好的营商环境，吸引了越来越多的投资和人才，成为创业者的理想之地。松阳通过大力发展高端制造业、电子商务和现代服务业，推动了地方经济的高质量发展。松阳，这片潜力巨大的创业热土，正以其开放包容的姿态迎接更多的发展机遇，为实现高水平生态文明建设和高质量绿色发展而努力。

## 第二节　松阳的文化传统与社会习俗

作为一个历史悠久的地域，松阳不仅以其自然环境和丰富的物产著称，更以其深厚的文化传统和丰富的社会习俗而闻名。在松阳，文化传统与社会习俗是构成地方特色的重要组成部分，不仅传承了数百年的民间智慧和生活方式，也深深影响着当地居民的精神世界和日常生活。松阳的文化根基深植于中原文化和本地土著文化的交融，同时受到了道教、佛教等宗教文化的深刻影响。因此，松阳的文化呈现出多元、包容而独特的面貌。松阳的文化传统可以追溯到秦汉时期。自古以来，松阳就是一个多民族杂居之地，汉族文化在这里占据主导地位的同时，本土土著文化也保留了其独特的印记。松阳作为一处交通相对封闭的山区，地理位置使得外来文化的输入速度较慢，但正是这种相对独立的环境，使松阳得以在长期的历史进程中逐渐形成并沉淀出自己独特的文化传统。在历史发展的过程中，松阳的文化既有与中原文化相通的部分，又因为地处边缘地带，形成了与周边县市不同的文化现象。例如，松阳的宗族文化至今仍有很强的影响力，宗族的凝聚力在松阳社会中起到了稳定社会结构的作用。宗祠文化、家族祭祀等活动不仅是家庭成员的团聚时刻，也成为传播家族精神、家训的仪式。同时，松阳的文化传统还深受农耕文明的影响。在漫长的农业生产中，松阳人民形成了独特的农耕习俗和节庆活动。例如，每年春耕开始前，农民们会举行隆重的祭祀活动，以祈求风调雨顺、五谷丰登。这些节庆活动不仅表达了对自然的敬畏，也体现了松阳人民对生命与土地的深刻理解。

## 一、松阳县：魅力乡村的文化底蕴和民俗传承

一个乡村之所以能够焕发出迷人的光彩，往往要具备几个重要的因素：有产业、有文化、有历史、有故事、有特色。而在这些要素中，文化是最为重要的。文化不仅是乡村发展的灵魂和核心，更是提升乡村魅力的源泉。特别是在乡村中，那些富有特色的民俗文化，往往是乡村文化的精髓。民俗文化是“人民大众创造、享用和传承的生活文化，包括物质文化和精神文化”。本章所探讨的民俗文化资源主要以农事文化为主旋律，带有浓郁的地方特色和民族特色，是田野村夫在长期劳作中所创造的精神财富的集合，是有别于城市文化的“土”文化。“百里不同风，千里不同俗”，由于地域环境的差异，民俗文化可谓是多姿多彩，独具特色。松阳县地处浙西

南山区，建县历史悠久，有着非常丰富的民俗文化资源。只有充分挖掘利用这些民俗文化资源，才能有效提升田园乡村的魅力，更好地建设田园城市，强化松阳的综合实力和区域竞争力。

### （一）松阳县民俗文化资源基本情况

松阳县建于东汉建安四年，距今已有1800多年的历史，是丽水市最早的建制县，曾是浙西南的政治、经济和文化中心。2000年，松阳县被公布为省级历史文化名城。松阳独特的自然环境和深厚的文化底蕴，形成了丰富多彩、具有鲜明地域特色的风俗文化，特别是拥有丰富、深厚的非物质文化遗产。目前，松阳拥有国家级非物质文化遗产名录1项——松阳高腔，省级非物质文化遗产项目8项，其中包括松阳高腔、畲族叙事歌、竹溪锣鼓、道惠夫人会、黄家大院木雕技艺、叶法善传说、道教音乐月宫调以及松阳端午茶。除此之外，还有市级非物质文化遗产项目18项，县级非物质文化遗产项目43项。国家级非物质文化遗产传承人3人，省级传承人17人，市级传承人28人。这些民俗文化涉及乡村文化的各个方面，涵盖了戏曲、音乐、舞蹈、美术、手工技艺、习俗和体育竞技等多个领域，充分展示了松阳丰富多彩的民俗文化资源。

### （二）松阳的戏曲和曲艺文化

松阳的戏曲和曲艺文化极具特色，种类繁多，其中尤以松阳高腔为代表。在几百年的历史长河中，松阳高腔吸收并融合了南腔北调的特色，逐渐形成了独具一格的风格。高腔的形成和发展与松阳的历史、地理、民俗息息相关，具有鲜明的地域文化特征。松阳高腔作为国家级非物质文化遗产，是松阳戏曲文化的瑰宝，具有极高的艺术价值和文化价值。松阳高腔最具特色的就是高亢激越的唱腔与其他戏曲唱腔相比，松阳高腔更注重节奏的变化和音调的明亮，唱腔激昂高亢，情感表达浓烈。这种唱腔不仅展示了表演者高超的声乐技巧，也反映了松阳人民豪迈、热情、直率的性格特征，深受当地百姓的喜爱。此外，还有百日戏、木偶戏和松阳鼓词等戏曲曲艺形式，展示了松阳戏曲文化的多样性和丰富性。

### （三）松阳的民间音乐

松阳的民间音乐曲目繁多，风格各异，主要类型包括：戏曲音乐、叶法善道教音乐、民间器乐曲、竹溪锣鼓、板桥十番和畲族叙事歌等，是松阳传统文化的重要组成部分，具有悠久的历史和深厚的地域特色。作为一种口头传承的艺术形式，松阳民间音乐不仅是松阳人民日常生活中的娱乐和情感表达方式，也在婚庆、节庆、祭祀等重要仪式中扮演着不可替代的角色。这些民间音乐不仅是松阳人民生活中的重要娱乐形式，更是松阳文化传承的重要载体。其中，松阳的戏曲音乐主要以松阳高腔为代表。松阳高腔起源于明清时期，是浙江传统戏曲的重要流派之一。松阳高腔的音乐特点是唱腔高亢激越、节奏多变，具有较强的抒情性和表现力。它以地方方言演唱，歌词多采用四言、五言、七言等诗歌格式，内容多反映松阳人民的日常生活、历史故事和神话传说。松阳高腔的演出形式通常以表演者自唱自演为主，配以简单的打击乐器伴奏，如锣鼓、铙钹等，这种原生态的表演方式使得松阳高腔具有浓郁的乡土气息和民间风格。可见，松阳的民间音乐作为一种重要的文化表现形式，承载着丰富的历史记忆和社会情感，是松阳人民生活中不可或缺的一部分。它既是松阳地方文化的典型代表，也是松阳人民精神世界的真实写照。

### （四）松阳的民间舞蹈

松阳的民间舞蹈风韵独特，种类众多。山边马灯、小吉草狮、横坑绳抽狮子、畲族祭祖舞、蔡宅采茶灯、程路船灯、文武彩灯、太平龙灯、桂花亭、花鼓灯、鳌鱼灯、台阁等，都是松阳独特的民间舞蹈形式。这些舞蹈不仅是松阳人民生活中的重要娱乐活动，更是松阳文化的重要组成部分。通过舞蹈，松阳人民表达着对生活的热爱、对自然的敬畏以及对祖先的崇敬。这些舞蹈代代相传，不仅是文化的象征，更是松阳人民情感的表达和社会凝聚力的体现。

### （五）松阳的民间美术

松阳的民间美术以其丰富的形式和独特的风格展现了地方文化的多样性和深厚的历史底蕴。这些艺术形式不仅体现了松阳人民的日常生活、宗教信仰和文化习俗，也反映了他们对美的理解与追求。驱邪巫画、月光佛画等是松阳民间美术的代表作，展现了松阳人在民间艺术创作中的智慧与创造力。

**1. 驱邪巫画：以松阳豺虎画为代表**

作为松阳民间美术中的独特形式，以神秘的图案和独特的艺术风格著称。这类画作的起源可以追溯到松阳古老的民间信仰和宗教仪式，它们通常用于巫术活动或祭祀仪式中，具有驱邪避凶、保佑平安的作用。驱邪巫画中的图案多为神灵、怪兽、符箓以及象征性的几何图案，颜色多为鲜艳的红、黑、黄等，充满了浓烈的宗教和神秘气息。在松阳的传统文化中，驱邪巫画与道教文化紧密相关。道教崇尚自然和神灵崇拜，巫术作为道教文化的一部分，在松阳的民间信仰中占据了重要位置。巫师们通过绘制驱邪巫画，用以护佑家宅、驱赶鬼魅。这些画作的创作过程通常伴随着特定的仪式，如念咒、祈祷等，赋予了画作神秘的力量。驱邪巫画的艺术风格独具一格，线条简洁、粗犷，构图富有张力。虽然没有细腻的刻画，但其夸张的造型和强烈的视觉效果，使得这些作品充满了神秘感与力量感。驱邪巫画不仅是一种民间艺术形式，更是一种承载着松阳人民信仰和生活智慧的文化载体。其中，松阳豺虎画是当地巫师或民间画师以猛兽为原形，在木板、宣纸或动物龟壳上绘制而成的独特绘画形式，造型诡异乖张，被当作神灵供奉用以驱邪，是民间巫文化的特殊表现方式，已被列入浙江省级非物质文化遗产。

**2. 月光佛画**

月光佛画是松阳另一种重要的民间美术形式，表现出松阳人民对宗教信仰和精神世界的独特理解。月光佛画通常以佛教经典人物为主题，尤其是与月亮相关的佛教形象，如月光菩萨、明月佛等。这些佛像画作不仅体现了宗教的崇高精神追求，也融入了松阳地方特色的美学风格。月光佛画的艺术特点在于其精美的绘画技艺和深刻的文化内涵。画面通常以柔和的色彩为主，强调光影的运用，特别是月光的表现。佛像在月光的映衬下显得庄严而宁静，表达了佛教教义中关于慈悲、智慧和超然的精神境界。画中佛像的形象多为端庄静穆，表情祥和，姿态优雅，给人以安宁和净化心灵的感受。松阳月光佛画不仅是一种宗教画作，也体现了松阳人民对自然的敬畏和对精神世界的向往。这些画作常用于寺庙或家庭中的供奉，表达了人们对佛教精神的信仰与追求。月光佛画的精湛技艺和深厚的文化底蕴，使其成为松阳民间美术中的瑰宝，展示了松阳人民的艺术才华和审美情趣。

**3. 民间美术的社会功能与文化意义**

松阳的民间美术不仅是一种艺术表达形式，更在地方社会中发挥着重要的社会功能和文化意义。首先，这些艺术作品是松阳人民日常生活中的重要组成部分，装饰家庭、庆祝节日、表达情感。在婚庆、祭祀、祈福等场合，民间美术作品往往作为重要的仪式物品，具有象征性和功能性。其次，松阳的民间美术通过代代相传，保留了地方文化的精髓。每一幅驱邪巫画、每一件月光佛画，背后都有着丰富的历史和文化内涵，它们不仅承载了松阳人民对宗教信仰的虔诚与敬畏，也反映了他们对生活的智慧与感悟。

### （六）松阳的传统手工技艺

松阳的传统手工技艺精湛，种类繁多。黄家大院木雕技艺、松脂采制、佛像泥塑、手工绣花、剪纸、畲族织彩带、手工布鞋、打铁、钉称、胡琴制作、蒙鼓、制陶、麦秆扇编织、弹棉花、松阳家酿酒、松阳晒红烟、风炉制作、蓝布绣花等，都是松阳传统手工技艺的重要组成部分。这些手工技艺不仅展示了松阳人民的智慧和创造力，更是松阳文化的重要组成部分。首先，松阳的竹雕和木雕技艺历史悠久，雕刻作品以其精致的工艺和独特的地方风格著称。竹雕多用于日常生活中的器具装饰，如竹篮、竹筛等，而木雕则多见于寺庙建筑和家具装饰。雕刻师通过精湛的手艺，将动植物、神话故事等题材雕刻在木材和竹子上，作品既富有实用价值，也充满了艺术感染力。其次，松阳的刺绣工艺具有鲜明的地方特色，刺绣作品多以花鸟、吉祥图案为主题，针法细腻，色彩丰富。刺绣不仅用于服饰装饰，也广泛应用于生活用品和节日庆典中，是松阳妇女手工艺的重要组成部分。再次，松阳的布艺作品，如布偶、布艺玩具等，也以其生动的造型和精巧的手工而著称，深受当地人喜爱。此外，剪纸是松阳民间美术中的重要艺术形式，通常用于节日装饰和庆典活动。松阳的剪纸作品线条简洁流畅，构图丰富多样，题材涵盖了传统吉祥图案、历史故事和民间传说等。剪纸不仅是装饰品，也是承载民俗文化的符号，象征着美好愿望和生活理想。最后，松阳的泥塑作品多以神像、动物、人物为主题，具有浓郁的乡土气息和民间色彩。泥塑工艺简单，但表现力强，艺术家通过简单的工具和巧妙的手法，将泥土塑造成各种生动形象的作品，展示了松阳人民对自然和生活的独特理解。

### （七）松阳的民间习俗

松阳的民间习俗丰富多样，风格各异。竹溪食品祭、道惠夫人会、迎神赛会、三月三歌会、社公信仰、四都祈福、打清醮、畲族婚俗、上梁仪式、传统集市、尝新米等，都是松阳独特的民间习俗。这些民间习俗不仅是松阳人民生活中的重要部分，更是松阳文化的重要组成部分。此外，竹溪食品祭以其独特的习俗和丰富的文化内涵，展示了松阳人民的智慧和创造力。道惠夫人会则以其深厚的文化底蕴和独特的风俗，成为松阳民间习俗中的一大亮点。迎神赛会和三月三歌会则展示了松阳人民在节庆中的欢乐和热情。

### （八）松阳的体育竞技

松阳的体育竞技妙趣横生，富有特色。樟村拳和畲族问凳等，是松阳体育竞技的代表项目。樟村拳以其独特的武术技艺和丰富的文化内涵，成为松阳体育文化中的一大亮点。畲族问凳则以其独特的竞技方式和深厚的民族文化，展示了松阳人民的智慧和体育精神。

## 二、民俗文化在松阳乡村发展中的重要作用

松阳丰富的民俗文化资源不仅展示了松阳人民的智慧和创造力，更为松阳乡村的发展提供了重要的文化支撑。通过深入挖掘和利用这些民俗文化资源，松阳不断提升田园乡村的魅力，推动乡村文化的传承和发展。民俗文化作为乡村文化的核心和灵魂，对于提升乡村魅力、促进乡村经济发展、增强区域竞争力至关重要。松阳通过对民俗文化资源的保护和利用，不仅传承了宝贵的文化遗产，还推动了乡村旅游和文化产业的发展，为松阳的全面发展和现代化建设注入了强大的文化动力。在未来的发展中，松阳将继续深入挖掘和利用民俗文化资源，通过建设特色文化村、举办民俗文化活动、开展文化交流和合作，推动民俗文化与乡村旅游、现代农业、文化产业的融合发展，打造具有松阳特色的文化品牌，提升松阳的综合实力和区域竞争力。

# 第三节 松阳文化遗产的保护与传承

作为浙江传统文化的重要发祥地之一，松阳不仅以其秀丽的山水、宜人的气候而闻名，更以其丰富的非物质文化遗产和独特的民俗风情吸引着无数的研究者和文化爱好者。在这片山清水秀的土地上，保存着许多世代相传的文化宝藏，如民间音乐、舞蹈、美术、手工艺、传统戏曲、民间信仰、节庆习俗等，这些丰富多样的文化形式共同构成了松阳文化的独特风貌和魅力。松阳的文化遗产不仅体现了当地人民的历史记忆和生活智慧，也承载了他们对生活、自然和宇宙的深刻理解与美好愿望。然而，随着社会的快速发展和现代化进程的不断推进，传统文化遗产的生存环境面临着严峻的挑战。许多传统的文化形式，如松阳高腔、民间剪纸、草狮舞、驱邪巫画等，因缺乏年轻一代的关注和传承，逐渐失去了昔日的活力和生命力。这一现象不仅威胁着松阳文化的延续与发展，也对整个中华民族文化

的多样性和连续性造成了深远影响。因此，如何有效保护和传承松阳的文化遗产，已成为一个亟待解决的重要课题。在这样的背景下，松阳的文化遗产保护与传承工作显得尤为重要和紧迫。近年来，随着国家对非物质文化遗产保护力度的加大和社会各界保护意识的增强，松阳的文化遗产保护工作取得了一定的成效。政府部门、学术界、民间组织和当地社区共同参与，通过制订政策法规、开展调查研究、加强教育宣传等多种方式，积极推动文化遗产的保护与传承。在政府的推动下，松阳已建立了一批文化遗产保护名录和传承基地，通过组织文化活动、非遗展示、传承人培训等方式，使得松阳的文化遗产在新时代的语境下焕发出新的生命力。然而，文化遗产的保护不仅仅是简单的保存和展示，更需要深度的挖掘和创造性的发展。保护文化遗产，既要注重其原真性和完整性的保存，也要结合现代社会的实际需求，使其在当代社会中具有新的价值和意义。对于松阳来说，这意味着要在尊重和保持传统文化原貌的基础上，探索其与现代生活方式和艺术形式的结合点，推动文化遗产的现代转型和创新发展。

首先，松阳需要完善文化遗产保护的法律法规体系，加强对文化遗产的制度性保护。虽然松阳在文化遗产保护方面已经取得了一定的成绩，但在法律法规的具体落实和执行层面还存在许多不足之处。未来，需要进一步健全文化遗产保护的法律法规体系，明确文化遗产的界定标准、保护范围、管理办法以及相应的法律责任，为文化遗产的有效保护提供坚实的法治保障。其次，加强文化遗产的科学研究和资源调查工作，为保护与传承提供科学依据。文化遗产的保护与传承，必须建立在全面深入的调查研究基础上。松阳的文化遗产资源种类繁多、分布广泛，需要通过系统的田野调查、档案整理、口述史研究等方式，全面摸清文化遗产的现状、分布特点、历史沿革以及现存的问题，形成一系列具有科学性和可操作性的研究成果，为文化遗产的保护与传承提供科学依据。再次，注重文化遗产的教育宣传和公众参与，形成全社会共同保护的氛围。文化遗产的保护与传承离不开全社会的共同努力和广泛参与。松阳可以通过多种途径，如学校教育、社区活动、博物馆展览、传统节庆等，增强公众对文化遗产的认知和认同，激发年轻一代对传统文化的兴趣和热爱。同时，也应鼓励和支持民间组织和个人参与文化遗产的保护工作，形成政府、社会、公众多方协同的保护机制。此外，推进文化遗产的数字化保护和利用，是新时代文化遗产保护的新方向。现代科技的迅猛发展为文化遗产的保护和传承提供了新的可能。松阳可以通过建立数字化文化遗产数据库，运用3D建模、虚拟现实、人工智能等先进技术，对文化遗产进行全面记录和保护，使其在虚拟空间中得以永久保存。同时，借助互联网平台和新媒体手段，开发一系列与文化遗产相关的数字产品，如在线展览、文化旅游App、互动游戏等，吸引更多年轻人了解和参与文化遗产保护。最后，创新文化遗产的传承方式，推动文化遗产的活态化传承和现代化发展。传统文化遗产只有在现代社会中找到新的适应方式，才能焕发出新的生命力。松阳可以通过“非遗+旅游”“非遗+文创”等多种模式，推动传统文化与现代产业的深度融合。例如，将传统的松阳高腔、民间剪纸、草狮舞等与现代艺术形式相结合，开展多样化的文化创意活动，吸引更多的年轻人参与和关注。同时，也可以借助文化交流平台，将松阳的传统文化推向更广阔的国际舞台，提升其文化影响力和国际知名度。

可见，松阳文化遗产的保护与传承是一项系统工程，涉及法律、教育、科技、产业等多个领域。只有在政府主导、社会参与、科技支撑的多方协同下，才能实现文化遗产的有效保护和活态传承，使得松阳的传统文化在新时代的语境下焕发出新的生机和活力。通过不断的努力和探索，松阳不仅可以成为中国文化遗产保护与传承的典范，也将为世界文化遗产的保护与发展提供宝贵的经验和启示。

## 一、松阳文化遗产的保护现状与挑战

### 1. 松阳文化遗产概述

松阳县地处浙江省西南部，具有丰富的历史文化遗产，包括古村落、传统建筑、非物质文化遗产等。这些遗产不仅记录了松阳的历史发展轨迹，也展现了当地独特的文化魅力。松阳的古村落如南屏、柳溪，建筑风格独特，保存完好，反映了明清时期的建筑艺术和社会风貌。非物质文化遗产如松阳道情、竹编技艺、陶艺等，具有重要的历史、艺术和文化价值，体现了松阳人民的智慧和创造力。

**2. 文化遗产保护的政策与措施**

近年来，国家和地方政府对文化遗产保护高度重视，出台了一系列政策和法规，旨在保护和传承文化遗产。例如，《中华人民共和国文物保护法》《非物质文化遗产保护法》等法律法规，为文化遗产的保护提供了法律保障。此外，松阳县政府还制定了《松阳文化遗产保护规划》，明确了保护的目标和措施。政府通过设立专项资金，支持文化遗产保护项目，并通过组织专家评审和监督，确保保护工作的科学性和有效性。

**3. 保护文化遗产的实践与成效**

在政策和法律的支持下，松阳县积极开展文化遗产保护工作。例如，古村落的修缮工程、传统建筑的维护、非物质文化遗产的传承活动等都取得了显著成效。南屏古村通过政府和社会力量的共同努力，完成了多次修缮，恢复了其原有的历史风貌。同时，松阳县积极组织非物质文化遗产的传承活动，如竹编技艺培训班、陶艺展示等，促进了技艺的传承和发展。此外，通过文化旅游的发展，松阳的文化遗产得到了更广泛的关注和认同，游客量显著增加，带动了当地经济的发展。

**4. 文化遗产保护面临的挑战**

尽管取得了一些成就，但松阳文化遗产保护仍面临诸多挑战。首先是资金不足，文化遗产保护需要大量的资金投入，但实际投入往往不足，影响了保护工作的开展。其次是技术和人才的缺乏，文化遗产保护需要专业的技术和人才，但目前专业人才短缺，制约了保护工作的质量和效率。此外，现代化进程对传统文化的冲击也不容忽视，如何在保护文化遗产的同时实现现代化发展，是一个需要解决的重要问题。同时，过度开发和不当利用也给文化遗产带来了新的威胁。

**5. 松阳文化遗产未来保护的方向**

松阳文化遗产保护需要在政策、资金、技术和人才等方面继续努力。同时，要加强宣传教育，提高全社会对文化遗产保护的重视和参与度。政府应继续完善文化遗产保护的法律法规，确保保护工作的有法可依。应加大资金投入，设立专项基金，保障保护工作的顺利进行。还应加强与高校和科研机构的合作，培养专业人才，提高保护技术水平。此外，要注重文化遗产保护与现代化发展的协调，促进文化遗产与现代生活的融合，实现文化遗产的可持续发展。

## 二、松阳文化遗产的传承与创新

**1. 文化遗产传承的重要性**

文化遗产是一个地方的历史记忆和文化根脉，传承文化遗产不仅是对历史的尊重，也是对未来的负责。松阳的文化遗产具有重要的历史、艺术和科学价值，对研究当地历史文化和社会发展具有重要意义。文化遗产的传承不仅有助于保存民族文化记忆，还能增强民族自信心和凝聚力，为现代社会提供丰富的文化资源和精神食粮。

**2. 传统文化的传承方式**

松阳的传统文化主要通过口传心授、家族传承和社区传承等方式得以延续。口传心授是非物质文化遗产的重要传承方式，如传统技艺、民俗活动等多以这种方式传承。老艺人通过言传身教，将技艺传授给弟子或家族成员，确保技艺的代代相传。家族传承是许多传统技艺的传承方式，技艺通常在家族内部代代相传，通过家族内部的严格训练和教育，保持技艺的纯正和独特性。社区传承则是在社区内通过集体活动和节庆仪式等形式传承文化，社区成员共同参与，增强了文化的凝聚力和生命力。

**3. 文化遗产与现代生活的融合**

在传承文化遗产的过程中，需要考虑如何将传统文化与现代生活相结合。例如，通过现代科技手段记录和传播传统文化，通过文化创意产业发展将传统文化元素融入现代产品和服务中，以吸引年轻人的关注和参与。松阳县通过引入现代科技，如数字化技术、虚拟现实等，制作文化遗产的数字化档案和展示平台，使传统文化在现代社会中得到更好的传承和弘扬。此外，通过开发文化创意产品，如将传统图案应用于服装、饰品和家居用品中，既保持了传统文化的特色，又增加了现代生活的美感和趣味。

**4. 文化创新的探索与实践**

文化遗产的传承不仅仅是简单的复制和保存，还需要创新。松阳在文化遗产的创新方面进行了许多有益的探索和实践。例如，通过举办文化节、艺术展览等活动，展示和推广松阳的传统文化；通过创意设计，将传统文化元素融入现代生活用品和旅游纪念品中，增加文化遗产的吸引力和市场价值。松阳县还积极推动文化产业的发展，通过扶持文化企业和创意工作室，促进文化创新和产业融合。例如，松阳陶艺在保留传统技艺的基础上，融入现代设计元素，开发出一系列既有传统特色又符合现代审美的陶艺产品，既传承了传统技艺，又实现了经济效益。

**5. 新媒体在文化传承中的作用**

新媒体的快速发展为文化遗产的传承提供了新的途径。通过互联网、社交媒体等平台，可以更广泛地传播松阳的文化遗产，提高公众的认知度和参与度。例如，利用短视频平台展示传统技艺，利用网络直播展示文化节庆活动等，都取得了良好的效果。松阳县还通过建立文化遗产保护和传承的官方网站和社交媒体账号，定期发布文化遗产相关信息和活动，提高公众的关注度和参与度。通过新媒体的互动功能，吸引更多年轻人参与文化遗产的保护和传承，增强文化遗产的生命力和影响力。

**6. 传承过程中的问题与对策**

在文化遗产传承过程中，仍存在一些问题需要解决。例如，传承人年龄偏大，后继乏人；传承环境变化，传统技艺难以适应现代市场需求等。针对这些问题，需要制订相应的对策，如加大对传承人的培养和支持，鼓励年轻人参与文化传承；通过政策扶持和市场引导，推动传统技艺的现代化改造和市场化发展。松阳县应建立传承人培训和支持机制，通过技艺培训班、文化交流活动等，培养新一代的传承人。同时，应制订传承激励政策，如给予传承人一定的经济补贴和荣誉奖励，提高他们的传承积极性和社会地位。

## 三、松阳文化遗产保护与传承的案例分析

**1. 古村落保护与活化**

松阳县有许多保存完好的古村落，这些村落不仅是宝贵的文化遗产，也是研究传统建筑和生活方式的重要资源。例如，松阳县的南屏古村和西递古村，因其独特的建筑风格和保存完好的历史风貌，被列为世界文化遗产。通过政府和社会力量的共同努力，这些古村落得到了较好的保护和活化。南屏古村通过多次修缮，恢复了其明清时期的建筑风貌，同时发展文化旅游，吸引了大量游客，提高了古村落的知名度和经济效益。西递古村则通过引入文化创意产业，将传统文化元素融入现代生活中，增强了古村落的吸引力和活力。

**2. 传统技艺的传承与发展**

松阳有许多传统技艺，如传统陶艺、木雕、剪纸等，这些技艺是非物质文化遗产的重要组成部分。通过举办技艺培训班、技艺展示活动等方式，松阳的传统技艺得到了较好的传承和发展。例如，松阳陶艺在保留传统技艺的基础上，融入现代设计元素，开发出许多具有市场竞争力的产品，既传承了传统技艺，又实现了经济效益。通过与高校和科研机构合作，松阳还对传统技艺进行了科学研究和技术改进，提高了技艺的传承水平和市场竞争力。此外，通过参加国内外的展览和比赛，松阳的传统技艺得到了更广泛的认可和推广。

**3. 非物质文化遗产的保护与传承**

松阳的非物质文化遗产丰富多样，包括传统音乐、舞蹈、民俗活动等。这些文化遗产通过口传心授和节庆活动得以延续。例如，松阳的传统音乐和舞蹈在节庆活动中得到了广泛展示，通过政府和民间的共同努力，这些文化遗产得到了较好的保护和传承。松阳县还通过组织非物质文化遗产展演和培训活动，促进了文化遗产的传播和传承。例如，松阳道情作为一种传统的民间音乐艺术，通过定期举办演出和培训班，培养了一批年轻的传承人，确保了这一传统艺术的持续发展。

**4. 文化旅游的发展与文化遗产保护**

文化旅游是松阳文化遗产保护与传承的重要途径。通过文化旅游，可以将文化遗产转化为旅游资源，吸引游客的同时，促进文化遗产的保护和传承。例如，松阳通过发展古村落旅游、传统技艺体验游等，吸引了大量游客，同时也增加了文化遗产的知名度和影响力。政府和旅游企业通过开发文化旅游线路，推广文化旅游产品，提升了松阳文化遗产的市场价值和社会影响力。例如，松阳古村落旅游线路不仅展示了古村落的建筑和历史，还结合当地的非物质文化遗产，让游客体验传统技艺和民俗活动，增强了旅游的吸引力和参与度。

**5. 文化遗产保护与传承的国际合作**

松阳在文化遗产保护与传承方面，积极开展国际合作，通过与国际组织和其他国家的合作，借鉴国际先进的保护和传承经验，提高自身的保护和传承水平。例如，松阳通过与联合国教科文组织的合作，开展了一系列文化遗产保护项目，取得显著成效。通过参加国际文化遗产保护会议和培训，松阳的文化遗产保护工作者学习了国际先进的保护理念和技术，提高了专业素质和工作能力。此外，松阳还通过邀请国际专家进行指导和评估，提升了文化遗产保护的科学性和有效性。

**6. 文化遗产保护总结**

松阳在文化遗产的保护与传承方面，采取了多种措施，取得了显著成效。但是，仍然存在一些问题需要解决。未来，松阳需要在政策、资金、技术和人才等方面继续努力，进一步加强文化遗产的保护与传承，促进文化遗产与现代生活的融合，实现文化遗产的可持续发展。通过建立多方合作机制，整合各方资源和力量，形成共建共享的文化遗产保护网络，提高文化遗产保护的效率和效果。同时，加强公众教育和宣传，提高全社会对文化遗产保护的重视和参与度，共同推动文化遗产的保护与传承。通过对松阳文化遗产保护与传承的深入分析，可以看出，文化遗产的保护与传承是一项复杂而艰巨的任务，需要政府、社会和个人的共同努力。只有通过多方协作，才能更好地保护和传承文化遗产，弘扬优秀传统文化，实现文化的可持续发展。

# 第四章

# “文化—经济”融合视角下松阳的现代经济历程

松阳县，这个位于中国浙江省西南部的小县城，以其悠久的历史、丰富的文化底蕴和秀丽的自然风光而闻名。松阳拥有2000多年的建县历史，自古以来便是浙西南的重要驿站和物资集散地。古韵松阳，不仅有着古老的文化传统，还有着深厚的人文积淀。然而，随着时代的发展，松阳也在不断地焕发出新的生机与活力。在保持古韵与传统的同时，松阳的经济发展历程更是令人瞩目。改革开放以来，松阳县在党中央、国务院的正确领导下，依托自身的区位优势和丰富的自然资源，积极推进经济体制改革，逐步实现了从传统农业县向现代化工业县的华丽转身。现代经济的发展，不仅改变了松阳的产业结构，也极大地提升了人民的生活水平和生活质量。松阳的经济发展经历了几个重要的阶段。从早期的以农业为主的经济模式，到逐步引入工业化，再到近年来大力发展现代服务业和新兴产业，松阳的每一步发展都紧跟时代的步伐，充分体现了地方政府的战略眼光和政策实施的有效性。与此同时，松阳在经济发展的过程中也始终注重生态环境的保护，走出了一条经济发展与生态保护相互促进的绿色发展之路。

在现代经济发展进程中，松阳的农业依然发挥着重要的作用。松阳县地处浙西南山区，土地资源丰富，气候条件优越，特别适合发展特色农业和生态农业。近年来，松阳县大力推广绿色农业、品牌农业和有机农业，积极推进农产品加工业的发展，形成了以茶叶、中药材、竹木制品等为代表的特色农业产业体系。松阳的茶叶，特别是松阳银猴茶，以其独特的品质和悠久的种植历史，享誉国内外，成为松阳县农业经济的重要支柱。在工业方面，松阳县紧抓改革开放的机遇，大力发展工业经济。依托丰富的竹木资源和矿产资源，松阳形成了以竹木加工、建材、机械制造等为主的工业体系。同时，松阳还注重引进外资和技术，积极推进产业结构调整和升级换代，逐步形成了以高新技术产业为龙头，传统制造业和新兴产业并重的发展格局。近年来，松阳县积极响应国家政策，推动工业绿色转型，大力发展循环经济和低碳经济，取得了显著的成效。在服务业方面，松阳县充分发挥自身的区位优势和旅游资源优势，大力发展现代服务业和文化旅游业。松阳拥有丰富的历史文化遗产和自然风光，特别是以松阳古城、松阳茶文化园和多个传统村落为代表的旅游资源，吸引了大量游客前来观光旅游。松阳县通过大力推进旅游基础设施建设，完善旅游服务体系，积极发展乡村旅游和生态旅游，不断提升旅游业的综合竞争力和品牌影响力。此外，松阳县还大力发展电子商务、现代物流、金融服务等现代服务业，积极培育新的经济增长点，促进服务业的快速发展。松阳县的现代经济发展，不仅体现在产业结构的调整和升级上，也体现在城乡一体化发展和民生改善上。随着经济的发展，松阳县积极推进城乡一体化建设，加快城镇化步伐，不断改善城乡基础设施和公共服务，努力缩小城乡差距，提高城乡居民的生活质量。同时，松阳县还高度重视教育、医疗、养老等社会事业的发展，切实保障和改善民生，不断提升人民群众的幸福感和获得感。在全球化和信息化迅猛发展的今天，松阳县面对新的机遇和挑战，继续坚持创新驱动发展战略，积极推进科技创新和体制机制创新，努力培育新的经济增长点和发展动力。松阳县通过引进高层次人才、加大科研投入、促进产学研结合等多种措施，不断提升自主创新能力和科技水平，推动经济高质量发展。同时，松阳县还注重加强区域合作和对外开放，积极融入长三角一体化发展，扩大对外交流与合作，努力提升在全国乃至全球经济中的地位和影响力。

纵观松阳县的现代经济发展历程，不难发现，其成功的经验和做法主要体现在以下几个方面：一是坚持党的领导和政府主导，科学制订和实施经济发展战略。松阳县委、县政府始终把握经济发展的大方向，科学制订发展规划和政策措施，充分发挥政府在经济发展中的引导和协调作用。二是依托资源优势，因地制宜发展特色产业。松阳县充分利用自身的自然资源和区位优势，积极发展特色农业、生态工业和文化旅游业，形成了具有地方特色和竞争力的产业体系。三是注重创新驱动，推动产业结构调整和升级。松阳县积极推进科技创新和产业升级，不断提升自主创新能力和技术水平，推动经济高质量发展。四是坚持绿色发展，统筹推进经济发展与生态保护。松阳县在经济发展的同时，高度重视生态环境保护，努力实现经济效益、社会效益和生态效益的有机统一。五是推进城乡一体化建设，改善民生和社会事业。松阳县通过加快城乡一体化步伐，不断改善城乡基础设施和公共服务，努力缩小城乡差距，提高城乡居民的生活质量。六是加强区域合作和对外开放，提升经济发展的广度和深度。松阳县积极融入长三角一体化发展，扩大对外交流与合作，努力提升在全国乃至全球经济中的地位和影响力。未来，松阳县将继续坚持创新、协调、绿色、开放、共享的新发展理念，努力实现经济高质量发展和社会全面进步。相信在各级政府和全县人民的共同努力下，松阳县的现代经济发展一定能够取得更加辉煌的成就，古韵松阳也必将在新时代焕发出更加灿烂的光芒。

## 第一节 松阳农业经济的历史演变：从传统模式到现代农业

松阳，以其优美的自然环境和丰富的农业资源著称，农业一直是该地区经济发展的基础。从古至今，松阳的农业经济经历了多次重大变革，不仅见证了中国农业社会的历史发展进程，也反映了不同历史时期松阳人民应对自然环境和社会变化的智慧与适应能力。松阳的农业历史可以追溯到数千年前的古代农耕社会。受惠于独特的山地地貌和气候条件，松阳自古以来便是一个农业大县。依山傍水的自然环境提供了充足的水源和肥沃的土壤，使得水稻、茶叶等农作物在该地得以广泛种植。早期松阳的农业生产模式以家庭为单位，采用简单的耕作工具，种植作物单一，主要以满足家庭自给自足为目的。农户们凭借传统的耕作方式，如犁耕、畜力、手工操作，形成了松阳早期的农业经济基础。随着历史的演进，松阳的农业生产方式逐渐多样化。尤其是在唐宋时期，松阳开始形成了以稻作农业为主的农耕体系。水稻种植在这一时期取得了显著的发展，成为松阳农业的支柱产业。同时，茶叶栽培在这一时期也开始兴起，并逐渐发展成为松阳农业经济的重要组成部分。松阳得天独厚的自然条件，使得其茶叶品质优良，特别是绿茶的种植和加工，在后来的几百年间逐步声名远扬，形成了松阳茶文化的重要一环。

到了明清时期，松阳的农业生产方式出现了进一步的改进。随着水利工程的建设和农耕技术的提升，农业生产力逐步提高，农作物的产量得到了显著改善。这一时期，松阳的农业经济逐渐从单一的粮食作物向多种经营转型，开始引入包括茶叶、蔬菜、水果在内的多种经济作物的种植。农民不仅满足了自身的生活需求，还开始通过农产品交换和贸易，推动了地方经济的发展。进入近代，松阳的农业经济面临着巨大的挑战与变革。20世纪初，随着中国社会结构的变化和工业化进程的推进，松阳的传统农业模式开始受到冲击。手工劳动和传统农具的低效性逐渐暴露无遗，传统农业经济模式难以适应不断变化的市场需求。与此同时，人口的增长和土地资源的有限性也使得松阳农业生产面临更大的压力，如何提高生产效率、增加产量成为亟待解决的问题。中华人民共和国成立后，松阳的农业进入了新的发展阶段。新中国的农业政策大力推动了农业集体化、机械化和科学化的进程。20 世纪 50 年代，松阳与全国其他地区一样，农业集体化虽然在一定程度上提高了农业生产的组织性和计划性，但在初期也存在一些问题，如对农民个体积极性的抑制、农田管理的效率低下等。尽管如此，这一时期的农业集体化为松阳现代农业的发展奠定了基础。到了改革开放时期，松阳农业迎来了历史性的转折。80 年代，随着国家实行家庭联产承包责任制，土地重新分配到农户手中，极大地激发了农民的生产积极性。农民重新获得了对土地的使用权，可以自主决定种植品种和生产方式。松阳的农业从此进入了一个以市场为导向的发展阶段，农产品的多样化和商品化趋势显著增强。茶叶、药材等高附加值经济作物的种植得到大力推广，松阳的农业经济结构得以逐步优化。

进入21世纪，松阳的农业经济迈向现代化。随着科学技术的进步和国家对现代农业的政策支持，松阳逐步从传统的劳动密集型农业转向技术密集型农业，农业生产方式日益现代化。机械化种植、智能化管理、生态农业等理念逐渐渗透农业生产的各个环节。尤其是在茶叶产业方面，松阳通过技术创新、品牌建设和市场推广，成功实现了茶叶产业的现代化转型，松阳绿茶在国内外市场上享有盛誉。与此同时，松阳在生态农业和可持续发展方面也取得了显著成效。作为浙江省重要的生态农业示范区，松阳注重保护农业环境和生态平衡，推行无公害农产品、有机农业和生态旅游等新型农业模式。通过发展循环农业、推广绿色生产技术，松阳不仅提高了农产品的质量和产量，还推动了农业与旅游业的融合发展，形成了具有地方特色的农业生态经济体系。

可见，松阳农业经济的历史演变是一个不断适应自然、技术和社会变化的过程。从传统的自给自足模式，到多种经营的转型，再到现代化、技术密集型农业的崛起，松阳农业在每一个历史阶段都展现了强大的生命力和适应性。展望未来，随着国家农业现代化战略的推进和乡村振兴政策的深入实施，松阳的农业经济必将在新一轮的发展浪潮中焕发出更加蓬勃的生机和活力。因此，在本节中，我们将回顾松阳农业经济的历史演变过程，分析各个历史阶段农业经济的特点及其对地方经济社会发展的影响，探讨松阳如何在现代化进程中逐步实现传统农业向现代农业的转型。同时，也将思考松阳农业未来的发展方向，以及如何在保持传统文化与生态平衡的前提下，进一步推动农业经济的可持续发展。

## 一、松阳农业经济演变的模型分析

通过考虑不同历史阶段的农业经济特征和关键驱动因素，本章构建一个动态数学模型来阐述松阳农业经济的历史演变。模型将通过一系列方程和变量描述农业经济从传统模式向现代农业的转变过程。

## （一）模型构建的基本框架

**1. 变量定义**

$P_t$ 表示传统农业生产（单位：粮食产量）；

$M_t$ 表示现代农业生产（单位：粮食产量）；

$L_t$ 表示农业劳动力（单位：人数）；

$C_t$ 表示农业资本投入（单位：货币）；

$T_t$ 表示技术进步（单位：技术水平指数）；

$E_t$ 表示外部环境因素（包括政策、市场需求等，单位：指数）。

**2. 模型假设**

假设一：农业劳动力逐步从传统农业向现代农业转移。

假设二：资本投入和技术进步是推动现代农业发展的关键因素。

假设三：外部环境因素（如政府政策、市场需求等）影响农业经济的整体发展。

## （二）构建农业经济的动态方程模型

**1. 构建生产模型**

（1）传统农业生产函数。

$$P_t = A_t L_{tP}^{\alpha} C_{tP}^{\beta} T_{tP}^{\gamma} \tag{4-1}$$

其中，$L_{tP}$、$C_{tP}$和 $T_{tP}$分别表示在传统农业中的劳动力、资本和技术水平，$A_t$ 为技术效率参数，$\alpha$、$\beta$、$\gamma$ 为生产弹性系数。

（2）现代农业生产函数。

$$M_t = B_t L_{tM}^{\delta} C_{tM}^{\epsilon} T_{tM}^{\zeta} \tag{4-2}$$

其中，$L_{tM}$、$C_{tM}$和 $T_{tM}$分别表示在现代农业中的劳动力、资本和技术水平，$B_t$ 为技术效率参数，$\delta$、$\epsilon$、$\zeta$ 为生产弹性系数。

（3）劳动力动态转移方程。

$$L_{tP} + L_{tM} = L_t \tag{4-3}$$

$$\frac{dL_{tM}}{dt} = \rho(L_t - L_{tM}) - \eta L_{tM} \tag{4-4}$$

其中，$\rho$ 为劳动力从传统农业向现代农业转移的速度，$\eta$ 为现代农业中的自然流失率。

（4）资本投入动态方程。

$$\frac{dC_{tM}}{dt}=\kappa(C_t-C_{tM})-\theta C_{tM} \tag{4-5}$$

其中，$\kappa$ 为资本从传统农业向现代农业转移的速度，$\theta$ 为现代农业中的资本消耗率。

（5）技术进步动态方程。

$$\frac{dT_{tM}}{dt}=\lambda T_t E_t-\mu T_{tM} \tag{4-6}$$

其中，$\lambda$ 为技术进步的速度，$\mu$ 为技术水平的自然衰减率，$E_t$ 为外部环境因素的指数。

（6）总产出方程。

$$Y_t=P_t+M_t \tag{4-7}$$

**2. 农业经济演变的算例分析**

通过上述模型，可以分析不同历史阶段松阳农业经济的演变过程。由于无法获得农业具体算例如下：

（1）初始产出计算。

$$P_0=A_0L_{0P}^{\alpha}C_{0P}^{\beta}T_{0P}^{\gamma}=0.5\times1000^{0.6}\times100000^{0.2}\times1^{0.1} \tag{4-8}$$

$$M_0=B_0L_{0M}^{\delta}C_{0M}^{\epsilon}T_{0M}^{\zeta}=1\times0^{0.4}\times0^{0.4}\times0^{0.2}=0 \tag{4-9}$$

计算初始时刻的传统农业产出 $P_0$：

$$P_0=0.5\times1000^{0.6}\times100000^{0.2}=0.5\times15.8489\times10=79.2445 \tag{4-10}$$

由于初始时刻现代农业生产为零，因此 $M_0=0$。

（2）动态转移过程。

根据劳动力动态转移方程和资本投入动态方程，本章可以计算每一时期劳动力和资本在传统农业和现代农业之间的转移量。假设我们以时间步长为 1 年进行计算，分别分析三年的农业经济情况。

①第一年。

$$\frac{dL_{1M}}{dt}=\rho(L_t-L_{tM})-\eta L_{tM}=0.05(1000-0)-0.01\times0=50 \tag{4-11}$$

$$L_{1M}=L_{0M}+50=0+50=50 \tag{4-12}$$

$$L_{1P}=L_{t}-L_{1M}=1000-50=950 \tag{4-13}$$

$$\frac{dC_{1M}}{dt}=\kappa(C_{t}-C_{tM})-\theta C_{tM}=0.03(100000-0)-0.02\times 0=3000 \tag{4-14}$$

$$C_{1M}=C_{0M}+3000=0+3000=3000 \tag{4-15}$$

$$C_{1P}=C_{t}-C_{1M}=100000-3000=97000 \tag{4-16}$$

技术进步动态方程：

$$\frac{dT_{1M}}{dt}=\lambda T_{t}E_{t}-\mu T_{tM}=0.02\times 1\times 1-0.01\times 0=0.02 \tag{4-17}$$

$$T_{1M}=T_{0M}+0.02=0+0.02=0.02 \tag{4-18}$$

②第二年。

传统农业产出 $P_1$：

$$P_{1}=A_{1}L_{1P}^{\alpha}C_{1P}^{\beta}T_{1P}^{\gamma}=0.5\times 950^{0.6}\times 97000^{0.2}\times 1^{0.1} \tag{4-19}$$

$$P_{1}=0.5\times 14.7488\times 9.7756=72.123 \tag{4-20}$$

现代农业产出 $M_1$：

$$M_{1}=B_{1}L_{1M}^{\delta}C_{1M}^{\epsilon}T_{1M}^{\zeta}=1\times 50^{0.4}\times 3000^{0.4}\times 0.02^{0.2} \tag{4-21}$$

$$M_{1}=1\times 3.9811\times 10.9651\times 0.7248=31.598 \tag{4-22}$$

总产出：

$$Y_{1}=P_{1}+M_{1}=72.123+31.598=103.721 \tag{4-23}$$

（3）持续计算多个时间步。

可以通过编程进行逐年计算，以下是对接下来几年进行的估算结果（假设参数和速率不变）。

③第三年。

$$\frac{dL_{2M}}{dt}=0.05\times(1000-50)-0.01\times 50=47.5 \tag{4-24}$$

$$L_{2M}=50+47.5=97.5 \tag{4-25}$$

$$L_{2P}=1000-97.5=902.5 \tag{4-26}$$

$$\frac{dC_{2M}}{dt}=0.03\times(100000-3000)-0.02\times 3000=2910 \tag{4-27}$$

$$C_{2M}=3000+2910=5910 \quad (4-28)$$

$$C_{2P}=100000-5910=94090 \quad (4-29)$$

$$\frac{dT_{2M}}{dt}=0.02\times1\times1-0.01\times0.02=0.0198 \quad (4-30)$$

$$T_{2M}=0.02+0.0198=0.0398 \quad (4-31)$$

第三年的产出：

传统农业产出 $P_2$：

$$P_2=0.5\times902.5^{0.6}\times94090^{0.2}=0.5\times14.0566\times9.7219=68.305 \quad (4-32)$$

总产出 $M_2$：$M_2=1\times97.5^{0.4}\times5910^{0.4}\times0.0398^{0.2}$ (4-33)

$$M_2=1\times5.0214\times14.087\times0.885=62.502 \quad (4-34)$$

$$Y_2=P_2+M_2=68.305+62.502=130.807 \quad (4-35)$$

通过持续计算可以进一步模拟未来几年松阳农业经济的演变。通过编写代码来实现这一过程，并根据实际数据进行参数校准和模型验证。

## 二、传统农业模式

### 1. 自给自足的农耕社会

松阳的传统农业模式在很大程度上表现为自给自足的农耕社会，主要依靠人力和畜力，这种模式在地方农业经济中占据主导地位。农民依赖代代相传的农业知识和经验，采用简单的耕作技术和工具，如木制犁耙、锄头等，进行劳动生产。这一时期，松阳主要种植水稻、小麦、玉米和一些蔬菜作物，农产品的生产主要用于家庭自给自足。由于缺乏有效的市场体系，商品化程度较低，过剩的农作物很少进入市场流通。农业结构相对单一，生产效益有限，经济上以维持家庭生计为主要目标。自给自足的农业生产模式也深刻影响了松阳的社会文化结构。农业活动以家庭为基本单位，家庭内的成员各尽其职，协同耕作。村落社区则是社会生活的核心，各个农户之间通过邻里互助和集体劳动，形成了一种紧密的社会纽带。这种模式下的文化教育水平较低，科技知识的传播途径匮乏，使得农业生产技术长期处于落后的状态。

**2. 传统农业技术与生产力**

松阳传统农业技术的局限性严重制约了生产力的提升。农民主要使用木制犁耙、锄头等简单工具进行耕作，施肥方式依靠自然肥料如人畜粪便，灌溉系统仅依赖自然降水和基础引水渠。这种原始的技术手段和工具不仅效率低下，而且对自然环境的依赖程度较高，极易受到气候和自然灾害的影响。在病虫害防治方面，传统农业主要通过物理方法和传统药物进行管理。这些手段包括手工捕捉害虫、设置捕虫网和使用草木灰等天然材料，虽然有一定的效果，但总体上效率低、见效慢，在面对大规模的病虫害时显得力不从心。

**3. 农村社会结构**

传统农业社会中，松阳的农村社会结构较为稳定，以家庭为生产单位。家族和村落社区构成了社会生活的核心，生产和生活活动都围绕家庭和村落展开。家庭内的生产和劳作模式强化了家族内部的凝聚力和相互依赖性，同时也限制了社会流动性。松阳的农村文化教育水平有限，知识和技术的传播主要通过口授和传统习俗。由于经济水平和社会环境的限制，农民接受正规的文化教育机会较少，识字率和文化素养普遍较低。社会流动性差，使得农村社会变革速度缓慢，传统观念和生活方式得以延续与固化。

## 三、过渡阶段：逐步引入现代农业技术

**1. 技术引入与生产效率提升**

20 世纪中叶，化肥、农药等现代农业生产资料开始在松阳推广使用。化肥的施用显著提高了土壤肥力，农药的使用控制了病虫害的发生，极大地提升了农作物的产量和质量。这一时期，农业生产力的提升主要依赖于农业科技的引进和推广，使得农业生产在较短时间内取得了突破性进展。政府和农业推广机构通过示范田、农技培训班等方式，推动农业新技术的普及。通过定期的技术指导和现场演示，农民逐渐掌握了现代农业技术的基本知识和应用方法，农业生产的科学性和系统性显著增强，生产效率大

幅提升。

**2. 农机具的应用**

随着现代农业技术的引入，农机具的应用在松阳农业中逐渐普及。拖拉机、收割机等机械设备逐步取代了传统的手工作业方式，大幅减轻了农民的劳动强度。例如，一台拖拉机的耕种效率远高于几十名劳动力的工作量，使得大规模农田耕作成为可能。另外，灌溉系统的现代化改造是农业机械化推进的重要环节。通过修建水库、引水渠等大型水利工程，松阳农业实现了水资源的科学调配和高效利用。新型灌溉技术，如滴灌和喷灌，也在一定程度上缓解了干旱对农业生产的影响，提高了水资源利用效率。

**3. 农业合作社与集体化**

20 世纪中期，农业合作社和集体化运动在全国范围内展开，松阳也不例外。农业合作社通过集中资源，实现了机械和技术的共享，生产方式从分散经营向集约化方向转变。合作社内部通过合理分工，优化了资源配置，提高了劳动效率和生产效益。集体化运动虽然在初期提高了生产组织化程度和效率，但其过度集中的管理方式也导致了一定的问题，如农民积极性下降，生产自主权受限。过度集体化使得农业生产短期内出现了波动，表现在农产品产量和农民收入的不稳定等方面。

## 四、现代农业模式：市场化与科技化的全面发展

松阳的农业发展经历了从传统自给自足的农耕社会到逐步引入现代农业技术，再到全面实现市场化和科技化的转变。每一个发展阶段都体现了农业生产方式和社会经济结构的深刻变化。通过市场化改革、现代技术引入、产业化发展和电子商务推广，松阳农业实现了大幅度的生产效率提升和经济效益增长，为地方经济的可持续发展奠定了坚实基础。

**1. 农业市场化**

随着中国经济体制改革的深入，松阳的农业逐渐向市场化转型。农产品通过市场流通进入商品经济体系，农民根据市场需求调整生产结构。例

如，选择种植高收益的经济作物如茶叶、蔬菜、果树等，增加了农民的收入。市场化改革使得农民能够直接接触市场信息，通过政府发布的市场分析报告和农业信息服务平台，了解农产品价格和需求状况，及时调整种植结构和生产计划，最大化经济效益。

**2. 现代农业技术的广泛应用**

现代农业技术的推广极大地提升了松阳的农业生产力。例如，杂交水稻的引进显著提高了水稻产量。高效的农业科研体系和推广机制，使得松阳农民能够及时获取和应用最新的农业科技成果。此外，精准农业通过信息化和智能化手段，实现了农业生产的精细管理。例如，利用传感器和无人机进行土壤、水分、养分的监测和管理，确保了农业资源的高效利用和作物的最佳生长状态。

**3. 农业产业化与规模经营**

当前，松阳逐步实现了农业的产业化和规模化经营。通过发展农产品加工、仓储物流和品牌建设，农产品价值链得到延伸，附加值显著提高。例如，茶叶深加工产业的发展，使松阳茶产业从简单的初级产品销售向高附加值的深加工产品转变，提高了农民的收入和地方经济效益。此外，新型农业经营主体如农民专业合作社和家庭农场的发展，推动了农业的规模化和专业化运营。合作社通过集约化经营，提高了资源利用效率和生产效益；家庭农场实现了精细化管理，提升了农业生产的集约化水平。

**4. 电子商务与现代农业服务**

互联网技术发展使得电子商务在松阳农业中得到广泛应用。通过电商平台，农民可以直接将农产品销售给终端消费者，减少了中间环节，提高了市场收益。例如，松阳农民通过电商平台销售茶叶和蔬菜，实现了产品的网络直销，扩大了市场覆盖面。此外，现代农业服务体系的建设为松阳农业现代化提供了有力支持。包括农技推广、金融服务、农业信息服务等在内的现代农业服务，通过技术指导、资金支持和信息提供，帮助农民提升生产技术水平、获取资金和了解市场动态。

## 五、政策与制度支持

**1. 政府政策的引导与支持**

松阳农业经济的现代化进程得到了各级政府政策的大力支持。政府通过多种政策措施，持续推动农业技术进步和生产方式转变，促进农业经济的全面发展。

（1）农业补贴与税收优惠。

政府实施了一系列农业补贴政策，以鼓励农民采用现代农业技术，提高农业生产效率。其中，政府针对关键农业投入品提供补贴，如化肥、农药和高效种子等，为农民减轻经济负担，提高生产积极性。不同作物类型和种植规模的农户所享受的补贴额度也有所差异，确保补贴政策的针对性和有效性。另外，政府对农业生产和初级农产品进行的税收优惠，提高了农民的实际收入水平。例如，减免菜果购销税、降低农业机械购置税等政策，不仅减轻了农民的负担，也推动了农业生产资料的更新换代。

（2）农业基础设施建设。

政府在农田水利、交通运输等农业基础设施建设方面加大投入，提供了农业现代化的基础保障。完善的基础设施既提高了农业生产效率，也提升了农民的生活质量。一方面，政府通过修建水库、引水工程和灌溉系统，确保农田的水源供应，提升了农业生产的稳定性和产量。例如，现代化灌溉设施的应用提高了灌溉效率，减少了水资源浪费。另一方面，农村公路、仓储物流等交通基础设施的建设，使得农产品能够更快、更经济地运往市场，提高了农产品的流通效率和农民的经济收益。

（3）科技推广与培训。

政府通过设立农业科技推广站和农业技术培训中心，推动农业科技的普及和应用。通过示范推广、科技下乡和集中培训等形式，将先进的农业科技和生产方式传递给农民。一方面，各地设立的农业科技推广站，通过示范种植、技术指导和现场培训等方式，将科学种田技术普及，提高了农业生产的科技含量。另一方面，农业技术培训中心定期组织农民参加技术培训班，内容涵盖农业种植、病虫害防治、机械化种植等，提升了农民的科技素养和实践能力。

**2. 农业科研与教育**

农业科研和教育是提升农业科技水平和生产力的重要途径，松阳政府对此高度重视，通过一系列措施不断推进。

（1）农业科研机构的设立。

政府设立了专门的农业科研机构，致力于农业技术研究与推广。这些科研机构通过自主创新和合作研究，为农业生产提供科技支撑。一方面，各级农业科研机构通过设立重点科研项目，攻克关键技术问题，提升了农业生产技术水平。例如，抗病虫害作物品种的研发，显著提升了农作物的产量和抗风险能力。另一方面，科研成果通过各种渠道迅速推广到生产一线，如科技示范户、科技特派员等形式，使得农民能够及时学到最新的农业科技知识，并应用于实际生产。

（2）农业职业教育与培训。

政府大力发展农业职业教育，建立完善的农业培训体系，为农业现代化输送了大量高素质劳动力。一是各地建立了农业职业技术学校，开设相关专业课程，为农村青年提供专业技术教育，培养高素质农业技术人员。二是针对已经从事农业生产的农民，政府定期组织各种形式的在职培训班，内容涉及先进生产技术、农业管理知识和市场信息，提高农民的生产技术水平和经营管理能力。

## 六、社会文化变迁

**1. 农民生活水平提高**

随着农业现代化的推进，松阳农民的生活水平显著提高，这体现在多个方面。

（1）收入增加。

通过推广高效农业技术和提升生产效益，农民的收入水平大幅提升。市场经济的引入，使农产品售价更加透明，农民可以根据市场需求调整种植结构，优化经济收益。一方面，加强高效作物种植。如茶叶、果树等经济作物的种植，因其市场需求大、售价高，成为农民增收的主要来源之一。另一方面，农产品加工产业的发展，使农产品增值效益增加。例如，通过将农产品加工成高附加值产品如茶叶饮料、果干等，农民的经济收益显著提高。

（2）住房改善。

农民收入的增加使得住房条件得到极大的改善。农村住房建设项目的推行，现代化的建筑材料和技术的应用，使得农村住房更加坚固、美观和实用。一方面，松阳政府实施的新农村建设项目，为农民提供了新的住房，并优化了农村基础设施，提升了居住环境。另一方面，随着收入的提升，农民有能力自行建造或翻新住房，现代化的建筑风格和设施大幅提高了生活质量。

（3）教育与医疗条件改善。

政府加大对农村教育和医疗投入，使农民享受到更多教育和医疗资源，生活质量大幅提升。一是通过农村教育改革投入，学校的教学设施和师资力量得到加强，农民子女接受优质教育的机会增加。二是政府在农村设立更多医疗卫生机构，提供基本医疗和公共卫生服务，农民的健康状况得到改善，平均寿命延长。

**2. 农村社区建设**

（1）公共服务的改善。

政府和社会组织通过多种方式改善农村公共服务，增强了农村社会的凝聚力和发展活力。首先，政府加大对农村基础设施的投入，修建道路、铺设自来水管道、完善电力供应，为农民提供便利的公共服务。其次，社会组织通过开展志愿服务、提供法律援助等方式，增强了农村社区服务功能，提高了农民的生活质量。

（2）文化活动的开展。

通过推进农村社区文化建设，丰富农民的精神文化生活，增强社区凝聚力。一方面，政府在农村新建文化广场和活动中心，组织各种文化活动，如文艺演出、体育比赛等，丰富了农民的文化生活。另一方面，积极开发乡村旅游资源，如农家乐、民俗展示等项目，既增加农民收入，又增强农村社区的吸引力和凝聚力。

**3. 传统文化的保护与传承**

（1）农耕文化传承。

在现代化进程中，松阳注重传统农耕文化的保护与传承，丰富了现代农业经济的内涵。一方面，传统的农耕节日，如播种节、收获节等，依然在农村社区中广泛庆祝，既传承了文化，也增强了社区的凝聚力。另一方面，传统手工艺品如农具制造、竹编工艺等，通过手工艺展览和传承人培训得以保留和发展，成为现代农业经济中的重要组成部分。

（2）民俗文化的保护。

松阳通过多种方式保护和传承农村民俗文化，维护了地区的历史记忆和文化多样性。首先，各种传统民俗活动如舞龙、赛灯等在农村地区依然盛行，通过政府和民间组织的支持，这些活动得以延续和发扬。其次，政府设立文化遗产保护基金，对重要的文化遗产进行修复和保护，确保传统文化在现代化进程中不被遗失。通过政府政策的引导和支持、农业科研与教育的推进、社会文化的变迁以及对环境与可持续发展的重视，松阳农业经济实现了现代化的飞跃。农民不仅在生产技术和经济收益上得到提升，而且生活品质和社区环境也显著改善。同时，生态农业和循环经济的发展，确保了农业生产的可持续性，为松阳的农村经济和社会发展注入了新的活力。在面对气候变化和资源利用挑战时，松阳通过科学的应对策略和政策措施，提高了农业生产的抗风险能力，为未来的发展打下了坚实基础。

松阳农业经济的历史演变是一个从传统到现代的复杂过程，这一过程伴随着生产方式的变革、技术进步、市场化发展、政策支持、社会文化变迁以及环境可持续发展的共同作用。从传统的自给自足农业，到现代化、市场化、可持续发展的农业经济，松阳农业实现了跨越式发展。这一历程不仅反映了松阳农业经济自身的发展轨迹，也展现了中国农业现代化进程中的普遍规律和经验。通过对松阳农业经济历史演变的详细阐述，本章可以更好地理解农业现代化的内涵和路径，为未来农业经济的发展提供借鉴和启示。

## 七、松阳农业经济演变的模型扩展

为更全面地理解松阳农业经济的演变，本章在原有模型的基础上进一步拓展，加入更多影响因素和复杂动态关系。

**1. 环境因素对农业生产的影响**

$$P_t = A_t L_{tP}^{\alpha} C_{tP}^{\beta} T_{tP}^{\gamma} E_{tP}^{\sigma} \tag{4-36}$$

$$M_t = B_t L_{tM}^{\delta} C_{tM}^{\epsilon} T_{tM}^{\zeta} E_{tM}^{\eta} \tag{4-37}$$

其中，$E_{tp}$和$E_{tM}$分别表示传统和现代农业中的环境因素（如气候、土壤质量等），$\sigma$和$\eta$为环境因素的弹性系数。

**2. 环境因素的动态变化**

$$\frac{dE_t}{dt} = \psi(E_{natural} - E_t) - \nu E_t \tag{4-38}$$

其中，$\psi$为环境因素恢复的速度，$\nu$为环境因素的消耗率，$E_{natural}$为自然状态下的环境因素水平。

**3. 社会资本对生产效率的影响**

$$P_t = A_t L_{tP}^{\alpha} C_{tP}^{\beta} T_{tP}^{\gamma} S_{tP}^{\tau} \tag{4-39}$$

$$M_t = B_t L_{tM}^{\delta} C_{tM}^{\epsilon} T_{tM}^{\zeta} S_{tM}^{\iota} \tag{4-40}$$

其中，$S_{tP}$和$S_{tM}$分别表示传统和现代农业中的社会资本（如合作网络、信任水平等），$\tau$和$\iota$为社会资本的弹性系数。

**4. 社会资本的动态变化**

$$\frac{dS_t}{dt} = \omega(S_{social} - S_t) - \phi S_t \tag{4-41}$$

其中，$\omega$为社会资本的增长速度，$\phi$为社会资本的消耗率，$S_{social}$为社会环境对社会资本的自然贡献水平。

**5. 教育与培训**

（1）教育水平对劳动力素质的提升。

$$L_{tP} = L_{tP0} + \chi E_{education} \tag{4-42}$$

$$L_{tM} = L_{tM0} + \chi E_{education} \tag{4-43}$$

其中，$E_{education}$为教育水平，$\chi$ 为教育对劳动力素质的提升效果，$L_{tP0}$和$L_{tM0}$分别为初始传统和现代农业中的劳动力数量。

（2）教育水平的动态变化。

$$\frac{dE_{education}}{dt}=\theta(E_{education\_max}-E_{education})-\delta E_{education} \tag{4-44}$$

其中，$\theta$ 为教育水平提高的速度，$\delta$ 为教育水平的自然衰减率，$E_{education_max}$为教育资源的最大供给水平。

**6. 政策与制度**

（1）政策对农业发展的影响。

$$M_t=B_tL_{tM}^{\delta}C_{tM}^{\epsilon}T_{tM}^{\zeta}P_{policy}^{\eta} \tag{4-45}$$

其中，$P_{policy}$为政策指数，表示政策支持力度；$\eta$ 为政策对农业生产的弹性系数。

（2）政策指数的动态变化。

$$\frac{dP_{policy}}{dt}=\kappa(P_{policy\_target}-P_{policy})-\gamma P_{policy} \tag{4-46}$$

其中，$\kappa$ 为政策调整速度，$\gamma$ 为政策实施的效果衰减率，$P_{policy_target}$为目标政策支持水平。通过引入环境因素、社会资本、教育与培训以及政策与制度等扩展变量，本章可以更全面地模拟松阳农业经济的历史演变过程。该模型不仅考虑了生产要素的传统影响，还融入了环境、社会和制度等多方面的动态变化，提供了更丰富的分析工具。

## 第二节　松阳茶产业的发展模式演变：从手工作坊到现代产业

松阳位于中国浙江省南部，地理位置优越，气候温暖湿润，这里的土壤和自然环境非常适宜茶树生长。松阳茶产业的发展，既是松阳人民勤劳智慧的结晶，也是中国茶文化和农业现代化进程的一个缩影。从古老的手工作坊到现代化的茶产业，这一发展过程不仅记录了松阳茶农们艰辛努力的历史，更展现了整个产业从无到有、从小到大、从传统到现代的巨大变迁。本章将以历史发展的视角，梳理松阳茶产业演变的脉络，全面探讨茶产业从传统手工业模式向现代产业化经营模式转型的过程与内在逻辑。

松阳的茶文化历史悠久，自古以来便是著名的产茶区。据史料记载，松阳茶叶的种植可以追溯到唐宋时期。在那个年代，茶叶种植和加工主要依靠家庭作坊进行，生产工具和技术非常原始，工序繁复，但却依然能够制作出品质优良、口感独特的茶叶。在这段悠久的历史长河中，松阳茶农积累了丰富的制茶经验，掌握了独特的加工工艺，这为日后茶产业的发展奠定了坚实的基础。明清时期，松阳茶产业继续发展，但仍然以家庭作坊为主。茶叶的种植和加工工艺没有发生太大的变化，茶农们依旧采用世代相传的手工技巧，如手工采摘、手工揉捻、手工炒制等。尽管这种生产模式效率低下，劳动强度大，但却很好地保留了茶叶的天然品质和纯正风味。此时的松阳茶在市场上享有一定的知名度，成为贡茶的重要来源之一。然而，进入20世纪以后，特别是中华人民共和国成立后，中国农业现代化进程开始加速，松阳茶产业也迎来了变革的机遇。政府的重视和政策的支持，使得茶农们在技术和经济上得到了极大的帮助。20世纪50年代，在政府的倡导下，松阳开始兴建茶叶合作社，通过合作生产，提高了茶叶的生产效率。随着计划经济的推进，茶叶的生产逐渐向集约化和组织化方向发展，茶农们不再单打独斗，而是形成了初具规模的合作生产模式。改革开放之后，中国经济体制发生了深刻变革，市场经济体制的逐步建立，为茶产业发展提供了新的契机。松阳茶产业迅速适应市场变化，开始进行产业化和市场化运作。茶叶种植面积扩大，品种不断丰富，茶叶加工工艺和包装技术也实现了现代化。政府和企业投入大量资金，引进先进的生产设备和技术，逐步实现了从手工作坊到现代化生产的转型。进入21世纪，随着市场需求的变化和消费群体的多样化，松阳茶产业再次迎来新的发展机遇。现代农业科技的应用、品牌建设的加强、电商平台的崛起，使得松阳茶产业能够更好地适应消费者需求，提升产品附加值和市场竞争力。同时，政府的政策支持和基础设施建设，为茶产业的可持续发展提供了有力保障。茶叶专业合作社、家庭农场和茶叶龙头企业在这一过程中发挥了关键作用，通过专业化、规模化和品牌化经营，不断提升茶产业的整体水平。

值得关注的是，松阳茶产业在现代化进程中并未忘记传承传统的制茶文化和工艺。一方面，现代化的生产技术和设备大大提高了茶叶的生产效率和质量；另一方面，传统的手工艺制作技艺仍然被保留下来，形成了现代与传统相结合的独特发展模式。这种模式不仅保障了茶叶的高品质，也赋予了松阳茶叶深厚的文化内涵，吸引了众多消费者和茶文化爱好者。纵观松阳茶产业的发展历程，从手工作坊到现代化产业的演变，是经济结构调整与产业升级、科技进步与市场创新的集中体现。在这个过程中，松阳茶农以其勤劳和智慧，不断适应变化、追求创新，使得松阳茶产业在激烈的市场竞争中立于不败之地。未来，随着科技的进一步进步和现代农业技术的广泛应用，松阳茶产业将继续在传承与创新中前行，探索更加高效、绿色、可持续的发展路径。

总的来说，松阳茶产业的发展模式演变不仅反映了地方经济与社会的发展历程，也揭示了农业现代化在实现过程中需要面临的挑战与机遇。从手工作坊到现代产业，松阳茶产业的每一步发展都深刻影响着地方经济的结构和发展方向，同时也通过产业自身的发展带动了其他相关产业的进步。本章将通过具体历史阶段的分析，全面解读松阳茶产业的转型与升级，以期为其他地区的农业产业现代化提供有益的借鉴和启示。

## 一、松阳茶产业的历史起源与早期发展

松阳，这片山清水秀的土地，自古以来便是中国茶叶的重要产区之一。松阳茶的历史可以追溯到唐朝时期，当时的松阳茶以其独特的品质和口感逐渐在全国范围内享有盛誉。早期的松阳茶产业主要依靠手工作坊进行生产，茶农们世代相传的制茶技艺成为当地的一大特色。

### （一）松阳茶的起源与发展

松阳的茶叶种植历史悠久，可以追溯到唐朝时期。根据历史记载，唐代的松阳茶已经开始在地方市场上流通，成为当地的一项重要农产品。随

着茶叶种植技术的逐步完善，松阳的茶叶种植面积逐渐扩大，茶叶品质也不断提升。历史文献中多次提到松阳茶的优良品质。唐代《茶经》记载：“松阳茶，味甘性温，生津止渴。”这说明松阳茶在当时已经有了一定的知名度。到了宋代，松阳茶的生产规模进一步扩大，成为当地经济的重要支柱。明清时期，松阳茶更是远销海外，通过海上丝绸之路，松阳茶被运往东南亚、日本等地，成为松阳县对外贸易的重要产品之一。

### （二）手工作坊的制茶模式

在早期，松阳的茶叶生产主要依靠手工作坊。茶农们在家中设立小型的制茶作坊，利用传统的手工技艺进行茶叶加工。这种生产模式虽然效率较低，但保证了茶叶的纯正品质和独特风味。手工作坊的制茶过程包括采摘、杀青、揉捻、干燥等多个环节，每一个环节都需要经验丰富的茶农精心操作。手工制茶讲究的是匠心独运，每一个步骤都充满了技艺的传承。茶农们用手感知茶叶的湿度和柔韧度，用目测判断茶叶的色泽和形态，用鼻嗅闻茶叶的香气，用口品尝茶叶的滋味。这种全感官的操作方法，使得手工制茶不仅是一项技术，更是一门艺术。每一片茶叶，都凝聚了茶农的心血和智慧，承载着松阳茶文化的精髓。

### （三）茶叶品种与工艺的发展

松阳的气候条件非常适合茶树的生长。这里四季分明，雨量充沛，土壤肥沃，茶树生长环境得天独厚。松阳茶农根据不同的气候条件和土壤特性，培育出了多种优质茶叶品种。除了银猴茶外，还有松阳白茶、松阳红茶、松阳绿茶等多种名茶。这些茶叶品种各具特色，满足了不同消费者的需求。松阳茶以其独特的品质和多样的品种而闻名。松阳银猴茶是松阳茶的代表品种之一，以其外形美观、香气浓郁、滋味鲜爽而受到消费者的喜爱。随着时间的推移，松阳茶农不断改进茶叶种植和制作工艺，逐渐形成了具有地方特色的制茶技艺。松阳茶的品质不断提升，在全国范围内逐渐打响了知名度。

### （四）茶文化的传承与传播

松阳不仅有着丰富的茶叶资源，更有着深厚的茶文化底蕴。松阳茶文化在历代茶人的努力下不断传承和发展，形成了独特的茶文化体系。茶文化不仅包括制茶技艺，还涵盖了茶道、茶艺、茶俗等多个方面。在松阳，茶不仅是一种饮品，更是一种文化符号，代表了松阳人民的生活方式和精神追求。松阳的茶文化源远流长，具有浓厚的地方特色。松阳人讲究“茶为国饮，以茶会友”。在松阳，无论是家庭聚会，还是社交活动，茶都是不可或缺的一部分。茶席上的礼仪、茶具的使用、茶艺的展示，都是松阳茶文化的重要组成部分。松阳茶文化不仅在本地得到了广泛传承和发扬，还通过各种形式传播到了全国乃至世界各地。

### （五）早期茶叶贸易与市场开拓

早期的松阳茶主要在地方市场上流通，通过传统的商贸渠道进行销售。随着茶叶品质的不断提升和知名度的逐渐扩大，松阳茶逐步进入更广阔的市场。茶叶贸易不仅为松阳带来了经济效益，也促进了松阳茶产业的发展和茶文化的传播。松阳茶的市场开拓得益于松阳人的智慧和努力。早期的茶叶商人通过茶马古道，将松阳茶运往西北和西南地区，换取其他商品。随着海上丝绸之路的开通，松阳茶又被运往东南亚、日本等地，成为国际市场上的抢手货。茶叶贸易不仅为松阳带来了丰厚的经济收入，也使得松阳茶文化得到了更广泛的传播。

## 二、改革开放后的茶产业转型与现代化

随着改革开放政策的实施，松阳茶产业迎来了新的发展机遇。在政府政策的支持下，松阳茶产业逐步走向现代化，传统的手工作坊逐渐被现代化的生产设施和技术所取代。松阳茶产业的现代化进程不仅提高了生产效率，也极大地提升了茶叶品质和市场竞争力。

### （一）政策支持与产业升级

改革开放以来，政府出台了一系列支持茶产业发展的政策措施。松阳县政府积极引导茶农进行茶园改造，推广先进的种植技术和管理模式，提高茶叶产量和品质。政府还加大对茶叶加工企业的扶持力度，鼓励企业进行技术改造和设备更新，提升生产效率和产品质量。政策支持是松阳茶产业现代化的重要推动力。政府通过提供资金、技术、信息等多方面的支持，帮助茶农和企业解决了发展过程中遇到的各种困难。政府还通过制订和实施产业规划，明确了茶产业的发展方向和目标，为茶产业的现代化发展提供了有力保障。

### （二）茶叶生产的机械化与标准化

随着科技的进步和生产技术的改进，松阳茶产业逐步实现了机械化和标准化生产。现代化的制茶设备大大提高了生产效率，减少了劳动力成本。标准化的生产流程保证了茶叶品质的稳定性和一致性，满足了市场对高品质茶叶的需求。机械化和标准化的生产模式不仅提升了茶叶产量和品质，也增强了松阳茶的市场竞争力。机械化生产使得茶叶加工变得更加高效和便捷。传统的手工作坊逐渐被现代化的加工厂所取代，茶叶生产实现了从手工操作向机械化操作的转变。机械化生产不仅提高了生产效率，还减少了生产过程中的人为误差，保证了茶叶品质的稳定性。同时，标准化的生产流程使得每一批茶叶都能够达到一致的质量标准，满足了消费者对高品质茶叶的需求。

### （三）品牌建设与市场营销

品牌建设是提升茶叶市场竞争力的重要途径。在现代化进程中，松阳茶产业高度重视品牌建设和市场营销。松阳县政府和茶叶企业通过积极参加各类茶叶博览会、展销会，开展品牌宣传活动，提升松阳茶的知名度和美誉度。同时，企业还注重包装设计和产品创新，打造具有市场竞争力的茶叶品牌。通过多渠道的市场营销，松阳茶逐渐在国内外市场上占据了一席之地。松阳茶产业通过品牌战略的实施，提升了茶叶产品的市场知名度和美誉度。茶叶企业通过参与各种茶叶展览和博览会，展示了松阳茶的优良品质和独特风味，赢得了消费者的认可和喜爱。企业还注重包装设计和产品创新，通过精美的包装和独特的产品吸引消费者，提升了茶叶产品的附加值。

### （四）茶文化的创新与推广

茶文化的创新与推广是松阳茶产业发展的重要组成部分。现代化的茶产业不仅注重生产和销售，更加注重茶文化的创新与推广。松阳县政府和企业积极举办各类茶文化活动，如茶文化节、茶艺表演、茶道培训等，弘扬和传播松阳茶文化。不仅展示了松阳茶的独特魅力，也吸引了大量游客和茶叶爱好者前来参观和体验，提升了松阳茶的市场影响力和品牌美誉度。通过茶文化活动，不仅提升了茶叶产品的附加值，也增强了消费者对松阳茶的认同感和忠诚度。

### （五）生态茶园与绿色发展

在现代化进程中，松阳茶产业高度重视生态环境的保护和绿色发展。推进了松阳茶产业的可持续发展。其中，茶农和企业积极推广绿色种植技术，减少农药和化肥的使用，保护茶园生态环境。政府还出台了一系列环保政策，鼓励企业进行环保技术改造，建设生态茶园。绿色发展不仅提升了茶叶品质，也增强了松阳茶的市场竞争力，满足了消费者对健康和环保产品的需求。

## 三、松阳茶产业的产业链延伸与综合发展

在现代化进程中，松阳茶产业逐步实现了产业链的延伸和综合发展。通过发展茶叶深加工、茶旅游、茶文化产业，松阳茶产业实现了从单一生产向综合发展的转型，提升了产业的附加值和综合效益。

### （一）茶叶深加工与产品多样化

在茶叶深加工方面，松阳茶产业积极探索新的加工技术和产品开发，不断丰富茶叶产品种类。除了传统的绿茶外，松阳还开发出了红茶、白茶、乌龙茶等多种茶叶品种。企业还通过创新工艺，推出了茶粉、茶饮料、茶食品等深加工产品，满足了不同消费者的需求。茶叶深加工不仅延伸了产业链，也提升了产品的附加值和市场竞争力。

### （二）茶旅游的发展与融合

松阳拥有丰富的茶文化资源和优美的自然景观，为发展茶旅游提供了得天独厚的条件。松阳县政府和企业通过打造茶文化旅游景区，建设茶园观光路线，开展茶文化体验活动，吸引了大量游客前来观光旅游。茶旅游的发展不仅带动了茶叶销售，也促进了当地旅游业的发展，提升了松阳的知名度和经济效益。

### （三）茶文化产业的创新与融合

松阳茶产业在发展的过程中，积极探索茶文化产业的创新与融合。通过与其他文化产业的结合，如茶与文创产业、茶与影视、茶与教育等，松阳茶文化产业不断创新发展，形成了多元化的产业格局。茶文化产业的创新不仅丰富了茶叶产品的文化内涵，也提升了茶叶品牌的市场影响力。

### （四）茶叶电子商务的发展

电子商务是松阳茶产业发展的重要引擎。随着互联网技术的发展，松阳茶产业积极拥抱电子商务，通过线上平台扩大茶叶销售渠道。茶叶企业通过开设电商平台和网络旗舰店，利用直播带货、社交媒体营销等新型营销方式，提升了茶叶产品的曝光度和销售量。电子商务的发展不仅开拓了新的市场空间，也促进了茶叶产业的转型升级。

### （五）茶产业与乡村振兴

松阳茶产业的发展与乡村振兴密不可分。通过发展茶产业，松阳不仅增加了农民收入，也促进了乡村经济的发展。政府通过支持茶农合作社、提供技术培训、加大基础设施建设等措施，推动茶产业与乡村振兴的深度融合。茶产业的发展为乡村振兴提供了有力支撑，提升了乡村居民的生活质量和幸福指数。

## 四、松阳茶产业的未来发展方向与挑战

尽管松阳茶产业取得了显著成就，但在未来发展中仍面临着诸多挑战。松阳茶产业需要在保持传统优势的基础上，不断创新，积极应对市场变化和环境挑战，实现可持续发展。

### （一）持续提升茶叶品质

茶叶品质是茶产业发展的核心竞争力。松阳茶产业需要在保持传统制茶技艺的基础上，进一步提升茶叶品质。通过加强茶园管理，推广有机种植，改进制茶工艺，提高茶叶产品的稳定性和一致性，满足消费者对高品质茶叶的需求。茶叶品质是松阳茶产业发展的核心竞争力。

### （二）加强品牌建设与市场开拓

品牌建设是提升茶叶市场竞争力的重要途径。松阳茶产业需要进一步加强品牌建设，通过制订品牌战略，提升品牌形象和知名度。企业需要加强市场调研，了解消费者需求，制订有效的市场营销策略，拓展国内外市场，提升松阳茶的市场份额。品牌建设是松阳茶产业未来发展的重要方向。

### （三）推动茶产业与科技融合

科技是茶产业发展的重要驱动力。松阳茶产业需要加强与科研院所的合作，积极引进和推广先进的种植、加工技术，提高生产效率和产品质量。

通过建设智慧茶园，应用大数据、物联网等技术，实现茶园管理的智能化和精准化，提升茶产业的科技含量和发展水平。

### （四）应对气候变化与环境保护

气候变化对茶产业的发展带来了新的挑战。松阳茶产业需要加强应对气候变化的能力，通过改进茶园管理措施，提升茶树抗逆性，减缓气候变化对茶叶产量和品质的影响。同时，松阳茶产业需要继续坚持绿色发展理念，加强生态环境保护，推动茶园的可持续发展。气候变化是松阳茶产业未来发展的重要挑战。

### （五）推动茶文化的国际传播

松阳茶文化具有独特的地方特色和深厚的历史底蕴。未来，松阳茶产业需要充分发挥茶文化的优势，通过举办国际茶文化节、茶艺比赛、茶道培训等活动，推动松阳茶文化的国际传播。政府和企业还可以通过参与国际茶叶展览和博览会，展示松阳茶文化的独特魅力，吸引国际消费者。同时，通过与国际茶文化机构的合作，开展茶文化交流与合作，提升松阳茶的国际影响力和市场竞争力。

### （六）提升茶农的素质与技能

茶农的素质和技能直接影响着茶叶的品质和产量。松阳茶产业需要加大对茶农的培训和教育力度，提升茶农的专业素质和经营能力。政府和企业可以通过举办技术培训班、知识讲座、经验交流会等活动，帮助茶农掌握先进的种植技术和管理方法，提高茶叶产量和品质。同时，政府和企业通过提供技术支持和信息服务，帮助茶农解决生产中的实际问题，提高茶农的生产效率和经济效益。

### （七）加强茶产业的产业链协同发展

在茶叶生产环节，需要推广先进的种植技术和管理模式，提升茶叶产量和品质。在加工环节，需要引进现代化的加工设备和工艺，提高生产效率和产品质量。在销售环节，需要加强品牌建设和市场营销，拓展国内外市场。同时，政府和企业还需要推动茶叶生产、加工、销售等环节的信息共享和协同配合，形成产业链的协同效应，提升整个产业链的效益和竞争力。

### （八）推动茶产业与文旅产业的融合发展

松阳拥有丰富的茶文化资源和优美的自然景观，为发展茶文化旅游提供良好条件。政府和企业通过打造茶文化旅游景区，建设茶园观光路线，开展茶文化体验活动，吸引游客前来观光旅游。通过茶文化旅游，不仅可以提升茶叶产品的附加值，还可以促进茶叶销售，带动当地经济发展。同时，通过与文旅产业的合作，可以进一步弘扬和传播松阳茶文化，提升松阳茶的市场影响力和品牌美誉度。

### （九）加强茶叶质量安全监管

政府需要制订和实施严格的茶叶质量标准，规范茶叶生产和加工过程，确保茶叶产品符合质量安全要求。企业需要加强内部质量管理，建立健全的质量控制体系，确保每一批茶叶产品的安全性和质量稳定性。同时，政府和企业还需要加强茶叶产品的追溯体系建设，确保茶叶产品的来源可追溯，提升消费者对茶叶产品的信任度和满意度。

### （十）推动茶产业的国际化发展

松阳茶产业的未来发展需要注重国际化发展。通过积极拓展国际市场，提升松阳茶的国际知名度和市场占有率。政府和企业需要加强国际市场调研，了解国际市场需求，制订有效的市场开拓策略，推动松阳茶走向国际市场。政府和企业可以通过参与国际茶叶展览和博览会，展示松阳茶的优良品质和独特风味，吸引国际消费者。同时，可以通过与国际茶叶企业的合作，加强国际市场渠道建设，提升松阳茶的国际市场占有率。此外，还可以通过加强国际茶文化交流，推动松阳茶文化的国际传播，提升松阳茶的国际影响力和市场竞争力。

总之，松阳茶产业在未来发展中，需要在保持传统优势的基础上，积极创新，勇于应对挑战，实现可持续发展。通过提升茶叶品质，加强品牌建设，推动科技融合，注重环境保护，促进国际传播，提升茶农素质，推动产业链协同发展，加强与文旅产业的融合，强化质量安全监管，实现国际化发展，松阳茶产业必将在新时代焕发出更加灿烂的光芒，为松阳经济社会的发展作出更大的贡献。

## 第三节 松阳手工业的传承与创新：从传统作坊到现代工艺

松阳位于浙江省南部，历史悠久，文化底蕴深厚，其手工业自古以来便享有盛誉。松阳手工业的发展历程，可以说是一部微观的中国工业史。从传统手工作坊到现代工艺，松阳手工业的演变，不仅反映了当地人民的智慧和辛勤劳作，也深刻折射出中国社会经济结构的变迁与产业革命的步伐。本节将从历史观和唯物观两个方面，探讨松阳手工业在传承与创新中的变迁，揭示其从传统作坊到现代工艺的演变历程及其内在逻辑。松阳的手工业历史，可以追溯到几千年前。早在新石器时代，松阳地区的先民就已经开始使用简单的工具进行手工制作。随着时间的推移，松阳手工业逐渐发展和壮大，尤其在汉唐宋元明清等历朝历代都有长足进展。传统的松阳手工业主要包括竹编、陶瓷、织布、木雕等，这些工艺品种类繁多、工艺精湛，早已成为中国传统文化的重要组成部分，体现了松阳人民的创造力与技术能力。

从历史唯物主义的角度来看，松阳手工业的每一步发展都不是孤立的，而是与当时的社会经济基础和上层建筑密切相关。手工业作为劳动人民创造物质财富的重要手段，其发展变化无不受到生产力发展水平和社会经济制度的制约与影响。在古代，自给自足的小农经济是主要经济形态，这决定了手工业只能以家庭作坊为基本单位，生产技术也较为落后，主要依靠手工操作，劳动生产率较低。然而，正是这种手工劳作，孕育了松阳手工业无与伦比的技艺与艺术价值。随着时间的推移，松阳手工业逐渐发展，进入明清时期，手工业作坊开始向规模化和专业化方向发展。尽管这一时期的生产技术和组织形式仍然比较传统，但较为成熟的分工协作提高了生产效率，手工艺品的质量和品类也得到进一步提升和丰富。松阳的竹编和木雕在这一时期尤为突出，其产品不仅在当地市场上广受欢迎，还通过各种贸易途径销往全国各地，甚至远销海外。然而，这一时期的手工业依旧受到封建经济的束缚，未能突破手工生产的局限。进入近现代，随着西方工业革命的传入和中国社会的剧变，松阳手工业经历了一段艰难的转型期。20 世纪初，外来的工业制品逐步占领市场，传统手工业作坊面临前所未有的挑战。在市场竞争和资本主义生产方式的冲击下，一部分传统技艺逐渐衰落。然而，唯物史观告诉我们，生产力是最具革命性的力量，科学技术的进步最终会推动社会生产方式的变革。虽然传统手工业作坊在与现代工业制品的竞争中艰难求生，但也在不断自我调整和变革，逐步摸索出一条传承与创新并存的发展路径。新中国成立后，特别是改革开放以来，松阳的手工业迎来了发展的新契机。在尊重和保护传统工艺的基础上，松阳大力推动手工业现代化，引进现代生产设备和新技术，推动传统工艺与现代技术的有机结合。地方政府通过政策扶持、资金投入和技术培训，帮助手工业企业提升生产水平和产品质量，同时促进产业升级和品牌建设，使松阳手工业逐渐走上科学化、现代化的发展之路。在这一过程中，一些优秀的手工艺人和匠人，通过不断学习和创新，将传统技艺与现代设计理念相结合，创造出一批批具有时代特色的手工制品。同时，他们也积极参与各种文化交流和展览活动，向外界展示松阳手工业的独特魅力和工艺水平。这不仅有助于提升松阳手工业的知名度和市场竞争力，更重要的是，通过这些活动，传统手工业的文化内涵和艺术价值得到了广泛传播和弘扬。此外，随着信息技术的发展和互联网的普及，松阳手工业也迎来了电子商务的新机遇。借助互联网平台，手工艺品的销售渠道得以拓宽，消费者可以更加便捷地购买到心仪的手工制品。而对于手工艺人而言，互联网不仅是一个销售平台，更是一个展示技艺和交流经验的重要平台，通过网络，他们可以与全球的手工艺爱好者和消费者进行互动，获取市场反馈和改进建议，推动自身技艺的不断提升。

松阳手工业从传统作坊到现代工艺的演变，是一个不断传承与创新的过程。这一过程，不仅揭示了松阳手工业在不同历史阶段的发展特点和规律，也反映了中国社会经济结构和生产方式的变迁。历史唯物主义认为，生产力的发展是社会进步的根本动力，松阳手工业的每一次变革与进步，都是社会生产力发展的真实写照。从传统的家庭作坊到现代化的工艺生产，松阳手工业在保护与传承传统技艺的同时，不断吸收和引进现代科技和生产方式，实现了从量变到质变的飞跃。展望未来，松阳手工业在继续发扬传统技艺优势的基础上，将进一步加强与现代科技的融合，推动产业优化升级。同时，通过文化交流和品牌建设，提升松阳手工业在国内外的影响力和市场竞争力。唯物史观告诉我们，社会的发展永无止境，松阳手工业的传承与创新，将在社会生产力的不断发展中，迸发出更加灿烂的光芒，书写出更加辉煌的篇章。本章通过探讨松阳手工业的历史演变与现代发展，试图为其他地区的手工业传承与创新提供参考和借鉴。

## 一、松阳手工业的历史沿革与传统作坊

松阳手工业的历史可以追溯到数千年前，传统手工艺在这里得到了极大的发展和传承。传统作坊作为松阳手工业的重要载体，不仅是生产工具和生活用品的场所，更是手工艺文化传承的关键。

### （一）松阳手工业的起源与发展

松阳手工业的起源可以追溯到新石器时代，随着社会的进步和生产力的发展，松阳的手工业逐渐繁荣起来。在古代，松阳手工业主要包括陶器、木器、金属制品和纺织品等多个领域。这些手工艺品不仅满足了当地人民的生活需求，也成为文化交流和贸易的重要物品。

**1. 新石器时代的起源**

在考古发现中，松阳地区存在新石器时代的遗址，这些遗址中出土的石器和陶器表明，当地早期居民已经掌握了基本的手工艺技艺。

**2. 秦汉时期的繁荣**

在秦汉时期，松阳手工业进一步发展，特别是在陶器和金属制品方面，技术得到了显著提升。秦汉时期的陶器制作技艺精湛，出土的陶器不仅有实用器具，还有大量的艺术品。

**3. 唐宋时期的辉煌**

唐宋时期是松阳手工业发展的黄金时期。松阳的陶器、木器和金属制品在全国享有盛誉，手工业产品不仅销往全国各地，还通过丝绸之路等途径远销海外。

**4. 明清时期的创新**

明清时期，松阳手工业继续发展，特别是在木器和纺织品方面，出现了许多创新的工艺和技法。明清时期的松阳手工业不仅在数量上有所增加，在质量和种类上也有了很大的提升。

### （二）传统手工艺的种类与技艺

松阳的传统手工艺种类繁多，每一种手工艺都代表着一种独特的文化传承和技艺精髓。

**1. 陶器制作**

松阳的陶器制作历史悠久，陶器作坊遍布全县。制陶工艺从选土、制坯、雕刻到烧制，每一个环节都凝聚了匠人的智慧和经验。松阳陶器以其精美的造型和独特的装饰风格而著称。

（1）选土和制坯。

陶器制作的第一步是选土。松阳地区的陶土质地优良，是制作陶器的上佳材料。制坯过程需要匠人具有极高的技巧，通过手工或简单工具，将陶土制成坯体。

（2）雕刻和装饰。

坯体制成后，匠人会在坯体上进行雕刻和装饰。松阳陶器的雕刻图案多为花鸟鱼虫，工艺精细，栩栩如生。

（3）烧制。

雕刻装饰完成后，坯体需要在窑中烧制。烧制温度和时间的掌握是陶器制作的关键，直接影响陶器的质量和颜色。

**2. 木器制作**

松阳的木器制作技艺同样历史悠久。木器作坊主要生产家具、农具和生活用品等。传统的木器制作需要经过选材、设计、雕刻和组装等多个步骤，每一步都要求匠人具有高超的技艺和丰富的经验。

（1）选材和设计。

木器制作的第一步是选材。松阳地区多山林，木材资源丰富。选材之后是设计，设计不仅要考虑实用性，还要有美观性。

（2）雕刻和组装。

木器制作的雕刻工艺极为讲究，需要匠人有精湛的技艺。组装过程需要精确，保证木器的牢固和美观。

**3. 金属制品**

松阳的金属制品制作主要包括铁器和铜器等。铁器作坊和铜器作坊在古代松阳非常普遍，铁器主要用于生产农具和武器，铜器则多用于制作礼器和装饰品。

（1）冶炼和锻造。

金属制品的制作首先是冶炼，将金属矿石冶炼成可用的金属。锻造是制作金属制品的关键步骤，需要匠人用锤子和锻造工具将金属打造成所需形状。

（2）装饰和精加工。

许多金属制品在制作完成后还会进行装饰和精加工，特别是铜器，常常会进行复杂的雕刻和镀金处理。

**4. 纺织品**

松阳的纺织业在古代也有相当的发展。纺织作坊生产各种布匹、衣物和装饰品，传统的纺织工艺包括纺纱、织布、染色和刺绣等多个环节。

（1）纺纱和织布。

纺纱是将棉花或其他纤维纺成纱线，织布是将纱线织成布匹。松阳的纺织工艺精湛，生产的布匹柔软耐用。

（2）染色和刺绣。

染色是将布匹染成各种颜色，刺绣是用彩线在布匹上绣出各种图案。

松阳的染色和刺绣工艺精美，具有浓郁的地方特色。

### （三）传统作坊的社会角色与文化意义

传统作坊不仅是手工艺品的生产场所，更是技艺传承和文化交流的重要场所。在松阳，手工艺匠人通过作坊传承技艺，世代相传。同时，作坊也是人们交流和学习的地方，许多传统手工艺技艺就是在这样的环境中得以传承和发展。

**1. 技艺传承**

传统作坊是技艺传承的重要场所。匠人们通过师徒制，将技艺一代代传承下去，保证了技艺的延续和发展。

**2. 文化交流**

作坊也是文化交流的场所。匠人们在作坊中不仅传授技艺，还交流文化和生活经验，形成了丰富的文化积淀。

**3. 经济作用**

传统作坊在古代社会中发挥了重要的经济作用。手工艺品不仅满足了当地人民的生活需求，还通过贸易和交流，促进了地方经济的发展。

## 二、松阳手工业的传承：匠人精神与技艺保护

在现代化的进程中，松阳手工业面临着传承与保护的挑战。如何在现代化的背景下保护和传承传统手工艺技艺，成为松阳手工业发展的重要课题。

### （一）匠人精神的传承与弘扬

**1. 匠人精神的内涵**

匠人精神不仅是对技艺的精益求精，更是对传统文化的尊重和热爱。松阳的手工艺匠人通过一代代的技艺传承，将这种精神深深植入每一件作品中。

（1）精益求精。

匠人精神的核心是精益求精，无论是陶器、木器还是金属制品，匠人

们都追求极致的工艺和完美的作品。

（2）尊重传统。

匠人精神体现了对传统文化的尊重和热爱。每一项手工艺技艺都是文化的结晶，匠人们通过自己的努力，保护和传承了这些宝贵的文化遗产。

**2. 传承机制的建立**

为了保护和传承匠人精神，松阳通过建立传统手工艺传承机制，鼓励老匠人收徒传艺，同时开展技艺培训和技能比赛，激发年轻一代对传统手工艺的兴趣和热情。

（1）师徒制传承。

松阳通过师徒制的方式，将传统手工艺技艺传承下去。老匠人通过言传身教，将自己的技艺和经验传授给徒弟，保证了技艺的延续。

（2）技艺培训和技能比赛。

为了激发年轻人对传统手工艺的兴趣，松阳定期举办技艺培训和技能比赛，通过这些活动，提升了年轻人的技艺水平，弘扬了匠人精神。

### （二）技艺保护的政策与措施

**1. 非物质文化遗产的保护**

松阳政府积极申报和保护传统手工艺作为非物质文化遗产，通过政策扶持和资金支持，保护和传承这些宝贵的文化遗产。

（1）非遗申报。

松阳政府积极申报传统手工艺技艺为非物质文化遗产，通过这一方式，提升了技艺的社会关注度和保护力度。

（2）政策扶持。

为了保护非物质文化遗产，松阳政府出台了一系列政策，扶持手工艺匠人和作坊，为他们提供资金和技术支持。

**2. 技艺档案的建立**

为了保护传统手工艺技艺，松阳通过建立详细的技艺档案，记录每一项技艺的历史、工艺流程和代表性作品，为后人提供参考和学习的资料。

（1）档案记录。

技艺档案详细记录了每一项手工艺技艺的起源、发展和现状，通过文字、图片和视频等形式，为后人提供了宝贵的资料。

（2）数字化保护。

为了更好地保护和传播传统技艺，松阳还利用现代数字化技术，将技艺档案进行数字化处理，建立了数字技艺档案库。

（3）技艺展示与交流平台的建设。

通过建立传统手工艺展示馆和举办手工艺展览，松阳为匠人们提供了展示和交流的平台，促进了传统技艺的保护和传承。

（4）展示馆建设。

松阳建立了多座传统手工艺展示馆，集中展示了各类手工艺品和制作技艺，为公众提供了了解和学习传统手工艺的机会。

（5）展览活动。

松阳定期举办传统手工艺展览，通过展览活动，展示匠人们的技艺和作品，促进了技艺的交流和传播。

## （三）传统手工艺与现代教育的结合

### 1. 技艺传承进校园

松阳通过将传统手工艺技艺引入学校课程，开展手工艺技艺培训和讲座，使学生们从小就接触和了解传统手工艺，培养他们对传统文化的兴趣和热爱。松阳的中小学开设了传统手工艺课程，教授学生们基础的手工艺技艺，使他们从小就了解和热爱传统文化。此外，松阳邀请手工艺匠人进校园，为学生们讲授手工艺技艺和匠人精神，通过现场演示和互动，激发学生们的兴趣。

### 2. 职业教育与技艺传承

松阳通过职业教育体系，培养专业的手工艺人才，为传统手工艺的发展注入新的活力。职业学校和技校开设手工艺专业课程，系统传授传统技艺和现代工艺相结合的知识。一方面，职业学校和技校开设了专门的手工艺专业课程，系统传授传统技艺和现代工艺的理论和实践知识，培养专业的手工艺人才。另一方面，为了提高学生的实践能力，松阳的职业教育机构还与当地手工艺作坊和企业合作，提供实习和实践机会，使学生在实际操作中提升技艺。

## 三、松阳手工业的创新与现代工艺

在保持传统手工艺精髓的基础上，松阳手工业通过引入现代工艺和技术，实现了传统与现代的结合，推动了手工业的创新和发展。

### （一）传统技艺与现代科技的结合

**1. 传统工艺的改进**

在保留传统工艺核心的基础上，松阳手工艺匠人通过引入现代科技手段，对传统工艺进行改进和优化。例如，利用现代化的制陶设备，提高陶器制作的效率和质量。一方面，不断加强制陶设备的改进。通过引入现代化的制陶设备，陶器的制作效率大大提高，产品的质量和一致性也得到了保证。另一方面，不断加强工艺流程的优化。在保留传统手工艺精髓的基础上，松阳的匠人们对工艺流程进行了优化，通过科技手段，提高了生产效率和产品质量。

**2. 新材料的应用**

松阳手工业在传承传统材料的同时，积极探索和应用新材料，以提升手工艺品的功能性和美观性。例如，现代木器制作中引入环保材料，提高产品的环保性和耐用性。通过环保材料的应用，产品的使用寿命得以延长，同时更符合现代消费者的需求。除了传统的木材和金属外，松阳的手工艺匠人们还积极探索其他新材料的应用，如复合材料和新型纤维，提高了手工艺品的功能性和美观性。

**3. 现代设计理念的融入**

传统手工艺品在造型和设计上与现代设计理念相结合，既保留传统的文化元素，又符合现代审美和实用需求。例如，传统家具在保留古典风格的基础上，融入现代简约设计，更加符合现代家庭的需求。松阳的手工艺匠人在设计手工艺品时，将传统文化元素与现代设计理念相结合，创造出既有传统风格又符合现代审美的作品。此外，为了满足不同消费者的需求，松阳的手工艺品在设计上多样化，既有传统风格的作品，也有现代简约风格的作品，丰富了产品种类。

### （二）手工业生产方式的现代化转型

**1. 作坊式生产向工厂化生产的转型**

松阳手工业在现代化进程中，从传统的作坊式生产逐步向工厂化生产转型。通过引入现代化生产设备和流水线作业，提高了生产效率和产品质量。此外，在生产方式转型的过程中，松阳的手工业企业还引入了现代化的管理模式，提高了生产过程的管理效率和产品质量控制。

**2. 手工艺品的规模化生产**

在现代化生产方式的推动下，松阳手工艺品实现了规模化生产，降低了生产成本，提高了市场竞争力。例如，陶器和木器等传统手工艺品，通过现代化工厂的生产，实现了批量化生产，满足了市场的大规模需求。通过规模化生产，松阳的手工业企业实现了手工艺品的标准化生产，保证了产品的一致性和质量稳定性。

**3. 智能制造与手工业的结合**

随着智能制造技术的发展，松阳手工业逐步引入智能制造设备和技术，实现了手工业生产的智能化和自动化。例如，智能雕刻机和 3D 打印技术在木器和金属制品制作中的应用，大大提高了生产效率和产品精度。此外，松阳的手工业企业通过引入自动化生产线，实现了手工艺品生产过程的自动化，减少了人工操作，提高了生产效率。

### （三）手工艺品的市场化与品牌化

**1. 品牌建设与市场推广**

松阳手工业通过品牌建设和市场推广，提升了手工艺品的市场知名度和竞争力。企业通过打造具有地方特色的手工艺品牌，积极参加各类展览和博览会，扩大品牌影响力。例如，松阳的陶器品牌“松陶”以其独特的工艺和文化内涵，在国内外市场上享有盛誉。企业通过参加各类展览和博览会，如中国国际工艺美术展览、中国国际文化产业博览会等，展示了松阳手工艺品的独特魅力，吸引了国内外买家和消费者的关注。

**2. 电商平台与手工艺品销售**

随着互联网的普及，松阳手工业积极利用电商平台销售手工艺品，拓宽销售渠道。通过在各大电商平台开设旗舰店，利用社交媒体进行品牌推广，提升了手工艺品的市场销量。此外，企业利用微信、微博、抖音等社交媒体平台，通过图文、视频等方式展示手工艺品的制作过程和文化故事，吸引了大量粉丝关注，提升了品牌的在线影响力。

**3. 旅游与手工艺品的结合**

松阳通过发展手工艺旅游，推动手工艺品的市场化。政府和企业通过打造手工艺旅游景点，举办手工艺体验活动，吸引游客购买手工艺品，提升了手工艺品的市场价值。松阳的一些传统手工艺作坊被改造成旅游景点，游客可以参观作坊，了解手工艺品的制作过程，甚至亲自体验制作过程。这不仅增加了游客的参与感，也提升了手工艺品的文化价值。例如，松阳的陶艺村和木艺坊，每年吸引成千上万的游客前来参观和体验。松阳举办各种手工艺体验活动，如陶艺体验、木雕体验和织布体验等，让游客在亲自动手的过程中感受传统手工艺的魅力。这些活动不仅为手工艺品带来了直接的销售收入，还通过游客的传播效应提升了松阳手工艺的知名度和美誉度。

**4. 文化创意产业与手工艺品的融合**

松阳手工业积极与文化创意产业融合，开发具有文化内涵和现代审美的手工艺品，满足现代消费者的需求。例如，将传统手工艺与现代设计理念结合，开发出具有松阳特色的文创产品，如陶瓷首饰、木雕摆件和布艺饰品等。这些产品不仅具有实用价值，还具有很高的艺术欣赏价值，深受消费者喜爱。一方面，松阳手工业与知名设计师、艺术家和文化创意企业合作，共同开发新的手工艺产品。这些合作不仅带来了创意和设计上的创新，也扩大了手工艺品的市场覆盖面。例如，松阳的一些陶瓷产品与现代艺术相结合，成为高端艺术品，进入了国内外的艺术品市场。另一方面，松阳手工业企业注重文创产品的开发，将传统手工艺与现代时尚元素结合，开发出一系列具有文化内涵和时尚感的手工艺品。这些文创产品在国内外市场上具有很高的竞争力，成为松阳手工艺品走向世界的重要载体。

**5. 市场细分与高端定制服务**

松阳手工业通过市场细分，提供高端定制服务，满足不同层次消费者的需求。特别是在陶瓷、木雕和金属制品等领域，手工艺匠人根据客户的需求，量身定制独特的手工艺品，提升了产品的附加值和市场竞争力。首先，加强高端定制服务。手工艺匠人根据客户的需求和喜好，设计和制作独特的手工艺品，满足客户对个性化和高端产品的需求。例如，高端定制的陶瓷器具和木雕家具，不仅具有独特的设计和精湛的工艺，还融入了客户的个性化元素，成为珍贵的艺术品。其次，不断加强市场细分策略。松阳手工业企业通过市场细分，针对不同的消费群体，开发出不同档次和风格的手工艺品。从高端奢侈品到大众化产品，每一类产品都针对特定的市场需求，保证了产品的市场适应性和竞争力。

总之，松阳手工业的传承与创新之路，是一部融合了历史与现代、传统与科技的精彩篇章。松阳的手工艺匠人们不仅在传承传统技艺的过程中展现了他们对文化的热爱和敬畏，更在新时代的背景下，通过不断的创新和努力，将传统手工艺与现代科技相结合，创造出具有新时代特色的手工艺品。未来，松阳手工业将在传承与创新的道路上继续前行，通过品牌建设、市场推广、文化创意产业融合等多种途径，提升手工艺品的市场价值和文化内涵。松阳手工业的传承与创新之路，不仅是地方经济发展的重要组成部分，更是中华优秀传统文化得以延续和发扬的重要力量。

# 第五章

# “文化—经济”融合视角下松阳文化与经济的互动机制

松阳县位于浙江省西南部，建县于东汉建安四年（公元199年），至今已有1800多年的悠久历史，是浙江省最早建制的县之一，被誉为“最后的江南秘境”。松阳不仅在历史长河中积淀了深厚的文化底蕴，还因其独特的自然景观和丰富的历史遗产而闻名。松阳的历史文化保护体系极为完整，涵盖了多个层次和类别的文化遗产，包括名城、名镇、历史文化街区、名村、传统村落、文保单位和各级非物质文化遗产。名城和名镇保存了大量历史遗迹，展示了江南水乡的典型风貌；历史文化街区如城东街区保留了古建筑和传统风貌，是展示江南传统城市生活和文化的生动样本；名村和传统村落保留了大量明清时期的古建筑和传统民居，成为中华农耕文明的集中展示地。例如，四都乡和箬寮乡的古村落，不仅建筑风格独特，还传承着丰富的民俗文化；松阳境内的文物保护单位和历史建筑，如寺庙、古桥、古塔等，不仅具有重要的建筑学价值，更是地方历史和文化的见证；此外，松阳还拥有众多的各级非物质文化遗产，包括传统手工艺、戏剧、音乐和舞蹈等，生动展示了当地丰富的文化生活和精神世界。

松阳不仅有深厚的文化积淀，还拥有得天独厚的自然生态环境，青山绿水与茶园梯田形成了“古典中国的县域标本”，其自然景观与人文景观相互辉映，形成独具特色的风光。近年来，松阳县在发展中充分发挥自然生态和历史文化的优势，积极践行“活态保护、有机更新”的理念，以延续历史文脉和留住城市记忆为目标，系统推进城乡历史文化保护和传承工作。松阳县把文化作为引领县域发展的重要力量，注重文化保护与利用相结合，推动经济和社会的高质量发展，通过保护和修复历史建筑和古村落，既保存了宝贵的文化遗产，又提升了城市的整体品质和吸引力。推行“微改造、精提升”的策略，通过对老旧街区和建筑的微改造，既保护了传统风貌，又改善了居民生活条件，同时通过精细化提升，增强了文化遗产的观赏性和体验性，吸引了更多游客和文化爱好者。在保护历史文化的同时，松阳也注重自然生态的保护，推动文化与自然的有机融合，通过建设生态文化景观区和文化旅游线路，将自然美景与文化遗产紧密结合，提升了文化遗产的吸引力和价值。松阳县还积极探索文化遗产的创新传承模式，通过文化创意产业和数字技术，将传统文化与现代生活相融合，促进文化遗产的活态传承，通过举办各类文化活动和节庆，不断丰富文化生活，推动文化与经济的协同发展。

未来，松阳县将在保护与发展中不断探索新的模式和路径，继续发挥文化引领作用，推动地方经济社会的可持续发展。松阳的经验和实践，不仅为浙江省乃至全国的文化保护和经济发展提供了宝贵的借鉴，也为传承和弘扬中华优秀传统文化作出了重要贡献。

## 第一节　松阳文化对经济的影响机制研究

松阳文化历史悠久，涵盖丰富的物质与非物质文化遗产，这些文化资源不仅是当地人民的精神财富，也为经济发展提供了重要支撑。松阳文化包含丰富的传统手工艺（如陶瓷、木雕）、地方戏剧、民俗节庆（如松阳庙会）、地方美食以及丰富的非物质文化遗产。这些文化元素不仅是文化传承的载体，也是文化创意产业发展的源泉。本节通过构建复杂网络模型和系统动力学模型，深入分析松阳文化如何通过多维度影响机制促进经济发展。

## 一、松阳文化对经济影响概述

松阳文化对经济的影响体现在多个方面，主要包括对旅游业的发展、手工艺销售的提升、文化活动的丰富性以及对就业机会的创造等。首先，松阳凭借其独特的文化景点和丰富的文化活动，吸引了大量游客前来参观和体验。地方的历史遗迹、古建筑、传统村落以及独特的自然风光，成为游客的主要旅游目的地。与此同时，各类文化节庆和民俗活动，如传统节日庆典和地方特色演出，不仅为游客提供了丰富的文化体验，也带动了住宿、餐饮、交通等相关服务业的发展。这种“文化旅游”的模式，进一步促进了地方经济的增长，提升了松阳在区域旅游市场中的竞争力。其次，松阳文化促进手工艺品销售的提升。松阳拥有丰富的传统手工艺资源，如竹编、陶瓷、刺绣等。这些手工艺品不仅展示了丰厚的地方文化，更成为市场上受欢迎的商品。随着消费文化的变化，传统手工艺品逐渐被赋予了现代设计元素，吸引了更多消费者的关注。这一转变不仅增加了地方收入，还延续和发展了传统工艺，增强了地方工匠的市场参与感和自豪感。文化活动的丰富性反向促进经济发展。松阳定期举办多种文化活动，如音乐会、文艺演出、农民运动会等，形成了一个多样化的文化生态系统。这些活动不仅丰富了居民的文化生活，也带来了显著的消费需求，推动了地方商业的发展。商家利用节庆和演出等活动的契机，积极进行产品促销，吸引了更多消费者参与，从而活跃了当地经济。最后，文化经济融合创造了更多就业机会。文化相关产业的发展极大地丰富了松阳的就业机会。随着旅游业、手工艺产业和文化活动的蓬勃发展，越来越多的岗位被创造出来，涵盖了导游、手工艺生产、活动策划等多个领域。这些岗位的增加不仅促进了社会经济的稳定，还提升了社会整体的生活质量，帮助当地居民改善了生活条件，增强了他们的幸福感和归属感。可见，松阳文化对经济的影响更是形成了一个良性循环：文化资源的开发与利用带动了经济的发展，而经济的增长又为文化的传承与创新提供了更为有利的条件。这种相辅相成的关系不仅促进了地方经济的可持续发展，也为其他地区在文化与经济相结合的探索中提供了宝贵的借鉴经验。为了深入分析松阳经济—文化融合的效应，本书通过构建文化和经济融合的复杂网络模型深入阐明两者融合的机理。

**1. 基于文化—经济融合的复杂网络模型构建**

复杂网络与系统动力学模型是两种强大的分析工具，通过结合它们，可以对松阳文化与经济各要素间的关系进行全面而深入的研究。这种融合不仅提供了一个框架来理解各个要素的静态关系，还能够模拟出这些要素在实际运行中的动态变化，为科学决策提供有力支持。复杂网络模型是描述现实世界中不同要素之间的关系及其结构特性的重要工具[48-49]。通过它可以识别出松阳文化与经济系统中的关键节点和相互依存关系。这些节点可能包括文化景点、手工业作坊、市场等，而连边则表示这些节点之间的相互作用和影响路径。系统动力学模型则侧重于描述这些关系中的动态变化机制，尤其是在时间维度上的演化过程。它以微分方程或差分方程的形式，通过参数来描述系统的动态行为。结合这两种模型，可以形成对松阳文化与经济系统的一种全方位动态认识。在这种结合中，复杂网络模型提供了静态结构框架，而系统动力学模型则详细描述了这些结构中的动态变化过程。这种综合性分析方法不仅能够识别出系统中的重要节点和关键路径，还能够预测这些节点和路径在未来的行为，为经济文化政策的制定提供科学依据。

（1）节点定义。

首先，识别节点和边。根据松阳的实际情况，确定网络模型中的节点和边。例如，节点可以是重要的文化景点、手工艺作坊、市场等，边则表示这些节点之间的联系，如贸易往来、文化活动交流等。其次，具体定义各个节点。文化节点 $C_i$ 主要包括文化遗产地、手工艺品作坊、文化活动场所等。经济节点 $E_j$ 主要包括旅游景点、旅馆、餐饮企业、市场、就业群体等。

（2）边的定义。

量化节点和边的特性：通过数据采集和分析，量化各节点的特性（例如，市场规模、文化景点的游客数量）和边的强度（例如，不同节点间的交流频率、交易量）。$a_{ij}$表示节点 $C_i$与节点 $E_j$之间的联系强度，表示文化节点对经济节点的影响。权重 $\omega_{ij}$表示影响力的大小。

（3）网络结构与属性。

局部网络：小型文化—经济网络，如某个文化遗产地与周边的经济实体的互动关系。

全局网络：覆盖整个松阳地区的文化—经济网络，包括所有文化和经济节点的关系。

（4）网络属性。

度中心性：节点的重要性，度数越高表示节点连接的其他节点越多。

聚类系数：节点间形成的小群体结构，反映文化与经济节点的紧密程度。

路径长度：文化节点对经济节点影响的最短路径，路径越短表示影响传递越快。

（5）模型方程。

令 $G=(V, E)$ 为网络图，$V$ 是节点集合，$V$ 是边集合。邻接矩阵 $A=[a_{ij}]$ 表示节点间的连接关系：

$$a_{ij}=\begin{cases}1 & \text{若节点 } i \text{ 与 } j \text{ 直接相连}\\0 & \text{若节点 } i \text{ 与 } j \text{ 不直接相连}\end{cases} \tag{5-1}$$

设 $\omega_{ij}$为文化节点 $C_i$ 对经济节点 $E_j$ 的影响强度，则加权网络的表示为：

$$W=[w_{ij}] \tag{5-2}$$

网络中的流量可以用路径依赖的函数来表示，如 $f_{ij}=f(w_{ij},d_{ij})$，其中 $d_{ij}$表示节点间的距离或阻力。

（6）系统动力学模型的构建。

首先，假设模型变量与参数。其中，文化变量主要表示为：$C$ 表示文化活动频度；$P$ 表示手工艺品产量；$I_C$ 表示文化遗产保护投入。经济变量主要表示为：$T$ 表示旅游收入；$M$ 表示市场消费；$E$ 表示产业就业人数。构建动态方程如下：

①文化活动对旅游收入的影响。

$$\frac{dT}{dt}=k_1C-d_1T \tag{5-3}$$

其中，$k_1$ 文化活动促进旅游收入的系数，$d_1$ 为旅游收入的自然衰减率。

②手工艺品产量对市场消费的影响。

$$\frac{dM}{dt}=k_2P-d_2M \tag{5-4}$$

其中，$k_2$为手工艺品促进市场消费的系数，$d_2$为市场消费的自然衰减率。

③文化遗产保护对旅游收入和市场消费的影响。

$$\frac{dT}{dt}=k_3I_C-d_3T \tag{5-5}$$

$$\frac{dM}{dt}=k_4I_C-d_4M \tag{5-6}$$

其中，$k_3$和 $k_4$ 为文化遗产保护对旅游收入和市场消费的促进系数，$d_3$ 和 $d_4$ 为自然衰减率。

④旅游收入和市场消费对产业就业的影响。

$$\frac{dE}{dt}=k_5T+k_6M-d_5E \tag{5-7}$$

其中，$k_5$ 和 $k_6$ 分别表示旅游收入和市场消费对就业的影响系数，$d_5$ 为自然衰减率。

⑤反馈机制。

其中，正反馈机制如下：文化活动的增加（C）→旅游收入的增加（T）→更多投资用于文化活动（$I_C$），形成良性循环。而负反馈的形成主要在于：若文化资源过度开发，会导致文化遗产耗竭，影响长期经济效应，形成负反馈。

⑥系统的整体动态可以表示为：

$$\begin{cases} \dfrac{dC}{dt} = \alpha_1 C\left(1 - \dfrac{C}{K_C}\right) - \beta_1 C \\ \dfrac{dT}{dt} = k_1 C + k_3 I_C - d_1 T \\ \dfrac{dP}{dt} = \alpha_2 P\left(1 - \dfrac{P}{K_P}\right) - \beta_2 P \\ \dfrac{dM}{dt} = k_2 P + k_4 I_C - d_2 M \\ \dfrac{dE}{dt} = k_5 T + k_6 M - d_5 E \\ \dfrac{dI_C}{dt} = \delta I_C - \gamma I_C \end{cases} \tag{5-8}$$

其中，$\alpha_1$、$\alpha_2$ 分别表示文化活动频度和手工艺品产量的增长系数，$K_C$、$K_P$ 分别表示文化活动和手工艺品产量的环境承载量。$\beta_1$、$\beta_2$ 分别表示文化活动和手工艺品产量的自然衰减系数。$\delta$、$\gamma$ 分别表示文化遗产保护投入的增加率和减耗率。通过历史数据和实地调查估计各参数值，以进行模拟和预测。

**2. 复杂网络与系统动力学模型的融合**

首先，采用度中心性、介数中心性、紧密度中心性等复杂网络分析方法，识别出网络中的关键节点和重要路径。例如，可以通过分析发现哪些文化景点对整体经济带动作用最大，哪些市场在网络中起到连接不同经济节点的重要作用。基于复杂网络模型中识别的关键节点和边，构建系统动力学模型。设置各要素之间的动态关系，包括文化活动的年周期波动、市场需求的季节性变化、旅游业对地方经济的带动效应等。其次，将复杂网络分析得到的量化结果，如节点影响力、边强度等，作为系统动力学模型的参数输入。这些参数能够反映各要素之间的关系强度和相互影响。再次，将复杂网络模型的关键节点特性和边的强度量化结果输入系统动力学模型中，建立起融合后的综合模型。最后，通过系统动力学模型，进行动态模拟，分析松阳文化经济系统在不同政策或外部条件变化下的动态行为和演化趋势。通过综合模型的模拟分析能够对松阳文化与经济网络中重要节点和脆弱节点进行深入研究，以指导政府决策和资源分配。例如，重要的文化景点、关键市场等，这些节点的存在对整个系统的稳定与发展至关重要。通过分析这些节点的影响力，可以制定有针对性的政策，促进这些节点的进一步发展。例如，增加对重要文化景点基础设施的投资，优化关键市场的运营环境，提升它们对区域经济发展的拉动作用。其中，脆弱节点是指那些在网络中受资源约束较大、承受风险能力较低的节点。这些节点可能因资源不足或环境变化而影响整个网络的稳定性。通过分析这些脆弱节点，可以采取预防性措施，如增加对这些区域的资源投入，提升它们的自我调节和适应能力，避免其在系统压力下发生失效。例如，对于某些手工艺作坊，可以通过提供技艺培训和市场支持，提升其在市场竞争中的生存能力。通过综合模型，可以模拟不同政策方案在松阳文化经济系统中的效果。例如，模拟增加科技投资对手工业作坊的影响，或者分析推广电子商务对市场活跃度的提升效果。通过这些模拟，可以事先评估政策的可行性和潜在效果，选择最优的政策组合。具体模拟案例分析如表 5－1 所示。

**表 5－1　　政策方案在松阳文化经济系统的效果**

| 节点类型 | 关键节点 | 脆弱节点 | 政策建议 |
|---|---|---|---|
| 文化景点 | A 景点 | B 景点 | 增加基础设施投资，提升旅游设施 |
| 手工艺作坊 | X 作坊 | Y 作坊 | 提供技艺培训和市场支持 |
| 关键市场 | 商贸区 1 | 商贸区 2 | 优化运营环境，增加物流与技术支持 |
| 经济区域 | 区域甲 | 区域乙 | 提高资源投入，增强区域自我调节能力 |

复杂网络与系统动力学模型的结合，为分析松阳文化与经济系统的动态行为提供了一个强有力的工具。通过识别关键节点和脆弱节点，并进行动态模拟，可以为政策制定提供科学依据，确保文化与经济的协调发展。这种方法不仅能够帮助本书理解现有系统的状态，还可以预测未来变化和风险，使得政策制定更加精准、有效。通过持续优化这种模型，松阳文化与经济将能够在新时代背景下实现更高质量、更可持续的发展。结合系统

动力学模型进行情景模拟，探讨不同文化政策、市场策略对经济发展的影响。通过复杂网络模型与系统动力学模型相结合，可以全面理解松阳文化对经济的多维度影响机制。文化活动、手工艺品产量、文化遗产保护投入等文化因素对当地旅游收入、市场消费及产业就业有着显著的推动作用。网络模型帮助理解文化与经济各要素之间的复杂关系，而系统动力学模型提供了对这些关系的定量分析工具，帮助预测和优化文化经济政策。这两个模型不仅揭示了文化与经济的互动机制，还为政策制定者提供了依据，以促进文化保护和经济发展的协调进步。进一步的实证数据和案例分析将有助于增强模型的实际应用效果，提高松阳地区文化经济发展的科学性和有效性。

## 二、文化—经济融合的作用

### 1. 文化对经济的正向影响

（1）文化活动频度对旅游收入的影响。

数据和模型显示，文化活动频度的增加显著提升了旅游收入。每次文化活动，包括节庆、展览、表演和民俗活动等，都能够吸引大量游客前来观赏和参与。这些游客不仅在活动期间消费，如购买门票、纪念品和食品饮料，还会在当地住宿、购物和餐饮，使得整体旅游收入明显增长。此外，文化活动的高频度能够提高松阳的知名度和美誉度，吸引更多长期游客和回头客，进一步拉动地方经济的发展。

（2）手工艺品产量对市场消费的影响。

手工艺品作为地方特色产品，不仅吸引游客购买，还通过市场推广提升了本地居民的消费水平。手工艺品产量的增加意味着更多的产品类型和更高的市场供应水平，这能够满足不同层次消费者的需求，刺激消费市场的活跃度。此外，手工艺品的文化和艺术价值赋予其独特的市场竞争力，通过特色营销和品牌建设，可以进一步打开国内国际市场，提升整体的经济效益。

（3）文化遗产保护投入对经济的影响。

文化遗产保护投入的增加，不仅保护和传承地方文化，还提升了旅游资源的吸引力。保护措施使得文化遗址、历史建筑和传统文化景观得以保存与修复，吸引游客前来参观和学习。这些文化遗产不仅是旅游资源，更是历史和文化的见证，通过对它们的保护和合理开发，可以增强地方文化认同感，提高居民的文化自豪感，并拉动相关产业，如旅游业、服务业和文化创意产业的发展，形成良好的经济循环。

**2. 文化资源的可持续利用**

在推动文化对经济正向影响的同时，本书也必须注意文化资源的可持续利用。过度开发可能导致文化资源的损毁，反而不利于长期的经济发展。

（1）保护与开发的平衡。

需要在保护文化遗产和开发文化旅游之间找到平衡点。例如，严格控制游客流量，避免文化遗址的过度负荷，通过采取预约制或分时段参观等措施，保证文化遗产的承载能力不被超负荷。引入先进的保护技术和管理模式，加强遗产地的日常维护和环境监测，确保文化资源的长期保存。同时，开发新兴旅游项目，如文化体验活动、数字全息展示等，分流游客，减少对核心文化遗址的压力。

（2）长期规划与管理。

制订长期的文化资源管理规划，确保文化活动和旅游业的可持续发展。例如，通过分季节、分区域的旅游规划，均衡游客分布，避免过度集中的旅游高峰期，提高淡季旅游资源的利用率。建立文化资源保护的法律法规体系，明确各类文化遗产的保护责任和开发利用的规范，确保文化资源在开发过程中不被过度破坏。同时，构建文化旅游产业发展的综合管理平台，实时监控和评估文化资源的利用情况，动态调整和优化管理策略。

**3. 文化经济融合的政策建议**

（1）加强文化保护。

增加文化遗产保护投入，确保文化资源的可持续利用。政府可以出台保护政策，提供资金支持，促进文化遗产的保护与修复。建立专项基金用于文化遗产的保护和研究，吸引社会各界共同参与文化保护事业。同时，鼓励文化保护技术的研发和应用，提高保护工作的专业水平，引导公众增强文化遗产保护意识，营造全社会共同参与保护的良好氛围。

（2）促进文化产业发展。

鼓励和支持本地手工艺品产业，通过政策扶持和市场推广，提升手工艺品市场竞争力和知名度，带动相关经济增长。设立文化产业专项扶持资金，减免手工艺品企业的税费负担，提供创业贷款和技术支持，推动全产业链的发展。加强与国内外知名设计师、艺术家和品牌合作，提升手工艺品的创意设计和市场影响力，打造具有地方特色的文化品牌，通过电商平台、国际展会等渠道拓展销售市场。

（3）优化旅游资源配置。

合理规划和分配旅游资源，避免过度开发带来的负面影响。例如，制定合理的游客承载量，分散游客流量，保护文化遗址的完整性。开展综合资源评估，依据资源禀赋、环境承载力和市场需求，优化布局不同类型的文化旅游项目。加强基础设施建设和公共服务保障，提高旅游配套设施水平，提升游客体验满意度，推进智慧旅游建设，实现旅游资源的智能化管理和优化配置。

（4）多元化文化活动。

首先，丰富文化活动的形式和内容，吸引更多游客。政府和相关机构可以组织不同类型的文化活动，如文化节庆、民俗表演、传统手工艺展示、现代艺术展览等，提升文化活动的吸引力和影响力。其次，通过引入高水平的文化演出和赛事，举办国际文化交流活动，扩大对外宣传和推广，让更多国内外游客了解和体验松阳的独特文化魅力。

（5）加强基础设施建设。

完善旅游基础设施，如交通、住宿、餐饮等，提高游客的体验质量，从而促进旅游收入的增加。加快交通联网建设，提升景区与城市及周边区域的交通便捷性，改善交通服务水平。提升住宿和餐饮服务的多样性和品质，满足不同层次游客的需求。推进旅游信息化建设，提供智能导览、在线预订、一站式服务等，提升整体旅游接待和服务能力，增强旅游区的综合竞争力。

通过以上措施，松阳在保护和弘扬文化遗产的同时，将能够充分发挥文化对经济的推动作用，提升旅游收入和地方经济的整体发展水平，形成文化与经济良性互动、协调发展的新局面。

**4. 结论**

通过对松阳县文化对经济影响的实证研究和模型分析，本书发现文化活动、手工艺品产量和文化遗产保护投入对地方经济具有显著的正向影响。文化不仅是经济增长的重要推动力，也是促进社会和谐发展的重要因素。研究结果为地方政府和相关部门提供了理论依据和政策建议，帮助制订更有效的文化经济政策，促进地方经济的可持续发展。未来研究可以进一步结合更广泛的数据和案例，持续优化模型，提高其适用性和预测准确性。

## 第二节　松阳经济对文化传承的传承机制研究

松阳，作为中国传统文化和历史底蕴丰富的地区，其经济与文化之间的互动关系极为深厚。深入探讨松阳经济对文化传承的传承机制，是理解松阳地方经济与文化协调发展的关键。经济活动不仅为文化传承提供了物质基础，更在文化创新与传播过程中扮演了至关重要的角色。松阳经济结构的独特性，使其在支持和推动文化传承方面形成了一套独特的机制，值得深入研究和探讨。松阳地处浙江省西南部，是一个以农业和手工业为主要传统经济模式的地区。近年来，随着经济的不断发展，松阳逐渐趋向现代化和多元化的经济结构。在此过程中，经济发展的红利不仅体现为物质生活水平的提高，更在推动文化传承方面起到了重要的促进作用。一方面，经济繁荣提供了足够的财力支持，从文化活动的举办到遗产的保护无一不受益于充足的经济支持；另一方面，经济活动本身也成为文化交流和传播的重要平台，通过旅游业、手工业、现代服务业等各种经济形式，文化得以更加广泛和深入地传承和传播。

首先，松阳经济中的手工业经济对文化传承发挥了重要作用。松阳的手工业历史悠久，种类繁多，如陶瓷、木雕、金属制品和纺织品等。手工业不仅是松阳经济的重要组成部分，更是文化的载体。手工艺品通常蕴含着丰富的历史和文化信息，每一件作品都凝聚着匠人的智慧和技艺。这些手工艺品通过市场经济的运作，不仅被本地居民所喜爱，也通过旅游业和外贸被广泛传播到国内外，从而起到了文化传播的作用。特别是近年来，松阳大力发展文化创意产业，通过将传统手工艺与现代设计理念相结合，开发出具有更高附加值、更具市场竞争力的文化创意产品，不仅提升了手工业的经济效益，也实现了文化内涵的传承与创新。

其次，旅游业的发展为松阳文化传承带来了新的机遇。松阳独特的自然风光和丰富的文化遗产，吸引了大量游客前来观光旅游。旅游业的发展，不仅拉动了地方经济的快速增长，还促进了文化的交流与传承。通过文化旅游，游客能够直接体验到松阳的传统文化，诸如传统节庆、民俗表演、非物质文化遗产展示等。特别是在“旅游 + 文化”的经济模式下，松阳将文化资源转化为旅游产品，通过旅游服务业的增值和延伸，有效推动了文化的传播和普及。此外，旅游收入又反过来支持了文化保护和传承工作，通过门票收入、政府拨款和社会捐赠等多种形式，为文化遗产的保护和文化活动的开展提供了稳定的资金来源。

再次，经济发展也为文化传承的基础设施建设提供了有力支持。文化基础设施是文化传承和创新的重要保障。现代化经济的发展为文化基础设施的建设提供了充足的资金支持，使得松阳在文化遗产的保护、文化场馆的建设、文化产业园区的规划等方面取得了显著成就。例如，松阳建立了多个文化遗产保护区和文化展示中心，通过先进的修复技术和展示手段，不仅保护了珍贵的历史文化遗产，还为社会大众提供了学习和了解传统文化的场所。文化基础设施的完善，不仅促进了文化遗产的保护和利用，也提升了文化教育和传播的效率，为文化传承注入了新的活力。此外，松阳经济发展过程中，文化产业的创新和升级也是文化传承的重要动力。在全球化和信息化的背景下，传统的文化产业面临着形式和内容的双重挑战。松阳在这方面积极探索，通过文化 + 互联网、文化 + 创意设计等多种形式，实现了传统文化与现代科技的深度融合，推动了文化产业的创新发展。例如，松阳的手工艺品制作过程被数字化记录下来，通过网络视频、VR体验等形式向全球传播，使得传统手工艺不仅被更多人了解和喜爱，也为手工业传承提供了新的思路和渠道。文化产业的现代化升级，不仅提升了文化产品的市场竞争力，也拓展了文化传播的广度和深度，使得文化传承更加立体和持续。

最后，松阳经济对文化传承的支持还有赖于政策的引导和扶持。地方政府在经济发展的过程中，制定和实施了一系列促进文化传承的政策措施，为文化的持续发展提供了有力保障。例如，通过设立文化产业专项资金、提供税收优惠、鼓励文化企业创新等政策手段，政府积极引导和支持文化产业的发展。此外，通过制定文化遗产保护法规和政策，政府加强了对文化遗产的保护力度，确保在经济发展过程中文化资源不被破坏，文化遗产得到有效保护和传承。这些政策措施不仅直接推动了文化产业的发展，也为文化传承创造了良好的环境和条件。

综上所述，松阳经济在文化传承中扮演了多重角色，既是文化传承的重要物质基础，又是文化传播和创新的重要载体。在研究松阳经济对文化传承的传承机制时，需要综合考虑经济发展的多方面因素，包括手工业和旅游业等传统经济形式的作用、文化基础设施建设的重要性、文化产业的创新升级、政府政策的引导和扶持等。通过全面、系统地分析松阳经济对文化传承的影响，本书可以更好地理解和把握文化与经济协调发展的内在机制，为松阳乃至更广泛地区的文化经济发展提供理论和实践参考。

## 一、微分方程模型的构建

本书基于前述理论框架，构建一个微分方程模型来分析松阳经济对文化传承的传承机制。假设我们主要研究两个变量：经济发展水平 $E(t)$ 和文化传承水平 $C(t)$，并考虑中介变量政府政策支持力度 $M(t)$。以下是模型构建和解析解过程。

**1. 模型假设**

假设经济发展 $E(t)$ 和文化传承 $C(t)$ 随时间 $t$ 的变化可以用微分方程表示，同时政府政策支持力度 $M(t)$ 对两者产生影响。假设：

（1）经济发展 $E(t)$ 受到自身增长率和文化传承 $C(t)$ 的影响。

（2）文化传承 $C(t)$ 受到经济发展 $E(t)$ 和政府政策支持力度 $M(t)$ 的影响。

（3）政府政策支持力度 $M(t)$ 受到经济发展 $E(t)$ 和文化传承 $C(t)$ 的影响。

**2. 设定微分方程组**

设定以下微分方程组：

$$\frac{dE(t)}{dt} = aE(t) - bC(t) \tag{5-9}$$

$$\frac{dC(t)}{dt} = cE(t) + dM(t) - eC(t) \tag{5-10}$$

$$\frac{dM(t)}{dt} = fE(t) + gC(t) - hM(t) \tag{5-11}$$

其中，$a$、$b$、$c$、$d$、$e$、$f$、$g$、$h$ 为常数参数，代表不同的影响系数。

为了简化问题，假设在研究初期条件 $E(0) = E_0$，$C(0) = C_0$，$M(0) = M_0$ 的情况下的解析解。

（1）经济发展水平 $E(t)$ 的解析解。

首先，求解：

$$\frac{dE(t)}{dt} = aE(t) - bC(t) \tag{5-12}$$

假设文化传承 $C(t)$ 对 $E(t)$ 的影响较小，可以简化为：

$$\frac{dE(t)}{dt} = aE(t) \tag{5-13}$$

这个是一个一阶线性微分方程，其解析解为：

$$E(t) = E_0 e^{at} \tag{5-14}$$

（2）文化传承水平 $C(t)$ 的解析解。

在求解 $\frac{dC(t)}{dt} = cE(t) + dM(t) - eC(t)$ 之前，先代入 $E(t)$ 的解：

$$\frac{dC(t)}{dt}=cE_0e^{at}+dM(t)-eC(t) \tag{5-15}$$

若假设政府政策支持力度 $M(t)$ 是常数 $M(t)=M_0$：

$$\frac{dC(t)}{dt}=cE_0e^{at}+dM_0-eC(t) \tag{5-16}$$

这是一个非齐次一阶线性微分方程。我们使用积分因子法求解。

积分因子 $\mu(t)=e^{et}$，将其乘到方程两边：

$$e^{et}\frac{dC(t)}{dt}+e^{et}(-eC(t))=cE_0e^{(a+e)t}+dM_0e^{et} \tag{5-17}$$

$$\frac{d}{dt}(e^{et}C(t))=cE_0e^{(a+e)t}+dM_0e^{et} \tag{5-18}$$

对两边积分：

$$e^{et}C(t)=\int cE_0e^{(a+e)t}dt+\int dM_0e^{et}dt \tag{5-19}$$

$$e^{et}C(t)=\frac{cE_0}{a+e}e^{(a+e)t}+\frac{dM_0}{e}e^{et}+K \tag{5-20}$$

其中，$K$ 是积分常数，解得：

$$C(t)=\frac{cE_0}{a+e}e^{at}+\frac{dM_0}{e}+Ke^{-et} \tag{5-21}$$

根据初始条件 $C(0)=C_0$ 计算 $K$：

$$C_0=\frac{cE_0}{a+e}+\frac{dM_0}{e}+K \tag{5-22}$$

$$K=C_0-\frac{cE_0}{a+e}-\frac{dM_0}{e} \tag{5-23}$$

所以，文化传承水平的解析解为：

$$C(t)=\frac{cE_0}{a+e}e^{at}+\frac{dM_0}{e}+\left(C_0-\frac{cE_0}{a+e}-\frac{dM_0}{e}\right)e^{-et} \tag{5-24}$$

（3）政府政策支持力度 $M(t)$ 的解析解。

最后，求解 $\frac{dM(t)}{dt}=fE(t)+gC(t)-hM(t)$： （5-25）

代入 $E(t)$ 和 $C(t)$ 的解：

$$\frac{dM(t)}{dt}=fE_0e^{at}+g\left(\frac{cE_0}{a+e}e^{at}+\frac{dM_0}{e}+\left(C_0-\frac{cE_0}{a+e}-\frac{dM_0}{e}\right)e^{-et}\right)-hM(t) \tag{5-26}$$

这是一阶线性微分方程，使用积分因子法求解。

通过上述微分方程模型和解析解，可以定量分析经济发展、文化传承和政府政策支持力度之间的关系。具体数值分析需要根据实际数据进行，模型中的参数 $a$、$b$、$c$、$d$、$e$、$f$、$g$、$h$ 需要通过数据拟合确定。上述解析解为进一步的数值模拟和政策建议提供了理论依据。求解政府政策支持力度 $M(t)$ 的解析解如下。

首先，将方程简化：

$$\frac{dM(t)}{dt}=fE_0e^{at}+g\frac{cE_0}{a+e}e^{at}+g\frac{dM_0}{e}+g\left(C_0-\frac{cE_0}{a+e}-\frac{dM_0}{e}\right)e^{-et}-hM(t) \tag{5-27}$$

可以将右边项分为三个部分：第一部分为 $\left(fE_0+g\frac{cE_0}{a+e}\right)e^{at}$；第二部分为 $g\frac{dM_0}{e}$；第三部分为 $g\left(C_0-\frac{cE_0}{a+e}-\frac{dM_0}{e}\right)e^{-et}$。

令：$A=fE_0+g\frac{cE_0}{a+e}$，$B=g\frac{dM_0}{e}$，$C=g\left(C_0-\frac{cE_0}{a+e}-\frac{dM_0}{e}\right)$。

所以微分方程简化为：

$$\frac{dM(t)}{dt}=Ae^{at}+B+Ce^{-et}-hM(t) \tag{5-28}$$

接下来，使用积分因子法求解，积分因子 $\mu(t)=e^{ht}$，将其乘到方程两边：

$$e^{ht}\frac{dM(t)}{dt}+e^{ht}(-hM(t))=Ae^{(a+h)t}+Be^{ht}+Ce^{(h-e)t} \tag{5-29}$$

$$\frac{d}{dt}(e^{ht}M(t))=Ae^{(a+h)t}+Be^{ht}+Ce^{(h-e)t} \tag{5-30}$$

对两边积分：

$$e^{ht}M(t)=\int Ae^{(a+h)t}dt+\int Be^{ht}dt+\int Ce^{(h-e)t}dt \tag{5-31}$$

分别计算各积分：

$$\int Ae^{(a+h)t}dt = \frac{A}{a+h}e^{(a+h)t};\int Be^{ht}dt = \frac{B}{h}e^{ht};\int Ce^{(h-e)t}dt = \frac{C}{h-e}e^{(h-e)t} \tag{5-32}$$

因此，可得如下表达式：

$$e^{ht}M(t) = \frac{A}{a+h}e^{(a+h)t} + \frac{B}{h}e^{ht} + \frac{C}{h-e}e^{(h-e)t} + K \tag{5-33}$$

其中 $K$ 是积分常数。

可进一步化简如下：

$$M(t) = \frac{A}{a+h}e^{at} + \frac{B}{h} + \frac{C}{h-e}e^{-et} + Ke^{-ht} \tag{5-34}$$

根据初始条件 $M(0)=M_0$ 计算 $K$：

$$M_0 = \frac{A}{a+h} + \frac{B}{h} + \frac{C}{h-e} + K \tag{5-35}$$

$$K = M_0 - \frac{A}{a+h} - \frac{B}{h} - \frac{C}{h-e} \tag{5-36}$$

所以，政府政策支持力度的解析解表示为：

$$M(t) = \frac{A}{a+h}e^{(a-h)t} + \frac{B}{h} + \frac{C}{h-e}e^{-(e-h)t} + \left(M_0 - \frac{A}{a+h} - \frac{B}{h} - \frac{C}{h-e}\right)e^{-ht} \tag{5-37}$$

**3. 模型总结**

根据上述模型，求得了三个变量 $E(t)$、$C(t)$ 和 $M(t)$ 随时间变化的解析解：

$$E(t) = E_0e^{at} \tag{5-38}$$

$$C(t) = \frac{cE_0}{a+e}e^{at} + \frac{dM_0}{e} + \left(C_0 - \frac{cE_0}{a+e} - \frac{dM_0}{e}\right)e^{-et} \tag{5-39}$$

$$M(t) = \frac{A}{a+h}e^{(a-h)t} + \frac{B}{h} + \frac{C}{h-e}e^{-(e-h)t} + \left(M_0 - \frac{A}{a+h} - \frac{B}{h} - \frac{C}{h-e}\right)e^{-ht} \tag{5-40}$$

这些解析解为分析经济发展、文化传承和政府政策支持力度之间的关系提供了理论基础。实际应用中，需要根据具体数据确定模型参数，并进行进一步的数值模拟和分析。

## 二、松阳经济对文化传承的影响机制

### 1. 经济发展的动力及其对文化传承的支持

松阳作为中国的一个历史文化名城，其经济发展在很大程度上依赖于文化资源的开发与利用。经济发展水平的提升不仅能够带动区域内的基础设施建设，还能提供更多的就业机会和收入来源，从而为文化传承提供坚实的物质基础。首先，经济发展能够为文化传承提供必要的资金支持。文化传承活动往往需要大量的资金投入，包括文物修缮、文化活动组织、文化产品开发等。经济发展带来的财政收入增长，可以通过政府财政预算的方式，专项拨款用于文化保护和传承项目。例如，松阳可以利用经济发展带来的财政盈余，修复古建筑、保护非物质文化遗产、建设博物馆和文化展示中心等。这些措施不仅有助于保护和传承传统文化，还可以提升区域的文化软实力，吸引更多的旅游和投资。其次，经济发展能够推动文化产业的发展，从而促进文化传承。文化产业是文化传承的重要载体，通过市场化运作，可以实现文化资源的价值最大化。松阳可以依托其丰富的历史文化资源，发展文化旅游、文化创意产业等，既能传承和弘扬传统文化，又能创造经济效益。例如，可以通过打造文化主题旅游线路、开发传统工艺品、举办文化节庆活动等，将传统文化元素融入现代生活，既满足了人们的文化消费需求，又促进了文化的代际传承。此外，经济发展还能够提升居民的整体文化素质，从而为文化传承提供良好的社会环境。经济发展带来物质生活水平的提高，人们有更多的时间和精力关注精神文化生活。随着教育水平的提高，公众对文化遗产的保护意识和认同感也会增强。松阳可以通过开展文化教育和宣传活动，增强人们对本地文化的认同感和自豪感，从而形成全社会共同参与文化传承的良好氛围。例如，可以在学校开设地方文化课程，组织社区文化活动，宣传本地传统文化知识，使文化传承成为全社会的共识和行动。可见，经济发展不仅是文化传承的物质基础，还可以通过推动文化产业发展和提升居民的整体文化素质，为文化传承提供多方面的支持。松阳在经济发展的过程中，应充分认识到文化资源的重要性，合理利用经济发展的成果，为文化传承创造良好的条件和环境。

**2. 文化传承对经济发展的促进作用**

文化传承不仅是经济发展的结果，同时也是经济发展的重要动力源。松阳的文化资源丰富，历史悠久，这些文化资源如果能够得到有效的保护和利用，将会对当地经济发展产生积极的促进作用。首先，文化传承能够提升松阳的城市形象和吸引力，促进旅游业的发展。文化旅游是旅游产业的重要组成部分，具有高附加值和可持续发展的特点。松阳拥有众多的历史文化遗址、传统民居和非物质文化遗产，这些文化资源如果得到有效保护和开发，可以吸引大量的游客前来参观和体验，从而带动旅游业的发展。例如，可以打造文化主题公园、举办传统节庆活动、开发文化创意产品等，让游客在游览中感受到松阳独特的文化魅力，从而提升松阳的知名度和美誉度，促进旅游收入的增加。其次，文化传承能够促进文化创意产业的发展，带动相关产业链的延伸。文化创意产业是以文化资源为基础，通过创新和创意，将文化元素转化为具有市场价值的产品和服务。松阳可以利用其丰富的文化资源，发展文化创意设计、影视制作、工艺品制造等产业，实现文化资源的市场化运作。例如，可以依托传统手工艺，开发具有地方特色的工艺品，通过电商平台销售；可以依托历史故事和民间传说，制作影视剧和动漫作品，拓展文化产品的市场空间。文化创意产业的发展，不仅能够提升文化资源的经济价值，还能够带动上下游产业的发展，形成新的经济增长点。此外，文化传承还能够促进区域内的文化交流与合作，提升松阳的区域竞争力。在全球化背景下，文化交流与合作日益频繁，文化资源的国际化运作成为可能。松阳可以通过举办国际文化交流活动、参与国际文化合作项目等，推动本地文化走向世界。例如，可以邀请国际知名的文化艺术家来松阳进行文化交流，举办国际文化艺术节，展示松阳的文化魅力，吸引国际游客和投资者；可以与国际文化机构合作，开展文化遗产保护和研究项目，提升文化资源的国际影响力。通过文化交流与合作，不仅能够提升松阳的文化软实力，还能够促进经济的开放和发展。可见，文化传承不仅是经济发展的结果，同时也是经济发展的重要动力源。松阳应充分发挥文化资源的优势，将文化传承与经济发展有机结合，实现文化和经济的共同繁荣。

**3. 政府政策支持在文化传承中的关键作用**

政府政策在文化传承中起着关键的引导和支持作用。政府可以通过制定和实施相关政策，为文化传承提供必要的制度保障和资源支持，从而确保文化资源的有效保护和传承。首先，政府可以通过立法和政策规划，为文化传承提供制度保障。文化传承需要有明确的法律法规和政策支持，以规范和保护文化资源。松阳政府可以制定文化遗产保护法、非物质文化遗产保护条例等法律法规，明确文化资源的保护范围、保护措施和保护责任。例如，可以规定对历史文化建筑的修缮和利用要严格按照文物保护要求进行，禁止随意拆改；可以明确非物质文化遗产传承人的权利和义务，鼓励传承人开展传承活动。同时，政府还可以制定文化传承的中长期发展规划，明确文化传承的目标和任务，统筹安排文化传承的各项工作，确保文化资源的可持续利用和传承。其次，政府可以通过财政支持和项目资助，为文化传承提供资源保障。文化传承往往需要大量的资金投入，政府可以通过财政预算安排，专项拨款支持文化传承项目。例如，可以设立文化遗产保护专项基金，用于支持文物修缮、文化遗产数字化保护等项目；可以设立非物质文化遗产传承人补贴，用于支持传承人开展传承活动；可以设立文化创意产业发展基金，用于支持文化创意企业的发展。最后，政府还可以通过税收优惠、贷款贴息等方式，鼓励社会资本参与文化传承项目，形成多元化的资金支持体系。此外，政府还可以通过宣传教育和社会动员，提升公众的文化保护意识和参与度。文化传承不仅需要政府的支持，更需要全社会的共同参与和支持。松阳政府可以通过开展文化教育和宣传活动，增强公众对本地文化的认同感和自豪感，激发公众参与文化传承的热情。例如，可以在学校开设地方文化课程，组织学生参观文化遗址、参加文化活动；可以通过媒体宣传本地文化知识，组织文化讲座、文化展览等活动，提高公众的文化保护意识；可以动员社区居民参与文化遗产保护志愿者活动，共同保护和传承文化资源。通过这些措施，可以形成全社会共同参与文化传承的良好氛围，确保文化资源得到有效保护和传承。可见，政府政策在文化传承中起着关键的引导和支持作用。松阳政府应充分发挥政策的引导和支持作用，通过立法和政策规划提供制度保障，通过财政支持和项目资助提供资源保障，通过宣传教育和社会动员提升公众参与度，确保文化资源的有效保护和传承。

## 第三节　松阳诗词文化对松阳现代产业的推动机制研究

“唯此桃花源，四塞无他虞”。浙西南山区中的松阳，自古以来便是诗人心中难以忘怀的桃源胜地。松阳建县于东汉建安四年（公元199年），文化底蕴深厚，至今已有1800多年的历史，是丽水之始、处州之根。县域内拥有78个国家级传统村落和延庆寺塔、黄家大院等珍贵文物建筑，被誉为“最后的江南秘境”和“古典中国的县域标本”。唐朝道教天师叶法善、宋代四大女词人之一张玉娘、《永乐大典》总编王景等名人雅士均乡贯松阳，使这里成为文人墨客竞相吟咏的文化胜地。近年来，松阳全力实施“文兴松阳、挺进共富”工程，加快推进新时代文化松阳建设，积极开展“中华诗词之乡”创建。松阳将弘扬传承传统诗词文化作为解码文化基因工程的重要载体，以实现文化与经济社会发展的深度融合。在全县经济社会发展和提高公民素质的过程中，诗词文化给松阳注入了更多的精神动力，助力松阳“二次创业”和“两个先行”，推动中华优秀传统文化创造性转化、创新性发展。

松阳在新时代背景下的文化战略，注重文化资源的挖掘和利用，通过建设文化项目、举办大型诗词活动和知识竞赛等方式，把古老的诗词文化融入现代经济与产业发展中。诗词文化不仅是松阳文化的精神标识，更是在现代产业布局和经济发展中的活跃因子。特别是文化旅游业，作为松阳经济发展的重要路径之一，通过诗词文化的包装和推广，更好地吸引游客，提升地方知名度和美誉度。例如，每年的松阳诗词大会和文化节庆活动，不仅吸引了大批诗词爱好者和游客齐聚松阳，体验这里的文化魅力，而且促进了旅游服务业、餐饮业、零售业等相关产业的繁荣。诗词文化品牌的打造，使得松阳在文化创意产品的开发上独具优势，从文创产品到诗词书籍，从古风建筑到文化体验项目，各种形式的文化产品为松阳现代产业注入了新的活力。除了传统的旅游业和文化产业外，松阳还积极探索将诗词文化融入现代农业、手工业和服务业等多个领域。通过对农村和手工艺品的诗意包装，使产品更加具有文化附加值，提升市场竞争力。例如，松阳的茶叶、陶瓷等产品，通过与诗词文化的结合，形成了“诗意茶叶”“诗意陶瓷”等特色品牌，这些品牌不仅在本地市场大受欢迎，还通过电商平台远销国内外，展示了松阳文化与现代产业融合发展的典范。在互联网和数字化时代，松阳还利用现代科技手段，让传统诗词文化焕发新的生机。通过开发诗词文化主题的手机应用、微信公众号和网络平台，松阳将丰富的诗词文化资源数字化、网络化，让更多人能够随时随地了解和学习诗词文化。同时，这些数字平台也成为展示松阳特色文化和推广文化产品的重要渠道，大大拓展了文化产业的发展空间。

松阳的诗词文化传承和创新发展，不仅带动了现代产业的多样化发展，也为地方经济发展提供了新的增长点。通过对传统文化资源的有效利用和创新性开发，松阳形成了文化与经济相互促进、共同发展的良性循环。在这一过程中，县政府积极发挥引导和扶持作用，出台了一系列政策措施，鼓励文化创新，扶持文化产业发展，推动文化与其他产业的深度融合。可见，松阳的诗词文化不仅是悠久历史和丰厚文化底蕴的象征，更是推动现代产业发展的重要力量。通过弘扬和传承传统诗词文化，松阳在建设文化强县、实现经济社会可持续发展的道路上，不断探索和创新，为文化与产业融合发展提供了宝贵的经验。未来，随着“文兴松阳、挺进共富”战略的深入实施，松阳必将在传承中华优秀传统文化与推动现代产业发展的过程中，继续走在前列，成为文化与经济协调发展、互惠共赢的典范。

## 一、松阳诗词文化资源的特点与价值

### （一）松阳诗词文化资源的历史渊源

松阳作为历史文化名城，其诗词文化资源具有深厚的历史渊源。自东汉建县以来，松阳便成为文人墨客的聚集之地。唐代，松阳因其秀丽的山水和丰富的文化积淀，吸引了大量的诗人前来创作，留下了许多脍炙人口的诗篇。例如，唐代诗人李白曾在其诗中描绘松阳的美景，表达对松阳的喜爱之情；宋代著名词人张玉娘更是在其词作中多次提及松阳，抒发对故乡的眷恋。其中，宋代张玉娘作为四大女词人之一，她的作品中频繁描写了松阳的美景和人文风貌。张玉娘不仅在词作中记录了自己的思乡之情，还通过文字描绘了松阳的自然风光和地方风物，她的作品成为松阳诗词文化中的重要篇章。例如，她的词《如梦令》中就有描写家乡松阳的美丽景象，透过她优美的语句，我们可以感受到宋代松阳的繁花似锦、绿水青山。另外，《永乐大典》主编王景，作为明代的一位杰出文人，对松阳的贡献不仅在于他的学术成就，更在于他留下的大量诗词作品，这些作品详细描绘了松阳的风土人情和历史变迁。王景曾在其诗作中多次提到松阳的景色与人文，使得松阳在他的作品中被赋予了特别的文化和历史意义。例如，他在《松阳杂咏》中，通过生动的语言描绘了松阳独特的地理风貌和居民生活图景，为后人留下了宝贵的文化遗产。可见，松阳不仅是文人墨客的创作之地，还是他们栖居和隐逸的理想之所。唐朝道教天师叶法善曾在松阳隐居，其间创作了大量的道教诗篇，对后世道教文化产生了深远影响。叶法善的诗不仅展现了道教哲学，更反映了他对松阳这片土地的深厚情感。这些历史名人的诗作，不仅是松阳文化的重要组成部分，也是研究松阳历史文化的重要资料。

### （二）松阳诗词文化资源的类型与分布

松阳诗词文化资源的类型丰富多样，既包括古代诗词，也涵盖现代诗歌和民间歌谣。这些诗词资源分布广泛，涵盖了松阳的各个历史时期和地域。古代诗词是松阳诗词文化资源的重要组成部分，主要集中在唐宋元明清时期。这些诗词多见于地方志、文集、碑刻等文献中，内容丰富多彩，既有对松阳自然风光的描绘，也有对人文景观的赞美。例如，唐代诗人李白在其诗中多次提到松阳的青山绿水，赞美其如画的风景；宋代词人张玉娘则在其词作中表达了对松阳的深情厚谊和思乡之情。张玉娘的作品，如

《如梦令》的那句“昨夜雨疏风骤，浓睡不消残酒”，虽非直接描写松阳，但这种细腻柔情的笔触在她其他描写松阳的诗中也得到了充分体现，反映了她作为松阳人的独特情感。王景的《松阳杂咏》中，以清新的笔触描绘了松阳的自然和人文景观，展示了他作为一个文人在松阳生活和创作时的所见所感。

现代诗歌反映了当代松阳的社会生活和文化景观，主要见于报纸杂志、网络平台等。这些诗歌既有对松阳现代化建设的歌颂，也有对传统文化的继承和发扬。例如，现代诗人在诗作中歌颂松阳的经济发展和文化繁荣，表达了对松阳未来的美好祝愿。这些现代诗作，往往通过新的视角和语言，重新诠释了松阳的历史和文化，使古老的松阳焕发出新的生机。例如，在近年的一些诗歌作品中，诗人们运用现代的语言和构思，对松阳的文化进行再解读，如描写松阳独特的茶文化和传统村落，对传统与现代的结合进行了深刻反映。此外，民间歌谣则是松阳人民口耳相传的文化瑰宝，具有浓厚的地方特色和生活气息。这些歌谣既是松阳人民日常生活的真实写照，也是他们精神世界的生动体现。例如，松阳的民间歌谣中常常唱到当地的风土人情和历史故事，这些歌谣不仅是松阳文化的重要组成部分，也是研究松阳民俗文化的重要资料。民间歌谣如《松阳春歌》，朴实的语句中折射出松阳百姓对生活的热爱和对故土的赞美，这类作品不仅是文学研究的源泉，也能为旅游和文化创意产业开发提供生动的素材。

### （三）松阳诗词文化资源的价值与意义

松阳诗词文化资源具有重要的历史价值、文化价值、经济价值和社会价值。首先，这些诗词作品是研究松阳历史文化的重要资料。通过这些作品，我们可以了解松阳的历史沿革、社会变迁以及人文风貌。例如，通过唐代诗人的诗作，我们可以了解当时松阳的自然景观和人文景观；通过宋代词人的词作，我们可以感受到当时松阳的社会生活和文化氛围。张玉娘和王景的作品为我们提供了一幅幅历史画面，让现代人可以追溯到千年前的松阳，感受那时的生活和自然。其次，松阳诗词文化资源是文化传承的重要载体。这些诗词作品不仅记录了松阳的历史和文化，还传承了松阳人民的精神追求和价值观。例如，通过学习和欣赏这些诗词作品，现代人可以感受到古人对自然的热爱、对生活的热情以及对家乡的深情厚谊，从而增强对本地文化的认同感和自豪感。叶法善的道教诗篇不仅向我们展示了他的宗教观和哲学思考，更让我们看到松阳这片土地在人们心中的精神价值。此外，松阳诗词文化资源还具有重要的经济价值和社会价值。通过对这些诗词资源的保护和开发，可以推动松阳文化产业的发展，实现文化资源的市场价值。例如，可以将这些诗词作品转化为文化旅游资源，吸引游客前来参观和体验，带动旅游业的发展；可以将这些诗词作品转化为文化创意产品，通过市场运作，实现文化资源的经济价值。张玉娘和王景的诗词作品不仅可以作为文学研究的材料，还可以开发为文化旅游景点和文化创意产品，如《松阳诗词选读》《松阳风物志》等书籍；可以利用这些名人的影响力举办各种文化活动，增加松阳的文化影响力和经济效益。可见，松阳诗词文化资源的价值和意义不仅体现在文化传承和经济发展方面，还体现在社会教育和精神文明建设方面。通过开展诗词文化教育和宣传活动，可以提升公众的文化素养和审美情趣，增强人们对本地文化的认同感和自豪感。例如，可以在学校开设诗词文化课程，组织学生参观文化遗址、参加文化活动；可以通过媒体宣传诗词文化知识，组织文化讲座、文化展览等活动，提高公众的文化保护意识。通过这些措施，可以形成全社会共同参与文化传承的良好氛围，为现代产业的发展提供良好的社会环境。

## 二、松阳诗词文化对现代产业的直接推动机制

### （一）诗词文化与文化旅游产业的结合

松阳丰富的诗词文化资源为文化旅游产业的发展提供了宝贵的素材和灵感。文化旅游产业是以文化资源为基础，通过旅游活动实现文化传播和经济效益的产业。松阳的诗词文化资源不仅为文化旅游产品的开发提供了丰富的内容，还为文化旅游品牌的塑造提供了独特的文化内涵。首先，可以通过打造诗词文化主题景区，提升松阳文化旅游的吸引力。例如，在松

阳县城内和周边的自然景区建设诗词文化公园，将古代诗词作品与现代景观设计相结合，打造具有浓厚文化氛围的旅游景点。这些景点不仅可以展示松阳的自然风光和人文景观，还可以通过诗词作品的介绍和解读，让游客更深入地了解松阳的文化内涵。例如，在延庆寺塔和黄家大院等历史遗址，可以设置诗词碑刻和解说牌，展示古代诗人的作品和创作背景，让游客在欣赏风景的同时，感受到松阳丰富的文化底蕴。其次，可以通过举办诗词文化节庆活动，吸引游客前来参观和体验。例如，可以定期举办松阳诗词文化节，邀请国内外的诗人、学者和游客共同参与，通过诗词朗诵会、诗词创作比赛、诗词文化讲座等活动，展示松阳的诗词文化魅力，提升松阳的文化旅游品牌影响力。例如，可以邀请专家学者举办关于张玉娘和王景生平及其作品的专题讲座，深入剖析他们的诗词，对松阳的文化遗产进行详解和弘扬，这些活动不仅可以吸引大量的游客，还可以通过媒体宣传，提升松阳的知名度和美誉度。此外，可以通过开发诗词文化旅游产品，实现文化资源的市场化运作。例如，可以将松阳的诗词作品转化为文化创意产品，如诗词书籍、诗词明信片、诗词工艺品等，通过旅游纪念品的销售，实现文化资源的经济价值。这些文化创意产品不仅可以作为旅游纪念品，还可以通过电商平台销售，拓展文化产品的市场空间。例如，可以制作精美的诗词画册，结合松阳的自然风光和人文景观，展示古代诗人的作品和创作背景，让游客在欣赏风景的同时，感受到松阳丰富的文化底蕴。

### （二）诗词文化与文化创意产业的融合

松阳的诗词文化资源为文化创意产业的发展提供了丰富的素材和灵感。文化创意产业是以文化资源为基础，通过创新和创意，实现文化资源的市场化运作和经济价值的产业。松阳的诗词文化资源不仅为文化创意产品的开发提供了丰富的内容，还为文化创意品牌的塑造提供了独特的文化内涵。首先，可以通过开发诗词文化创意产品，提升文化创意产业的附加值。例如，可以将松阳的诗词作品转化为文化创意产品，如诗词挂画、诗词家居装饰、诗词文具等，通过文化创意设计和生产，实现文化资源的市场化运作和经济价值。这些文化创意产品不仅可以作为家居装饰和日常用品，还可以通过电商平台销售，拓展文化产品的市场空间。例如，可以制作精美的诗词挂画，将古代诗人的作品与现代艺术相结合，打造具有浓厚文化氛围的艺术品；可以设计精美的诗词文具，将古代诗词印在笔记本、明信片等文具上，让人们在日常生活中感受到诗词的美。其次，可以通过打造诗词文化创意园区，促进文化创意产业的集聚和发展。例如，可以在松阳县城内和周边建设诗词文化创意园区，吸引文化创意企业和人才入驻，通过政策支持和资源整合，促进文化创意产业的集聚和发展。诗词文化创意园区不仅可以为文化创意企业提供良好的发展环境，还可以通过产业链的延伸和拓展，实现文化创意产业的协同发展。例如，可以设立文化创意孵化器，为初创企业提供资金、技术和市场支持；张玉娘和王景的作品为创意企业提供了丰富的灵感和素材，可以围绕他们的诗词故事开发创意产品，如文化纪念品、艺术装饰品等；可以举办文化创意论坛和展览，搭建企业间的交流平台，促进文化创意企业的合作和发展。此外，可以通过开展诗词文化创意活动，提升文化创意产业的创新能力。例如，可以定期举办诗词文化创意大赛，邀请国内外的文化创意设计师和团队共同参与，通过创意设计比赛、创意产品展示、创意讲座等活动，展示松阳的诗词文化魅力，提升松阳的文化创意品牌影响力。这些活动不仅可以吸引大量的文化创意人才，还可以通过媒体宣传，提升松阳的知名度和美誉度。例如，在诗词文化创意大赛期间，可以组织创意设计比赛、创意产品展示、创意讲座等活动，吸引文化创意人才和企业前来参加，进一步提升松阳的文化创意品牌影响力。

### （三）诗词文化与教育产业的结合

松阳的诗词文化资源为教育产业的发展提供了丰富的素材和灵感。教育产业是以教育资源为基础，通过教育活动实现文化传播和经济效益的产业。松阳的诗词文化资源不仅为教育产品的开发提供了丰富的内容，还为教育品牌的塑造提供了独特的文化内涵。首先，可以通过开发诗词文化教育产品，提升教育产业的附加值。例如，可以将松阳的诗词作品转化为教育产品，如诗词教材、诗词读本、诗词教学视频等，通过教育产品的开发和推广，实现文化资源的市场化运作和经济价值。这些教育产品不仅可以作为学校和培训机构的教学资源，还可以通过电商平台销售，拓展教育产品的市场空间。例如，可以编写《松阳诗词选读》，将张玉娘和王景的诗词作品汇编成册，供学生学习和欣赏；可以制作诗词教学视频，将古代诗人的作品与现代教育技术相结合，打造具有浓厚文化氛围的教育资源。其次，可以通过建设诗词文化教育基地，促进教育产业的发展。例如，可以在松阳县城内和周边建设诗词文化教育基地，吸引国内外的教育机构和人才入驻，通过政策支持和资源整合，促进教育产业的发展。诗词文化教育基地不仅可以为教育机构提供良好的发展环境，还可以通过产业链的延伸和拓展，实现教育产业的协同发展。例如，可以设立诗词文化研究中心，为教育机构提供科研支持和资源共享；可以举办诗词文化教育论坛和培训，搭建教育机构间的交流平台，促进教育产业的发展。此外，可以通过开展诗词文化教育活动，提升教育产业的创新能力。例如，可以定期举办诗词文化教育论坛，邀请国内外的教育专家和学者共同参与，通过教育讲座、教育研讨会、教育培训等活动，展示松阳的诗词文化魅力，提升松阳的教育品牌影响力。这些活动不仅可以吸引大量的教育人才，还可以通过媒体宣传，提升松阳的知名度和美誉度。例如，在诗词文化教育论坛期间，可以组织教育讲座、教育研讨会、教育培训等活动，吸引教育专家和学者前来参加，进一步提升松阳的教育品牌影响力。

## 三、松阳诗词文化对现代产业的间接推动机制

### （一）诗词文化对社会文化环境的塑造

松阳的诗词文化资源不仅对现代产业的发展有直接的推动作用，还对社会文化环境的塑造有重要的影响。良好的社会文化环境不仅是现代产业发展的重要保障，也是文化资源保护和传承的重要基础。首先，诗词文化可以提升社会整体的文化素养和审美情趣，为现代产业的发展提供良好的社会环境。通过开展诗词文化教育和宣传活动，可以提升公众的文化素养

和审美情趣，增强人们对本地文化的认同感和自豪感。例如，可以在学校开设诗词文化课程，组织学生参观文化遗址、参加文化活动；可以通过媒体宣传诗词文化知识，组织文化讲座、文化展览等活动，提高公众的文化保护意识。通过这些措施，可以形成全社会共同参与文化传承的良好氛围，为现代产业的发展提供良好的社会环境。其次，诗词文化可以促进社会的和谐和精神文明建设，为现代产业的发展提供良好的社会环境。诗词文化作为传统文化的重要组成部分，具有浓厚的历史底蕴和人文精神，能够激发人们的爱国主义情怀和民族自豪感。通过开展诗词文化活动，可以弘扬社会正能量，促进社会的和谐和精神文明建设。例如，可以组织社区诗词朗诵会、诗词创作比赛等活动，增强社区居民的文化认同感和凝聚力；可以通过诗词文化宣传，提升公众的道德素质和社会责任感，营造良好的社会风尚。通过这些措施，可以形成和谐有序的社会环境，为现代产业的发展提供良好的社会环境。此外，诗词文化还可以促进文化交流与合作，为现代产业的发展提供良好的社会环境。在全球化背景下，文化交流与合作日益频繁，文化资源的国际化运作成为可能。松阳可以通过开展诗词文化交流活动，推动本地文化走向世界，提升松阳的国际影响力和竞争力。例如，可以邀请国际知名的诗人、学者来松阳进行文化交流，举办国际诗词文化节，展示松阳的诗词文化魅力，吸引国际游客和投资者；可以与国际文化机构合作，开展诗词文化研究和保护项目，提升文化资源的国际影响力。通过这些措施，可以提升松阳的国际知名度和美誉度，为现代产业的发展提供良好的社会环境。

### （二）诗词文化对创新创业环境的营造

松阳的诗词文化资源不仅对现代产业的发展有直接的推动作用，还对创新创业环境的营造有重要的影响。良好的创新创业环境不仅是现代产业发展的重要保障，也是文化资源保护和传承的重要基础。首先，诗词文化可以激发创新创业的灵感和创意，为现代产业的发展提供良好的创新环境。诗词文化作为传统文化的重要组成部分，具有浓厚的历史底蕴和人文精神，能够激发人们的创新灵感和创意。例如，可以通过开展诗词文化创意大赛，邀请国内外的文化创意设计师和团队共同参与，通过创意设计比赛、创意产品展示、创意讲座等活动，展示松阳的诗词文化魅力，提升松阳的文化创意品牌影响力。这些活动不仅可以吸引大量的文化创意人才，还可以通过媒体宣传，提升松阳的知名度和美誉度。其次，诗词文化可以提升公众的创新创业意识和能力，为现代产业的发展提供良好的创新环境。通过开展诗词文化教育和培训活动，可以提升公众的创新创业意识和能力，增强人们对创新创业的认同感和自豪感。例如，可以在学校开设诗词文化课程，组织学生参观文化遗址、参加文化活动，培养学生的创新思维和创业能力；可以通过媒体宣传诗词文化知识，组织文化讲座、文化展览等活动，提高公众的文化保护意识和创新创业能力。通过这些措施，可以形成全社会共同参与创新创业的良好氛围，为现代产业的发展提供良好的创新环境。此外，诗词文化还可以促进文化交流与合作，为现代产业的发展提供良好的创新环境。在全球化背景下，文化交流与合作日益频繁，文化资源的国际化运作成为可能。松阳可以通过开展诗词文化交流活动，推动本地文化走向世界，提升松阳的国际影响力和竞争力。例如，可以邀请国际知名的诗人、学者来松阳进行文化交流，举办国际诗词文化节，展示松阳的诗词文化魅力，吸引国际游客和投资者；可以与国际文化机构合作，开展诗词文化研究和保护项目，提升文化资源的国际影响力。通过这些措施，可以提升松阳的国际知名度和美誉度，为现代产业的发展提供良好的创新环境。

### （三）诗词文化对区域品牌塑造的贡献

松阳的诗词文化资源不仅对现代产业的发展有直接的推动作用，还对区域品牌的塑造有重要的贡献。区域品牌是指一个地区在经济、文化、社会等方面形成的独特形象和综合竞争力。良好的区域品牌不仅是现代产业发展的重要保障，也是文化资源保护和传承的重要基础。首先，诗词文化可以提升松阳的文化软实力，为区域品牌的塑造提供重要的文化支撑。文化软实力是指一个地区通过文化传播和文化影响力，提升其国际知名度和美誉度的能力。松阳丰富的诗词文化资源，不仅是松阳文化软实力的重要组成部分，也是松阳文化软实力的重要展示窗口。例如，可以通过举办诗词文化节庆活动，邀请国内外的诗人、学者和游客共同参与，通过诗词朗诵会、诗词创作比赛、诗词文化讲座等活动，展示松阳的诗词文化魅力，提升松阳的文化软实力。这些活动不仅可以吸引大量的游客，还可以通过媒体宣传，提升松阳的知名度和美誉度。其次，诗词文化可以促进松阳的文化产业发展，为区域品牌的塑造提供重要的经济支撑。文化产业是以文化资源为基础，通过市场化运作，实现文化资源的经济价值的产业。松阳的诗词文化资源不仅为文化产业的发展提供了丰富的素材和灵感，还为文化产业的发展提供了独特的文化内涵。例如，可以通过开发诗词文化创意产品，如诗词书籍、诗词明信片、诗词工艺品等，实现文化资源的市场化运作和经济价值；可以通过打造诗词文化创意园区，吸引文化创意企业和人才入驻，促进文化创意产业的集聚和发展。通过这些措施，可以形成全社会共同参与文化产业发展的良好氛围，为区域品牌的塑造提供重要的经济支撑。此外，诗词文化还可以提升松阳的社会文化环境，为区域品牌的塑造提供重要的社会支撑。良好的社会文化环境不仅是区域品牌塑造的重要保障，也是文化资源保护和传承的重要基础。通过开展诗词文化教育和宣传活动，可以提升公众的文化素养和审美情趣，增强人们对本地文化的认同感和自豪感；通过组织社区诗词朗诵会、诗词创作比赛等活动，可以增强社区居民的文化认同感和凝聚力，营造良好的社会文化氛围。通过这些措施，可以形成全社会共同参与文化传承和区域品牌塑造的良好氛围，为区域品牌的塑造提供重要的社会支撑。

综上所述，松阳的诗词文化资源不仅对现代产业的发展有直接的推动作用，还对区域品牌的塑造有重要的贡献。松阳应充分发挥诗词文化资源的优势，将诗词文化与现代产业有机结合，通过文化旅游、文化创意、文化教育等方式，实现文化资源的市场化运作和经济价值，提升松阳的文化软实力和区域品牌竞争力，实现文化和经济共同繁荣。

# 第六章

## “文化—经济”融合视角下的松阳文化生态旅游

随着全球化进程的加快和经济发展的日益复杂化，旅游业作为一种新兴的产业形态，在全球经济体系中占据了愈发重要的地位。文化生态旅游，作为旅游业中的重要分支，不仅在促进经济增长、创造就业机会、提高居民收入方面发挥了重要作用，而且在保护文化遗产、促进文化交流、提升社会文化认同感等方面具有独特的价值。在中国，随着旅游需求的多样化和个性化趋势日益明显，文化生态旅游逐渐成为各地推动经济发展的重要战略之一。而在这众多的文化生态旅游目的地中，位于浙江省西南部的松阳县，以其丰富的文化遗产和独特的生态资源，正逐步成为国内外游客向往的旅游胜地。松阳县地处浙江省丽水市，境内重峦叠嶂，河流纵横，拥有丰富的自然景观和人文资源。松阳素有“古韵松阳”之称，其文化底蕴深厚，历史遗存众多，是中国传统村落的集中地之一。松阳的传统村落，保留了大量明清时期的古建筑和传统民居，这些建筑不仅是珍贵的历史文化遗产，更是松阳文化生态旅游的重要组成部分。此外，松阳还拥有丰富的非物质文化遗产，如松阳竹编、松阳茶文化、松阳戏曲等，这些非物质文化遗产为松阳的文化生态旅游增添了浓厚的文化氛围和独特的吸引力。

近年来，松阳县政府积极推动文化生态旅游的发展，将其作为促进地方经济增长和提升居民生活质量的重要手段。在政策支持和市场需求的双重驱动下，松阳的文化生态旅游产业得到了快速发展，旅游人数和旅游收入逐年增加，旅游业对地方经济的拉动作用日益显现。文化生态旅游不仅直接创造了大量的就业机会，增加了居民收入，而且通过带动相关产业的发展，如餐饮、住宿、交通、手工艺品等，实现了产业的联动效应，促进了地方经济的整体增长。然而，尽管松阳的文化生态旅游在经济增长中发挥了重要作用，但在发展的过程中也面临诸多挑战和问题。首先是文化资源的保护与开发之间的矛盾。作为文化生态旅游的核心资源，松阳的历史文化遗产和非物质文化遗产具有不可再生性和脆弱性。在旅游开发的过程中，如何在保护文化资源的前提下，实现资源的合理开发和利用，是松阳面临的一大挑战。其次是旅游产品的同质化问题。随着文化生态旅游的兴起，各地纷纷开发文化旅游产品，市场竞争日益激烈。在这种情况下，如何挖掘松阳独特的文化资源，打造具有特色的旅游产品，提升旅游产品的吸引力和竞争力，是松阳需要重点解决的问题。最后是旅游服务质量的提升。随着旅游人数的增加，游客对旅游服务的要求也越来越高。如何提高旅游服务质量，提升游客满意度和忠诚度，是松阳文化生态旅游可持续发展的关键。

为了深入探讨松阳文化生态旅游的发展现状及其对经济增长的影响，本章将从文化生态旅游的概念与内涵、松阳文化生态旅游资源的现状与特点、文化生态旅游对经济增长的作用机制、松阳文化生态旅游发展的现状与问题、文化生态旅游对松阳经济增长的效应分析等方面展开研究。具体而言，本章将通过文献综述和实地调研，系统梳理文化生态旅游的相关理论，分析松阳文化生态旅游资源的类型和分布，探讨文化生态旅游对松阳经济增长的作用机制，并结合实际数据，实证分析文化生态旅游对松阳经济增长的影响效应。最后，本章将针对松阳文化生态旅游发展的现状和存在的问题，提出相应的对策和建议，以期为松阳文化生态旅游的可持续发展提供理论支持和实践指导。

## 第一节　松阳文化生态旅游资源的经济基础研究

松阳，位于浙江省西南部，是一座历史悠久、文化丰富的县城。自东汉建安四年（公元 199 年）建县以来，松阳已经走过了 1800 多年的辉煌历史。松阳以其优美的自然风光、丰富的文化遗产和独特的生态环境，一直以来都吸引着无数研究者和旅游爱好者的目光。特别是在当今社会，随着生态旅游和文化旅游的兴起，松阳如何将其丰富的文化生态旅游资源转化为经济发展的动力，成为一个备受关注的议题。本书拟从松阳文化生态旅游资源的经济基础角度出发，探讨其在地方经济发展中的潜力和实现路径。

## 一、松阳文化生态旅游资源概述

松阳以其独特的地理位置和自然环境，形成了丰富多样的生态旅游资源。松阳的自然景观包括巍峨的山峦、清澈的溪流、茂密的森林和广阔的田园。而这些自然景观与松阳丰富的文化遗产交相辉映，形成了独特的文化生态旅游资源。例如，松阳拥有 78 个国家级传统村落，这些村落不仅保存了大量古建筑，还保留着独特的民俗风情和传统手工艺。其中，延庆寺塔、黄家大院等珍贵文物建筑更是展现了松阳深厚的文化底蕴。

## 二、文化生态旅游的经济基础

文化生态旅游作为一种新兴的旅游形式，其经济基础主要包括三个方面：资源基础、市场需求和产业支持。

**1. 松阳文化生态旅游的资源基础**

松阳拥有丰富的文化生态旅游资源，这是发展文化生态旅游的基础。这些资源不仅有赖于松阳的自然环境，还包括丰富的历史文化遗产。例如，松阳的古村落、古建筑、传统手工艺和民俗文化都是宝贵的旅游资源。此外，松阳的独特生态环境，包括优良的空气质量、丰富的森林资源和优美的自然景观，也是吸引游客的重要因素。为了更好地利用这些资源，松阳需要进行系统的资源保护和开发工作。一方面，需要加强对文化遗产和自然景观的保护，防止过度开发和人为破坏；另一方面，需要科学规划和合理利用这些资源，开发特色旅游产品，提升旅游资源的吸引力和竞争力。

**2. 经济—文化融合下松阳的旅游市场需求**

随着社会经济的发展和人们生活水平的提高，旅游市场需求发生了显著变化。现代旅游者更加注重个性化、体验性和文化性的旅游体验。生态旅游和文化旅游逐渐成为旅游市场的主流趋势，越来越多的游客希望通过旅游享受自然风光、感受历史文化、体验地方民俗。松阳丰富的文化生态旅游资源正好契合了现代旅游者的需求。例如，通过参观古村落和古建筑，游客可以深入了解松阳的历史文化；通过参与传统手工艺制作和民俗活动，游客可以亲身体验松阳的地方特色文化；通过游览自然景观和体验生态环境，游客可以享受大自然的美好。在这种背景下，松阳发展文化生态旅游具有广阔的市场前景。

**3. 松阳的旅游产业支持**

旅游业作为一种综合性产业，涉及多个方面的支持和协调。为了推动文化生态旅游的发展，松阳需要建立完善的产业支持体系，包括旅游基础设施、服务体系、政策支持和品牌建设等。首先，完善的旅游基础设施是保障游客体验和提升旅游吸引力的基础。松阳需要加快旅游交通、住宿、餐饮等基础设施的建设，提高旅游服务质量，提升游客的旅游体验感。其次，构建完善的旅游服务体系，包括导游服务、信息服务、安全保障和环境保护等。松阳可以通过加强导游培训、提供多语种旅游信息、提升旅游安全保障水平，提升游客满意度。再次，政府的政策支持是推动旅游业发展的重要动力。松阳可以通过出台旅游发展规划、提供资金和政策支持、鼓励社会资本参与等方式，支持文化生态旅游的发展。最后，品牌建设是提升旅游吸引力和市场竞争力的关键。松阳可以通过打造特色旅游品牌、开展宣传推广活动、提升旅游知名度和美誉度，吸引更多游客前来旅游。

## 三、文化生态旅游对经济发展的作用

**1. 拉动地方经济增长**

文化生态旅游作为一种新型的旅游形式，可以有效拉动地方经济增长。通过吸引游客，松阳的旅游收入不仅直接为当地带来经济效益，还可以通过增加游客数量，推动地方商业活动的全面发展。例如，伴随游客涌入，餐饮、手工艺品、特产店等本地企业将迎来更大的市场需求。同时，积极举办文化节庆活动和旅游活动，能够吸引媒体的关注，提升地方的知名度，进一步增强经济增长的驱动力。随着游客消费增加，当地的就业机会也随之上升，吸引青年人才回流，为社区注入新鲜血液，并激发他们创业的热情。

**2. 优化产业结构**

文化生态旅游不仅可以刺激餐饮、住宿等传统行业的发展，还可以推动创意产业的崛起。随着游客的增加，松阳可以围绕地方特色发展文化创意产业，如手工艺品制作、传统文化表演、地方特色产品开发等，这些均可以为当地经济注入新的活力。此外，文化生态旅游还会促进农业的转型升级，发展农业观光、农事体验等新兴业态，提升农业的附加值，从而优化整个产业结构，提高经济的整体质量。

**3. 提升地方知名度和美誉度**

文化生态旅游的发展有助于提升地方的知名度和美誉度。为了更好地展示松阳的自然和文化资源，当地政府可以通过建立文化旅游品牌、优化旅游宣传策略以及利用社交媒体进行多渠道推广来吸引更广泛的游客。此外，可以结合松阳的季节性特色及文化活动，策划一系列旅游活动和节庆，增加地方的曝光率，吸引媒体报道，进而提升松阳在国内外旅游市场的地位。当游客对松阳的文化多样性和自然美景产生深刻印象时，将会进一步促进游客的回访和口碑传播。

**4. 增强地方文化认同和凝聚力**

文化生态旅游的发展通过强调地方特色文化的保护和传承，能够增强居民对本土文化的认同感和自豪感。例如，鼓励当地社区参与文化活动以及旅游项目的开发，能够提升居民对于自己文化和自然遗产的关注与热爱。通过文化生态旅游的深度参与，社区成员之间的互动和合作也将得到增强，进而促进乡村内的社交关系和环境的和谐。这种文化认同和凝聚力，不仅能够提升社区整体幸福感，也为旅游活动的可持续发展提供了强大的社会支持。

## 四、松阳文化生态旅游资源的经济价值评估

松阳具有丰富的文化生态旅游资源，这些资源为松阳发展文化生态旅游奠定了良好的基础。在资源基础、市场需求和产业支持等多方面的共同作用下，松阳文化生态旅游具有广阔的发展前景。通过科学规划和合理利用这些资源，完善旅游基础设施和服务体系，开展品牌建设和市场推广，松阳可以有效推动文化生态旅游的发展，进而促进地方经济的全面发展。政府的政策支持、企业的积极参与和社会各界的共同努力，将起到至关重要的作用。通过全方位的综合发展，松阳必将成为文化生态旅游的典范，为地方经济的可持续发展提供强劲动力。文化生态旅游资源的经济价值评估是了解其对地方经济贡献的重要手段。通过量化这些资源的经济价值，可以更好地制定相关政策，推动旅游业的可持续发展。

**1. 文化生态旅游的深度融合**

松阳县以其丰富而多样的文化生态旅游资源著称，这些资源主要可以划分为物质文化遗产、非物质文化遗产和自然生态资源三大类，每类资源都蕴含着独特的经济价值。物质文化遗产，如传统村落、古建筑和历史遗址，不仅承载着深厚的历史文化，也因其独特的旅游吸引力成为游客探访的热点。非物质文化遗产，如传统工艺、民俗活动和戏曲等，通过旅游活动的展示，能直接促进当地旅游消费，并增强游客对当地文化的体验和感知。自然生态资源，包括山川河流、田园风光和森林草原等，为生态旅游提供了得天独厚的基础条件，吸引游客前往体验自然景观的壮丽和生态环境的宁静。这些资源的综合利用，不仅提升了松阳县的旅游吸引力，也为当地经济发展注入了新的活力。松阳县继续依托其丰富的文化与生态资源，积极推进文化旅游和生态旅游的深度融合，实现从传统观光旅游向休闲度假、文化体验、生态探索等多功能综合旅游的转型升级。例如，通过复原和利用古建筑，松阳可以发展特色民宿和体验式住宿，不仅保护了历史文化遗产，也为游客提供了独特的居住和文化体验。同时，松阳可以通过举办传统节日、文化节庆和非遗展览等活动，增强当地社区的文化凝聚力和

旅游吸引力，进一步凸显非物质文化遗产的活力与魅力。在自然生态资源方面，松阳可以建设生态步道、观景平台和安全便捷的露营设施，促进森林浴、田园采摘、农家乐等活动的开展，让游客在亲身体验中感受大自然的馈赠与乡村的静谧。这些举措不仅将增强文化生态旅游的互动性和参与感，也将为松阳的可持续发展提供强大的经济支撑和文化动力。通过系统策划和持续推广，松阳有潜力成为国内乃至国际知名的文化生态旅游目的地，吸引更多国内外游客前来观光、度假和学习，为地方经济和社会发展注入新的活力。

**2. 文化生态旅游资源的直接经济价值**

直接经济价值主要通过旅游消费体现，包括门票收入、住宿、餐饮、购物等各类旅游相关消费。为了评估这些资源的直接经济价值，本书采用以下数学模型：

$$V_d = \sum_{i=1}^{n} (N_i \times E_i) \tag{6-1}$$

其中，$V_d$ 表示文化生态旅游资源的直接经济价值，$N_i$ 表示第 $i$ 类资源的游客数量，$E_i$表示第 $i$ 类资源的游客人均消费，$n$ 表示资源的类别数量。

**3. 文化生态旅游资源的间接经济价值**

间接经济价值包括对相关产业的拉动效应，如交通运输、手工艺品销售等。可以通过投入产出模型进行评估：

$$V_i = \sum_{j=1}^{m} (C_j \times I_{ij}) \tag{6-2}$$

其中，$V_i$ 表示文化生态旅游资源的间接经济价值，$C_j$ 表示第 $j$ 类相关产业的总产值，$I_{ij}$表示第 $i$ 类资源对第 $j$ 类产业的拉动系数，$m$ 表示相关产业的数量。

**4. 综合经济价值评估**

综合经济价值评估需要将直接经济价值和间接经济价值相加：

$$V_t = V_d + V_i \tag{6-3}$$

其中，$V_t$表示文化生态旅游资源的综合经济价值。

通过上述评估模型，可以定量分析松阳文化生态旅游资源的经济贡献，为政策制定提供依据。

## （一）松阳文化生态旅游资源的投入产出分析

投入产出分析是了解文化生态旅游资源对地方经济影响的重要工具。通过构建投入产出表，可以分析旅游业与其他产业之间的经济联系和相互作用。

**1. 投入产出表的构建**

构建投入产出表需要收集各产业的生产和消费数据。以松阳为例，假设我们将经济分为旅游业、农业、制造业、服务业等主要产业。投入产出表的形式如表6－1所示。

**表6－1　松阳经济的投入—产出表分析**

| 产业 | 旅游业 | 农业 | 制造业 | 服务业 | 最终消费 | 总产值 |
|---|---|---|---|---|---|---|
| 旅游业 | $a_{11}$ | $a_{12}$ | $a_{13}$ | $a_{14}$ | $y_1$ | $x_1$ |
| 农业 | $a_{21}$ | $a_{22}$ | $a_{23}$ | $a_{24}$ | $y_2$ | $x_2$ |
| 制造业 | $a_{31}$ | $a_{32}$ | $a_{33}$ | $a_{34}$ | $y_3$ | $x_3$ |
| 服务业 | $a_{41}$ | $a_{42}$ | $a_{43}$ | $a_{44}$ | $y_4$ | $x_4$ |
| 总消费 | $x_1$ | $x_2$ | $x_3$ | $x_4$ | | |

其中，$a_{ij}$表示第$i$产业对第$j$产业的投入，$y_i$表示第$i$产业的最终消费，$x_i$表示第$i$产业的总产值。

**2. 投入产出分析模型**

通过投入产出表，可以构建投入产出模型：

$$X = AX + Y \tag{6-4}$$

其中，$X$表示各产业的总产值向量，$A$表示投入系数矩阵，$Y$表示各产业的最终消费向量。该方程可以转化为：

$$X = (I - A)^{-1}Y \tag{6-5}$$

其中，$I$为单位矩阵，$(I - A)^{-1}$为莱昂惕夫逆矩阵。

**3. 松阳文化生态旅游资源的投入产出效应分析**

通过投入产出模型，可以分析文化生态旅游资源对其他产业的拉动效应。假设松阳旅游业的最终消费增加$\Delta Y_t$，则各产业的总产值变化为：

$$\Delta X = (I - A)^{-1} \Delta Y_t \tag{6-6}$$

通过计算 $\Delta X$，可以量化旅游业增长对其他产业的带动效应。

### （二）文化生态旅游资源对松阳经济增长的贡献分析

文化生态旅游资源对地方经济增长的贡献可以通过多种途径实现，包括增加就业、提升收入、促进产业结构优化等。为了系统分析这些贡献，可以采用多种经济学模型和方法。

**1. 就业和收入效应分析**

文化生态旅游的发展能够直接和间接创造就业机会，并提升地方居民收入。通过构建就业和收入效应模型，可以量化这一贡献。

**2. 产业结构优化分析**

文化生态旅游的发展能够促进地方产业结构优化，提高经济的整体竞争力。通过构建产业结构优化模型，可以分析文化生态旅游对地方经济结构的调整作用。

（1）就业和收入效应分析。

为了量化文化生态旅游资源对松阳就业和收入的影响，我们可以采用乘数效应模型。该模型基于旅游支出的直接、间接和诱发效应，评估其对地方经济的综合贡献。

（2）乘数效应模型。

旅游乘数效应模型可以表示为：

$$M = \frac{\Delta Y}{\Delta T} \tag{6-7}$$

其中，$M$ 表示乘数效应，$\Delta Y$ 表示收入的变化，$\Delta T$ 表示旅游支出的变化。进一步，我们可以将乘数效应分为直接、间接和诱发效应。其中，直接效应表示旅游支出直接带来的收入和就业增长；间接效应表示旅游业对供应链上下游产业的拉动效应；诱发效应表示为旅游收入增加带来的消费支出增长，从而进一步促进经济增长。通过实地调查和数据收集，可以估算松阳文化生态旅游的各类乘数效应。

（3）模型应用实例。

通过调查得知，松阳文化生态旅游每年新增旅游支出为5000万元，直接创造就业岗位2000个，带动相关产业间接创造就业岗位1500个。则可以计算直接和间接乘数效应：

$$M_d = \frac{2000}{5000} = 0.4 \tag{6-8}$$

$$M_i = \frac{1500}{5000} = 0.3 \tag{6-9}$$

总乘数效应为：

$$M_t = M_d + M_i = 0.4 + 0.3 = 0.7 \tag{6-10}$$

通过上述计算，可以量化文化生态旅游对松阳就业和收入的贡献。

**3. CGE 模型分析**

可计算一般均衡（CGE）模型是一种复杂的经济分析工具，用于模拟经济体中各部门的互动和反馈机制，提供对政策和外部冲击的全面评估。CGE模型基于投入产出表和社会核算矩阵（SAM），包括生产、消费、贸易和市场平衡等多个部分。假设松阳经济包括旅游业、农业、制造业、服务业四个主要部门，以下是详细的CGE模型构建过程和应用实例。

（1）生产函数。

各部门的生产函数描述了投入要素（资本 $K$ 和劳动 $L$）如何转化为产出 $Y$：

$$Y_i = A_i \cdot f(K_i, L_i) \tag{6-11}$$

其中，$Y_i$是第 $i$ 部门的产出，$A_i$ 是技术水平，$K_i$和 $L_i$ 分别是资本和劳动投入。常用的生产函数形式包括Cobb－Douglas生产函数：

$$Y_i = A_i \cdot K_i^{\alpha_i} \cdot L_i^{\beta_i} \tag{6-12}$$

其中，$\alpha_i$和 $\beta_i$是资本和劳动的产出弹性，满足 $\alpha_i + \beta_i = 1$。

（2）消费函数。

居民和政府的消费行为可以用效用最大化模型描述。假设居民的效用函数为Cobb－Douglas形式：

$$U = \prod_i C_i^{\gamma_i} \tag{6-13}$$

其中，$C_i$ 是第 $i$ 类商品的消费量，$\gamma_i$ 是消费偏好参数，满足 $\sum\gamma_i = 1$。

（3）贸易函数。

国内市场与国际市场的互动通过贸易函数描述，考虑到出口 $X_i$ 和进口 $M_i$ 的影响：

$$X_i = B_i \cdot (P_i^E / P^W)^{\sigma_i} \tag{6-14}$$

$$M_i = D_i \cdot (P^W / P_i^M)^{\epsilon_i} \tag{6-15}$$

其中，$P_i^E$ 和 $P_i^M$ 分别是第 $i$ 部门的出口和进口价格，$P^W$ 是世界市场价格，$\sigma_i$ 和 $\epsilon_i$ 是价格弹性。

（4）市场平衡。

市场平衡条件确保各市场的供需平衡：

$$Y_i = C_i + I_i + G_i + X_i - M_i \tag{6-16}$$

其中，$I_i$ 是投资需求，$G_i$ 是政府消费。

**4. CGE 模型的参数设定与校准**

模型参数包括生产弹性、消费倾向、价格弹性等。通过实地调查和文献数据，可以估算这些参数，并进行校准。收集松阳各部门的产出、投入、消费、贸易等数据，构建投入产出表和社会核算矩阵（SAM）。此外，通过计量经济学方法估算生产函数的弹性参数（$\alpha_i$ 和 $\beta_i$）、消费偏好参数（$\gamma_i$）和贸易弹性参数（$\sigma_i$ 和 $\epsilon_i$）。通过 CGE 模型模拟，可以评估松阳文化生态旅游对地方经济的全面影响。以下是一个具体应用实例。

（1）模拟政策冲击。

假设通过政策支持，松阳文化生态旅游业的投资增加 10%。模型可以模拟该投资增长对各部门产出、收入和就业的影响。

（2）计算冲击效应。

通过求解 CGE 模型，计算各部门的产出变化 $\Delta Y_i$、就业变化 $\Delta L_i$ 和收入变化 $\Delta I_i$。将模拟结果与基准情景（无政策变化）进行比较，分析政策冲击对经济的影响。假设松阳的经济体包括旅游业（Tourism，T）、农业（Agriculture，A）、制造业（Manufacturing，M）和服务业（Services，S）。CGE 模型的基本方程和参数如下：

①生产函数（Cobb－Douglas 形式）。

$$Y_T = A_T \cdot K_T^{0.3} \cdot L_T^{0.7} \tag{6-17}$$

$$Y_A = A_A \cdot K_A^{0.4} \cdot L_A^{0.6} \tag{6-18}$$

$$Y_M = A_M \cdot K_M^{0.5} \cdot L_M^{0.5} \tag{6-19}$$

$$Y_S = A_S \cdot K_S^{0.2} \cdot L_S^{0.8} \tag{6-20}$$

②消费函数（Cobb－Douglas 效用函数）。

$$U = C_T^{0.3} \cdot C_A^{0.2} \cdot C_M^{0.3} \cdot C_S^{0.2} \tag{6-21}$$

③贸易函数。

假设出口和进口的价格弹性分别为：

$\sigma_T = 0.8$，$\sigma_A = 0.7$，$\sigma_M = 0.9$，$\sigma_S = 0.6$

$\epsilon_T = 0.7$，$\epsilon_A = 0.6$，$\epsilon_M = 0.8$，$\epsilon_S = 0.5$

④市场平衡条件。

$$Y_T = C_T + I_T + G_T + X_T - M_T \tag{6-22}$$

$$Y_A = C_A + I_A + G_A + X_A - M_A \tag{6-23}$$

$$Y_M = C_M + I_M + G_M + X_M - M_M \tag{6-24}$$

$$Y_S = C_S + I_S + G_S + X_S - M_S \tag{6-25}$$

模拟政策冲击，假设旅游业的投资增加 10%，即 $\Delta I_T = 0.1 \times I_T$。通过求解上述方程，可以得到各部门的产出变化 $\Delta Y_i$、就业变化 $\Delta L_i$ 和收入变化 $\Delta I_i$。模型的求解过程可以通过编程软件如 GAMS、MATLAB 或 R 等进行。

为了用 *Matlab* 求解上述 CGE 模型，首先需要定义模型的参数和方程，然后通过 *Matlab* 的求解工具（如 *fsolve*）进行求解。以下是详细的 *Matlab* 代码示例。

```matlab
% 清空环境变量
clear;
clc;
% 设定模型参数
A_T = 1; A_A = 1; A_M = 1; A_S = 1;
```

```
alpha_T = 0. 3; beta_T = 0. 7;
alpha_A = 0. 4; beta_A = 0. 6;
alpha_M = 0. 5; beta_M = 0. 5;
alpha_S = 0. 2; beta_S = 0. 8;
gamma_T = 0. 3; gamma_A = 0. 2; gamma_M = 0. 3; gamma_S = 0. 2;
sigma_T = 0. 8; sigma_A = 0. 7; sigma_M = 0. 9; sigma_S = 0. 6;
epsilon_T = 0. 7; epsilon_A = 0. 6; epsilon_M = 0. 8; epsilon_S = 0. 5;
%初始投资水平
I_T = 100; I_A = 100; I_M = 100; I_S = 100;
%初始消费水平
C_T = 100; C_A = 100; C_M = 100; C_S = 100;
%其他初始值
G_T = 50; G_A = 50; G_M = 50; G_S = 50;
X_T = 20; X_A = 20; X_M = 20; X_S = 20;
M_T = 10; M_A = 10; M_M = 10; M_S = 10;
%定义生产函数
Y_T = @(K_T, L_T) A_T * K_T^alpha_T * L_T^beta_T;
Y_A = @(K_A, L_A) A_A * K_A^alpha_A * L_A^beta_A;
Y_M = @(K_M, L_M) A_M * K_M^alpha_M * L_M^beta_M;
Y_S = @(K_S, L_S) A_S * K_S^alpha_S * L_S^beta_S;
%投资增加10%
I_T_new = 1. 1 * I_T;
%定义求解函数
fun = @(x) [
    Y_T (x(1), x(2)) - (C_T + I_T_new + G_T + X_T - M_T);
    Y_A (x(3), x(4)) - (C_A + I_A + G_A + X_A - M_A);
    Y_M (x(5), x(6)) - (C_M + I_M + G_M + X_M - M_M);
    Y_S (x(7), x(8)) - (C_S + I_S + G_S + X_S - M_S);
];
```

```
%初始猜测值
x0 = [50, 50, 50, 50, 50, 50, 50, 50];
%使用 fsolve 求解
options = optimoptions ('fsolve', 'Display', 'iter');
[x, fval, exitflag] = fsolve(fun, x0, options);
%结果输出
K_T_sol = x(1);
L_T_sol = x(2);
K_A_sol = x(3);
L_A_sol = x(4);
K_M_sol = x(5);
L_M_sol = x(6);
K_S_sol = x(7);
L_S_sol = x(8);
disp ('解得的结果为:');
disp (['旅游业资本投入 K_T =', num2str (K_T_sol)]);
disp (['旅游业劳动投入 L_T =', num2str (L_T_sol)]);
disp (['农业资本投入 K_A =', num2str (K_A_sol)]);
disp (['农业劳动投入 L_A =', num2str (L_A_sol)]);
disp (['制造业资本投入 K_M =', num2str (K_M_sol)]);
disp (['制造业劳动投入 L_M =', num2str (L_M_sol)]);
disp (['服务业资本投入 K_S =', num2str (K_S_sol)]);
disp (['服务业劳动投入 L_S =', num2str (L_S_sol)]);
```

CGE 模型通过模拟经济体中各部门的互动和反馈机制，提供对政策和外部冲击的综合评估。通过构建生产函数、消费函数、贸易函数和市场平衡条件，可以量化文化生态旅游对地方经济的全面影响。在应用实例中，通过模拟旅游业投资增加的情景，分析其对松阳经济的多维度影响，提供政策制定的科学依据。在实际应用中，需要结合具体的数据和参数，进行详细的模型校准和求解，以确保结果的准确性和可靠性。

总之，本节通过文化生态旅游资源的经济价值评估、投入产出分析和经济增长贡献分析，系统探讨了松阳文化生态旅游资源的经济基础。通过复杂的数学模型和实证分析，可以量化文化生态旅游对地方经济的多方面贡献，为松阳文化生态旅游的可持续发展提供理论支持和实践指导。在下一步研究中，可以进一步深入探讨文化生态旅游的发展策略和优化路径，为松阳的经济和社会发展贡献更大的力量。

## 第二节 松阳文化旅游的经济效益研究

松阳，这座历史悠久、文化厚重的浙江省县城，以其深厚的文化底蕴和优美的自然景观，吸引着越来越多的游客。在这样的背景下，文化旅游作为推动地方经济发展的重要手段，已成为松阳经济增长的新引擎。近年来，松阳县政府大力推动文化旅游发展，通过整合文化资源、提升旅游基础设施和服务质量，积极响应国家全域旅游的发展战略，实现了显著的经济效益。本节旨在探讨松阳文化旅游的经济效益，从整体上揭示其对地方经济发展的驱动作用和实现路径。松阳文化旅游的经济效益主要体现在多个方面。首先是直接经济效益，包括旅游收入和相关产业的经济收益。文化旅游业带来的游客消费，直接增加了地方的旅游收入，并通过住宿、餐饮、购物等产业链的延伸，进一步拉动了当地经济的发展。松阳丰富的文化资源，如传统村落、历史古迹、非物质文化遗产等，吸引了大量旅游者，从而显著提升了地方的经济收入。因此，文化旅游成为促进松阳经济增长的重要引擎。其次是间接经济效益，文化旅游的持续发展带动了配套基础设施和服务业的全面提升。旅游基础设施的完善，不仅提高了游客的旅游体验和满意度，也提升了地方居民的生活质量。优质的基础设施和良好的公共服务体系，促进了地方的投资环境优化，吸引更多的投资和项目落地，这些间接效益为松阳的长远经济增长奠定了坚实的基础。

此外，文化旅游还带来了动态经济效益，通过文化的软实力提升地方品牌形象和知名度。松阳通过举办各类文化节庆活动，如松阳诗词大会、民俗文化节等，不仅丰富了旅游产品的内涵，也提升了地方的文化影响力和吸引力。在媒体的广泛宣传和口碑传播中，松阳的文化旅游品牌得到了大幅提升，进一步促进了游客的数量增长和旅游收入的增加。同时，文化旅游的发展带动了文创产品的发展，文化产业链的延伸使松阳经济呈现出多元化和高附加值的特征。值得一提的是，文化旅游的发展不仅促进了经济效益，也在社会效益上取得了显著成效。通过一系列的文化旅游活动和项目实施，松阳实现了文化遗产的保护与传承，增强了地方居民的文化认同感和自豪感。在旅游业的蓬勃发展中，更多的就业机会和创业机遇涌现，提升了地方居民的收入水平和生活质量。文化旅游的综合效益由此显现，不仅促进了地方经济发展，也推动了社会和谐与进步。

综上所述，松阳文化旅游经济效益研究展示了文化旅游在地方经济发展中的重要作用。通过深入分析文化旅游所带来的直接、间接和动态经济效益，我们可以更好地理解其对地方经济的多层次影响和长远价值。研究松阳文化旅游的经济效益，不仅有助于揭示文化旅游发展中的成功经验和实践路径，也为其他地区文化旅游发展提供了有益的借鉴和参考。未来，随着文化旅游不断深入推进，松阳将迎来更加广阔的发展前景，继续发挥文化旅游在经济增长中的重要作用。

## 一、旅游业的直接经济效益

松阳作为一个具有深厚文化底蕴和丰富旅游资源的地区，对其文化旅游业的经济效益的研究具有重要意义。本节将通过构建数学模型，从三个主要方面对松阳文化旅游的经济效益进行详细阐述：旅游业的直接经济效益、间接经济效益以及综合经济效益。每一部分将深入探讨各自的构成要素和影响因素，并结合实际数据进行详细分析。

**1. 模型构建**

旅游业的直接经济效益主要包括旅游收入、就业机会和税收贡献。我们可以通过以下数学模型来定量分析这些效益：

$$E_D = R_T + W_E + T_C \tag{6-26}$$

其中，$E_D$ 表示旅游业的直接经济效益，$R_T$ 表示旅游收入，$W_E$表示就业带来的工资收入，$T_C$表示税收贡献。

（1）旅游收入 $R_T$。

旅游收入是直接经济效益的主要组成部分，主要来自游客在景区、住宿、餐饮、购物等方面的花费。假设松阳的游客数量为 $V$，游客的平均花费为 $S$，则旅游收入可以表示为：

$$R_T = V \times S \tag{6-27}$$

在实际应用中，我们可以进一步将游客划分为不同类别，如国内游客和国际游客，并分别计算其花费：

$$R_T = (V_{domestic} \times S_{domestic}) + (V_{international} \times S_{international}) \tag{6-28}$$

（2）就业机会和工资收入 $W_E$。

旅游业的发展直接带动了当地的就业机会，特别是在酒店、餐饮、零售、交通等行业。假设旅游业直接创造的就业岗位数量为 $J$，每个岗位的平均工资为 $W$，则工资收入可以表示为：

$$W_E = J \times W \tag{6-29}$$

此外，还可以考虑旅游业带动的间接就业岗位及其收入。

（3）税收贡献 $T_C$。

税收贡献主要来自旅游企业和相关服务业缴纳的各种税收，如增值税、企业所得税、个人所得税等。假设旅游相关企业的总收入为 $R$，税率为 $k$，则税收贡献可以表示为：

$$T_C = R \times k \tag{6-30}$$

**2. 模型分析**

（1）旅游收入的影响因素。

游客数量和平均花费是影响旅游收入的两个关键因素。游客数量受到景区吸引力、宣传力度、交通便利性等多方面的影响；平均花费则与游客的消费水平、消费习惯和当地旅游资源的质量等密切相关。

（2）就业机会和工资收入的影响因素。

旅游业带动的就业机会主要集中在服务业，岗位数量与游客数量和服务需求密切相关。工资水平则受到当地经济水平、劳动力市场状况和企业盈利能力的影响。

（3）税收贡献的影响因素。

税收贡献主要取决于与旅游相关企业的收入和税率水平。政府可以通过合理的税收政策激励旅游业发展，从而增加税收收入。

**3. 数据分析与实证研究**

为了验证模型的有效性，我们可以通过实际数据进行分析。以松阳为例，假设在某一年内，松阳接待国内游客 100 万人次，国际游客 10 万人次，国内游客平均花费 2000 元，国际游客平均花费 5000 元。旅游业直接创造就业岗位 5000 个，平均工资 30000 元。旅游相关企业总收入 10 亿元，税率为 15%。

根据模型计算：

$$R_T = (100 \times 10^4 \times 2000) + (10 \times 10^4 \times 5000) = 2 \times 10^9 + 0.5 \times 10^9 = 2.5 \times 10^9 \quad (6-31)$$

$$W_E = 5000 \times 30000 = 1.5 \times 10^8 \quad (6-32)$$

$$T_C = 10 \times 10^8 \times 0.15 = 1.5 \times 10^8 \quad (6-33)$$

$$E_D = 2.5 \times 10^9 + 1.5 \times 10^8 + 1.5 \times 10^8 = 2.8 \times 10^9 \quad (6-34)$$

通过上述计算，我们可以得出松阳文化旅游的直接经济效益为 28 亿元。

## 二、旅游业的间接经济效益

**1. 模型构建**

旅游业的间接经济效益主要包括旅游业对其他行业的带动作用和经济乘数效应。我们可以通过以下数学模型来定量分析这些效益：

$$E_I = M \times E_D \quad (6-35)$$

其中，$E_I$ 表示旅游业的间接经济效益，$M$ 表示旅游经济乘数，$E_D$ 表示旅游业的直接经济效益。

### 2. 经济乘数效应

经济乘数效应指的是旅游收入在经济系统内经过多次流通和再投资所产生的总效应。经济乘数的大小受多种因素影响，包括当地经济结构、产业关联度和资金流通速度等。

假设旅游经济乘数为 $M$，则间接经济效益可以表示为：

$$E_I = M \times E_D \tag{6-36}$$

### 3. 模型分析

（1）旅游经济乘数的影响因素。

旅游经济乘数是衡量旅游业对地方经济影响的重要指标，其受到多种因素的影响。首先，产业关联度是影响旅游经济乘数的重要因素之一，旅游业与其他行业的关联度越高，经济乘数效应便越强。例如，旅游业不仅直接推动了餐饮、交通和住宿等相关行业的发展，还能促进零售、文化创意和服务业的增长，形成良好的产业联动效应。其次，资金流通速度在旅游经济乘数中也扮演了关键角色，资金在经济系统内流通的速度越快，意味着游客产生的消费能够迅速转化为地方经济中的再投入，从而加大乘数效应的显著性。此外，地方经济结构的多元化同样影响旅游经济乘数的大小。当地方经济结构较为多元化时，旅游业的间接带动效应会更为显著，因为多样化的产业可以更好地吸收、传导和再分配旅游业所带来的经济收益，从而促进整体经济的健康发展。综合来看，提升旅游经济乘数效应需要加强旅游业与相关产业的深度融合，优化资金的流通与配置，并推动地方经济结构的多元化发展，以实现旅游业对地方经济的最大化促进。

（2）实证分析。

为了验证模型的有效性，我们可以通过实际数据进行分析。假设松阳的旅游经济乘数为1.5，即每单位的旅游收入可以带动1.5倍的其他行业收入。根据第一部分的直接经济效益计算结果，松阳文化旅游的间接经济效益可以表示为：

$E_I = 1.5 \times 2.8 \times 10^9 = 4.2 \times 10^9$。

通过上述计算，我们可以得出松阳文化旅游的间接经济效益为42亿元。

**4. 间接经济效益的具体表现**

（1）对相关产业的带动作用。

旅游业的发展在现代经济中扮演着举足轻重的角色，其广泛而深远的带动效应显著促进了多个相关产业的共同繁荣。首先，餐饮业作为旅游业的重要组成部分，直接受益于游客对餐饮服务的旺盛需求。随着游客数量的增加，餐馆、咖啡馆、小吃摊等各类餐饮场所的业务量显著上升，不仅提升了餐饮业的整体收入水平，也创造了大量的就业岗位。其次，交通运输业同样从旅游业的蓬勃发展中获得了显著的推动。无论是国内游客还是国际游客，其出行需求都极大促进了航空、铁路、公路以及城市公共交通等不同交通方式的发展，增加了运输服务的需求量和经济收益。此外，零售业也是旅游业的直接受益者之一。游客在旅游过程中往往会有购物需求，尤其是购买当地特产、纪念品和时尚产品，这显著带动了零售业的发展，增加了相关商品的销售量，并促进了零售业的多元化和现代化。综合来看，旅游业不仅对餐饮、交通、零售等产业产生了显著的直接拉动效应，还在更广泛的层面上促进了区域的经济发展和就业增长。

（2）对地方经济的促进作用。

旅游业的发展在松阳县这一特定的地理和社会经济环境中，不仅直接带动了餐饮、交通和零售等相关产业的繁荣，还通过资金的多次流通和再投资，促进了地方经济的全面发展。首先，旅游业的发展迫切需要完善的基础设施作为支撑。松阳县通过加大对交通设施、旅游服务设施以及公共设施的投资，不仅提升了旅游业的服务质量和游客体验，还间接推动了地方经济的增长。例如，新建或改善的道路、交通枢纽、酒店和游客中心等基础设施，不仅满足了游客的需求，也为当地居民提供了更加便捷的生活条件，增强了区域发展的可持续性。其次，旅游业的发展显著增加了当地的就业机会，并提高了居民的整体收入水平。随着餐饮业、交通运输业、零售业及旅游服务业的兴起，更多的居民得以在这些行业中获得就业机会，带动了家庭收入的增加。收入的提高进一步提升了居民的消费能力和生活质量，从而促进了本地市场的活跃和经济的内生增长。此外，居民收入的增加还推动了住房、教育、健康等配套服务业的发展，为松阳经济的多元化和可持续性奠定了坚实基础。综上所述，松阳县旅游业的发展通过基础设施建设、就业机会的创造以及居民收入的提升，不仅直接推动了相关产业的快速增长，还通过资金的多次流通和再投资，全面促进了地方经济的持续健康发展。这种综合效应不仅提升了地方的整体经济实力，也为实现区域经济的均衡和可持续发展提供了有力的支撑。

（3）社会效益。

旅游业的发展在松阳县不仅带来了显著的经济效益，还创造了多方面的社会效益，这些综合效应深刻影响着当地的社会文化及生态环境。首先，文化旅游的兴起促进了地方文化的广泛传播和深度交流，使得松阳的独特文化遗产得以走向全国乃至全球，提高了地方的知名度和美誉度。游客的到来不仅激发了当地居民对传统文化的自豪感，也推动了非物质文化遗产的保护与传承工作。通过举办各类文化旅游活动、节庆和展览，松阳县成功地将本土文化转化为旅游资源，吸引了大量游客前来体验和学习，从而在文化交流层面促进了地方的社会凝聚力和文化自信心的提升。其次，旅游业的发展促进了环境保护和生态文明建设的推进。在可持续旅游理念的引导下，松阳县的地方政府和企业更加重视环境保护，积极采取各项措施来减少旅游活动对环境的影响。例如，通过推广绿色旅游，倡导游客采取环保行为，松阳县的生态环境保护取得了显著成效。同时，旅游业的发展也带动了生态修复和环境改善项目的投入，如植树造林、湿地保护和生态区的建设等，这些努力不仅提升了旅游目的地的环境质量，也为当地居民创造了更加宜居的生活环境。可见，松阳县旅游业的发展不仅在经济层面带动了地方的繁荣，还在社会文化和生态环境方面产生了深远的影响。通过文化传播，旅游业增强了地方的文化认同感和吸引力；通过环境保护，旅游业促进了生态文明建设的实践与推广。这些综合效应不仅提升了松阳县的整体发展水平，也为实现经济、社会和环境的协调与可持续发展提供了宝贵的经验。

## 三、旅游业的综合经济效益

### 1. 模型构建

综合经济效益是直接经济效益和间接经济效益的总和，同时还包括旅游业对经济结构优化、收入分配改善和社会福利提升等方面的综合效益。我们可以通过以下数学模型来定量分析这些效益：

$$E_C = E_D + E_I + E_S \tag{6-37}$$

其中，$E_C$ 表示旅游业的综合经济效益，$E_S$ 表示旅游业带来的社会效益。

**2. 社会效益**

旅游业的社会效益主要包括收入分配的改善、社会福利的提升和文化保护等方面。

（1）收入分配的改善。

旅游业的发展可以带动当地居民收入的增加，特别是低收入群体的收入，提高了收入分配的公平性。假设旅游业带动的低收入群体收入增加为 $\Delta Y_L$，中高收入群体收入增加为 $\Delta Y_H$，则收入分配改善效益可以表示为：

$$E_S^{income} = \Delta Y_L + \Delta Y_H \tag{6-38}$$

（2）社会福利的提升。

旅游业的发展还带来了社会福利的提升，包括就业机会的增加、公共服务的改善和居民生活质量的提高。假设旅游业带来的社会福利提升效益为 $E_S^{welfare}$，则可以表示为：

$$E_S^{welfare} = \Delta J + \Delta P + \Delta Q \tag{6-39}$$

其中，$\Delta J$ 表示就业机会的增加，$\Delta P$ 表示公共服务的改善，$\Delta Q$ 表示居民生活质量的提高。

（3）文化保护。

文化旅游促进了地方文化的保护和传承，提高了文化资源的利用率和社会价值。假设文化保护效益为 $E_S^{culture}$，则可以表示为：

$$E_S^{culture} = \alpha \times V \tag{6-40}$$

其中，$\alpha$ 表示文化保护效益系数，$V$ 表示游客数量。

**3. 综合经济效益分析**

通过将直接经济效益、间接经济效益和社会效益相加，我们可以得到旅游业的综合经济效益。假设松阳文化旅游的社会效益为 10 亿元，根据前两部分的计算结果：

$$E_C = 2.8 \times 10^9 + 4.2 \times 10^9 + 1 \times 10^9 = 8 \times 10^9 \quad (6-41)$$

通过上述计算，我们可以得出松阳文化旅游的综合经济效益为 80 亿元。

**4. 综合效益的具体表现**

（1）经济结构优化。

旅游业的发展在松阳促进了地方经济结构的显著优化，尤其推动了第三产业的蓬勃发展，增强了经济的多元化和抗风险能力。具体而言，随着旅游业的兴起，第三产业的比重不断增加，为松阳的经济结构注入了新的活力。这种变化不仅提升了第三产业在区域经济中的重要性，还推动了相关行业的协同发展，形成了良好的产业生态。同时，旅游业的快速发展带动了产业链的延伸，促进了餐饮、交通、零售以及文化产业等相关产业的崛起。这种产业链的延伸使得松阳的产业附加值显著提高，从而增强了经济的整体竞争力，为有效应对外部风险提供了坚实的基础。

（2）收入分配改善。

旅游业的发展在松阳显著改善了收入分配的公平性，特别是通过增加低收入群体的收入水平。首先，随着旅游业的壮大，大量就业机会相继涌现，尤其是在服务业领域，为当地居民提供了丰富的就业选择。这一现象不仅为低收入群体带来了稳固的收入来源，还进一步促进了社会的整体经济活力。同时，随着经济的整体发展，居民的收入水平得到了明显提高，形成了收入分配的良性循环。增加的收入使更多家庭能够享受到更高品质的生活，并增强了他们对本地经济可持续发展的信心。这种改善不仅促进了社会的和谐发展，也为松阳的长远发展奠定了良好的基础。

（3）社会福利提升。

旅游业的发展直接提升了松阳的社会福利，极大改善了居民的生活质量。随着游客数量的增加，地方政府在旅游业带动下加大了对公共服务的投入，包括交通、医疗、教育等领域的设施改善。这种投入不仅提高了公共服务的水平，也在很大程度上提升了居民的生活便利性。同时，旅游业的发展也推动了地方经济的繁荣，使得居民的消费水平得以稳步提升。随着收入的增加，居民在教育、健康、文化等方面的支出也有所增加，进一步提升了他们的生活质量。整体而言，旅游业的蓬勃发展为松阳的社会福利带来了良好的促进作用，为实现可持续发展目标贡献了积极力量。

（4）文化保护。

文化旅游在松阳的快速发展有力地促进了地方文化的保护与传承，提升了文化资源的利用率和社会价值。首先，随着旅游业的发展，地方政府和企业对文化遗产的保护愈加重视，积极开展了一系列文化遗产保护工作。这些保护措施不仅确保了历史文化的延续，还为旅游业的发展提供了丰富的文化内涵，吸引了大量游客前来体验和欣赏地方的历史文化。其次，文化旅游的兴起促进了松阳地方文化的传播与交流，提升了其在国内外的知名度和美誉度。通过文化节、风俗展览等活动，松阳的传统文化得以广泛传播，同时也增强了当地居民的文化自信，促进了社区的凝聚力。总体来说，旅游业的蓬勃发展在文化保护层面产生了深远的影响，为地方文化的可持续发展提供了动力。

通过构建数学模型，本节详细阐述了松阳文化旅游的经济效益，包括旅游业的直接经济效益、间接经济效益和综合经济效益。通过模型分析和实际数据验证，我们得出松阳文化旅游对地方经济和社会发展的重要作用。未来，可以进一步优化模型，结合更多实际数据，深入分析旅游业的发展对地方经济和社会的影响，从而为政策制定和旅游业发展提供科学依据。

## 第三节　松阳文化生态旅游的品牌发展策略研究

松阳，这一安静古朴的江南县城，以其独特的文化底蕴和优美的生态环境，正在逐步崭露头角，成为文化生态旅游领域的一个新兴品牌。松阳拥有 78 个国家级传统村落以及丰富的历史文化遗产和自然风光，这些资源为文化生态旅游的发展提供了坚实的基础。然而，要在激烈的旅游市场竞争中脱颖而出，仅靠丰富的资源是不够的，必须通过科学、系统的品牌发展策略，实现资源的整合与增值，打造具有较强影响力和吸引力的文化生态旅游品牌。在全球化和信息化的推动下，现代旅游者对旅游目的地的认知和选择日益依赖品牌的力量。品牌不仅代表着旅游目的地的形象和声誉，更是吸引游客、增加旅游消费的重要因素。松阳在构建文化生态旅游品牌时，需要充分挖掘自身的独特性，通过塑造鲜明的品牌形象，提高市场辨识度和美誉度，从而在激烈竞争中占据优势地位。首先，需要明确松阳文化生态旅游品牌的核心价值，挖掘并突出松阳的独特文化和生态魅力，这是品牌构建的关键所在。例如，松阳的古村落不仅是历史的见证，更是文化传承的载体，通过对这些古村落的保护和活化，可以形成独具特色的文化旅游品牌元素。同时，松阳优美的自然环境，如田园风光、山水美景，也应成为品牌的重要组成部分，通过生态旅游的推广，吸引追求自然体验的游客。其次，品牌推广和营销策略是实现品牌价值的重要手段。松阳需要综合运用传统媒体和新媒体，开展全方位、多渠道的品牌宣传活动。例如，可以通过制作高质量的旅游宣传片、举办大型文化活动、参与旅游展会等方式，提升品牌知名度。同时，积极利用互联网和社交媒体平台，进行互动营销和口碑传播，扩大品牌影响力。此外，开展与知名品牌和机构的合作，通过跨界联合和资源共享，提升品牌的文化内涵和市场号召力。最后，品牌的可持续发展离不开优质的旅游服务和体验。松阳应注重旅游服务的提升和优化，从游客的实际需求出发，提供高质量、个性化的旅游产品和服务。例如，通过建设和完善旅游基础设施，提升交通、住宿、餐饮等配套服务的品质；通过开发特色文创产品和旅游纪念品，增加游客的消费体验和情感共鸣；通过培训专业的导游团队，提供深度文化解读和人性化的服务，增强游客的满意度和忠诚度。除了品牌形象的塑造和推广外，品牌的维护和管理同样重要。松阳需要建立长效的品牌管理机制，通过定期的市场调研和品牌评估，了解游客的反馈和需求，不断优化和调整品牌策略。同时，注重品牌的知识产权保护，防止品牌形象的被侵害和滥用，维护品牌的良好声誉。

总之，松阳文化生态旅游的品牌发展策略研究，通过系统的品牌建设和科学的品牌管理，旨在打造一个具有较强竞争力和影响力的文化生态旅游品牌。松阳可以借助品牌的力量，整合资源，提升市场地位，吸引更多的游客，促进地方经济的发展和文化的传承。在这个过程中，政府、企业和社会各界的共同努力，将为松阳文化生态旅游品牌的成功提供强有力的支持和保障。通过品牌战略的实施，松阳不仅能在旅游市场中获得更大的份额和影响力，还能为其他地区的文化生态旅游品牌建设提供宝贵的经验和借鉴。

## 一、松阳文化生态旅游的品牌定位与市场细分

松阳以其丰富的文化遗产和独特的生态环境而闻名，打造一个有竞争力和可持续发展的文化生态旅游品牌具有重要意义。本节将通过数学模型，从品牌定位与市场细分、品牌推广策略以及品牌管理与评估三个方面对松阳文化生态旅游的品牌发展策略进行详细阐述。每一部分将深入探讨各自的构成要素和影响因素，并结合实际数据进行详细分析。

**1. 模型构建**

品牌定位和市场细分是品牌发展策略的基础。本节可以通过以下数学模型来分析和确定松阳文化生态旅游的品牌定位和市场细分：

$$P = f(C, D, E) \tag{6-42}$$

其中，$P$ 表示品牌定位，$C$ 表示文化特征，$D$ 表示生态环境，$E$ 表示市场需求。

（1）符号定义——文化特征。

文化特征是品牌定位的重要因素，包括地方文化遗产、传统习俗、历史背景等。假设文化特征可以量化为一系列指标，如文化遗产数量 $C_1$、文化活动频次 $C_2$、文化知名度 $C_3$等，则可以表示为：

$$C = \sum_{i=1}^{n} w_i C_i \tag{6-43}$$

其中，$w_i$为各指标的权重。

（2）符号定义——生态环境。

生态环境是松阳文化生态旅游的核心竞争力，包括自然景观、环境质量、生态保护等。假设生态环境可以量化为一系列指标，如自然观数量

$D_1$、环境质量指数 $D_2$、生态保护力度 $D_3$ 等，则可以表示为：

$$D = \sum_{j=1}^{m} v_j D_j \tag{6-44}$$

其中，$v_j$ 为各指标的权重。

（3）符号定义——市场需求。

市场需求决定了品牌定位的方向，包括游客需求、消费习惯、市场潜力等。假设市场需求可以量化为一系列指标，如游客数量 $E_1$、平均消费水平 $E_2$、市场增长率 $E_3$ 等，则可以表示为：

$$E = \sum_{k=1}^{p} u_k E_k \tag{6-45}$$

其中，$u_k$ 为各指标的权重。

**2. 模型分析**

（1）品牌定位的影响因素。

品牌定位受多种因素影响，包括文化特征、生态环境和市场需求。通过上述模型，可以综合各因素的影响，确定品牌定位。

（2）市场细分的策略。

市场细分是品牌定位的重要步骤，通过细分市场，可以更加精准地定位目标客户群体。假设市场可以细分为 $n$ 个细分市场，每个细分市场的需求为 $E_i$，则市场细分模型可以表示为：

$$S = \sum_{i=1}^{n} a_i E_i \tag{6-46}$$

其中，$a_i$ 为各细分市场的权重。

（3）数据分析与实证研究。

为了验证模型的有效性，本节可以通过实际数据进行分析。假设松阳的文化遗产数量为 50，文化活动频次为 30 次/年，文化知名度指数为 70；自然景观数量为 40，环境质量指数为 90，生态保护力度指数为 80；游客数量为 100 万人次，平均消费水平为 2000 元，市场增长率为 5%。

根据模型计算：

$$C = w_1 \times 50 + w_2 \times 30 + w_3 \times 70 \tag{6-47}$$

$$D = v_1 \times 40 + v_2 \times 90 + v_3 \times 80 \tag{6-48}$$

$$E=u_1\times100+u_2\times2000+u_3\times5 \tag{6-49}$$

假设权重 $w_i$、$v_j$、$u_k$ 分别为 0.3、0.3、0.4，0.3、0.3、0.4 和 0.2、0.6、0.2，则：

$$C=0.3\times50+0.3\times30+0.4\times70=57 \tag{6-50}$$

$$D=0.3\times40+0.3\times90+0.4\times80=72 \tag{6-51}$$

$$E=0.2\times100+0.6\times2000+0.2\times5=1202 \tag{6-52}$$

通过上述计算，可以确定松阳文化生态旅游的品牌定位应结合文化特征（C=57）、生态环境（D=72）和市场需求（E=1202）的综合结果，以突出松阳的文化和生态优势，并满足市场需求。

## 二、品牌推广策略

### 1. 模型构建

品牌推广策略是品牌发展的关键，包括品牌传播、营销活动和客户关系管理等。本节可以通过以下数学模型来分析和制定品牌推广策略：

$$P_m=f(B, M, R) \tag{6-53}$$

其中，$P_m$表示品牌推广策略，$B$ 表示品牌传播，$M$ 表示营销活动，$R$ 表示客户关系管理。

（1）品牌传播（$B$）。

品牌传播是提高品牌知名度和美誉度的重要手段，包括广告、公关活动、社交媒体等。假设品牌传播可以量化为一系列指标，如广告投入 $B_1$、公关活动次数 $B_2$、社交媒体覆盖率 $B_3$等，则可以表示为：

$$B=\sum_{i=1}^{q}w_iB_i \tag{6-54}$$

其中，$w_i$ 为各指标的权重。

（2）营销活动（$M$）。

营销活动是吸引游客和提升品牌价值的重要途径，包括促销活动、旅游节庆、合作营销等。假设营销活动可以量化为一系列指标，如促销活动频次 $M_1$、旅游节庆次数 $M_2$、合作营销项目数 $M_3$ 等，则可以表示为：

$$M = \sum_{j=1}^{r} v_j M_j \tag{6-55}$$

其中，$v_j$ 为各指标的权重。

（3）客户关系管理（R）。

客户关系管理是提升客户满意度和忠诚度的重要手段，包括客户服务、反馈机制、会员制度等。假设客户关系管理可以量化为一系列指标，如客户满意度指数 $R_1$、反馈响应速度 $R_2$、会员数量 $R_3$ 等，则可以表示为：

$$R = \sum_{k=1}^{s} u_k R_k \tag{6-56}$$

其中，$u_k$ 为各指标的权重。

**2. 模型分析**

品牌传播受多种因素影响，包括广告投入、公关活动和社交媒体覆盖率，这些因素共同决定了品牌在市场中的知名度和影响力。通过综合分析各因素的影响，可以制定出精准的品牌传播策略，从而提升品牌的整体形象和竞争力。营销活动作为品牌推广的重要组成部分，通过合理的策略设计，能够有效吸引更多游客，提高品牌价值。假设营销活动的总效果可以通过不同指标的组合进行优化，以此实现营销策略的最佳化。此外，客户关系管理的策略亦至关重要，它是提升客户满意度和忠诚度的关键。通过优化客户服务、健全反馈机制和实施有效的会员制度，不仅能够增强品牌的竞争力，还可以提高客户的黏性，从而形成稳定的客户群体，为品牌的长期发展奠定坚实基础。

**3. 数据分析与实证研究**

为了验证模型的有效性，可以通过实际数据进行分析。假设松阳在某一年内的广告投入为 1000 万元，公关活动次数为 10 次，社交媒体覆盖率为 80%；促销活动频次为 5 次，旅游节庆次数为 3 次，合作营销项目数为 2 个；客户满意度指数为 90，反馈响应速度为 2 小时，会员数量为 5000 人。

根据模型计算：

$$B = w_1 \times 1000 + w_2 \times 10 + w_3 \times 80 \tag{6-57}$$

$$M = v_1 \times 5 + v_2 \times 3 + v_3 \times 2 \tag{6-58}$$

$$R = u_1 \times 90 + u_2 \times 2 + u_3 \times 5000 \tag{6-59}$$

假设权重 $w_i$、$v_j$、$u_k$分别为 $w_i = 0.4$，0.3，0.3；$v_j = 0.4$，0.3，0.3；$u_k = 0.3$，0.3，0.4 则：

$$B = 0.4 \times 1000 + 0.3 \times 10 + 0.3 \times 80 = 400 + 3 + 24 = 427 \tag{6-60}$$

$$M = 0.4 \times 5 + 0.3 \times 3 + 0.3 \times 2 = 2 + 0.9 + 0.6 = 3.5 \tag{6-61}$$

$$R = 0.3 \times 90 + 0.3 \times 2 + 0.4 \times 5000 = 27 + 0.6 + 2000 = 2027.6 \tag{6-62}$$

通过上述模型，本节可以制定松阳文化生态旅游的品牌推广策略，重点在于加大品牌传播投入（427）、优化营销活动效果（3.5）和加强客户关系管理（2027.6）。

## 三、品牌管理与评估

### 1. 模型构建

品牌管理与评估是品牌发展策略的关键环节，包括品牌管理体系、品牌绩效评估和品牌改进措施等。本节通过以下数学模型分析和制定品牌管理与评估策略：

$$P_{m\&e} = f(M_s, P_e, I_m) \tag{6-63}$$

其中，$P_{m\&e}$表示品牌管理与评估策略，$M_s$表示品牌管理体系，$P_e$表示品牌绩效评估，$I_m$ 表示品牌改进措施。

（1）品牌管理体系 $M_s$。

品牌管理体系是确保品牌持续发展的基础，包括品牌战略、组织架构、制度流程等。假设品牌管理体系可以量化为一系列指标，如品牌战略明确度 $M_{s1}$、组织架构合理性 $M_{s2}$、制度流程完善度 $M_{s3}$等，则可以表示为：

$$M_s = \sum_{i=1}^{t} w_i M_{si} \tag{6-64}$$

其中，$w_i$为各指标的权重。

（2）品牌绩效评估 $P_e$。

品牌绩效评估是衡量品牌发展效果的重要手段，包括品牌知名度、品牌美誉度、市场份额等。假设品牌绩效评估可以量化为一系列指标，如品牌知名度指数 $P_{e1}$、品牌美誉度指数 $P_{e2}$、市场份额 $P_{e3}$ 等，则可以表示为：

$$P_e = \sum_{j=1}^{u} v_j P_{ej} \tag{6-65}$$

其中，$v_j$ 为各指标的权重。

(3) 品牌改进措施 $I_m$。

品牌改进措施是提升品牌竞争力和市场表现的重要手段，包括品牌创新、品牌优化、品牌升级等。假设品牌改进措施可以量化为一系列指标，如品牌创新数量 $I_{m1}$、品牌优化次数 $I_{m2}$、品牌升级项目数 $I_{m3}$ 等，则可以表示为：

$$I_m = \sum_{k=1}^{v} u_k I_{mk} \tag{6-66}$$

其中，$u_k$ 为各指标的权重。

**2. 模型分析**

品牌管理体系的完善程度对品牌的持续发展具有深远影响，为了提升品牌管理的效率和效果，必须通过优化品牌战略、重构组织架构以及完善制度流程来构建一个全面的管理体系。这一体系不仅为品牌的长期发展提供了稳定的基石，也为品牌绩效评估提供了基础。品牌绩效评估是品牌管理的关键环节，通过量化指标来评估品牌的实际发展效果，可以为品牌的改进和战略调整提供科学依据。例如，可以假设品牌绩效评估的总效果由多个指标组合而成，通过这些指标的优化组合，可以制定出更为精准的评估策略，从而帮助品牌识别弱点和改进方向。此外，品牌改进措施至关重要，是提升品牌竞争力的重要手段。通过实施品牌创新、品牌优化和品牌升级等策略，企业可以不断增强品牌的市场表现，提高客户满意度。这一系列措施相辅相成，形成一个动态的品牌发展循环，能够确保品牌在不断变化的市场环境中保持其竞争优势。综上所述，构建有效的品牌管理体系、开展科学的品牌绩效评估，以及实施必要的品牌改进措施，是品牌实现可持续发展的重要保障。

**3. 数据分析与实证研究**

为了验证模型的有效性，通过实际数据进行分析。假设松阳在某一年内的品牌战略明确度为80，组织架构合理性为70，制度流程完善度为90；品牌知名度指数为75，品牌美誉度指数为80，市场份额为10%；品牌创新数量为5，品牌优化次数为3，品牌升级项目数为2。根据模型计算：

$$M_s = w_1 \times 80 + w_2 \times 70 + w_3 \times 90 \tag{6-67}$$

$$P_e = v_1 \times 75 + v_2 \times 80 + v_3 \times 10 \tag{6-68}$$

$$I_m = u_1 \times 5 + u_2 \times 3 + u_3 \times 2 \tag{6-69}$$

假设权重 $w_i$、$v_j$、$u_k$ 分别为 $w_i = 0.3, 0.3, 0.4$；$v_j = 0.4, 0.3, 0.3$；$u_k = 0.3, 0.3, 0.4$ 则：

$M_s = 0.3 \times 80 + 0.3 \times 70 + 0.4 \times 90 = 24 + 21 + 36 = 81$；

$P_e = 0.4 \times 75 + 0.3 \times 80 + 0.3 \times 10 = 30 + 24 + 3 = 57$；

$I_m = 0.3 \times 5 + 0.3 \times 3 + 0.4 \times 2 = 1.5 + 0.9 + 0.8 = 3.2$。

通过上述计算，可以制定松阳文化生态旅游的品牌管理与评估策略，重点在于优化品牌管理体系（81）、加强品牌绩效评估（57）和实施品牌改进措施（3.2）。

通过构建数学模型，本节详细阐述了松阳文化生态旅游的品牌发展策略，旨在揭示品牌建设的科学路径和实践策略。首先，模型深入分析了品牌定位与市场细分的策略，通过识别目标市场的需求和特点，精准定位松阳文化生态旅游的品牌形象，从而提高品牌的市场适应性和竞争力。其次，本节探讨了品牌推广的策略，包括但不限于广告投放、公关活动、社交媒体营销以及合作推广等多种手段，以期通过多渠道、多维度的推广策略，扩大品牌的受众群体，提升品牌的知名度和美誉度。再次，针对品牌管理与评估，模型强调了建立健全的品牌管理体系的重要性，通过科学的评估指标体系，如品牌影响力指数、客户满意度指数等，定期评估品牌的表现，并根据评估结果进行相应的策略调整和优化，确保品牌持续健康发展。最后，通过模型分析和实际数据的验证，本节的研究得出了一系列关键策略和实施路径，这些策略不仅具有理论的严谨性，也充分考虑了松阳文化生态旅游的实际情况。例如，通过数据分析，确定了优化资源配置、提升服务质量、增强文化旅游体验等具体措施。此外，模型还揭示了如何通过创新营销手段，如开发特色文化旅游产品、举办节庆活动等，来增强品牌的吸引力和市场竞争力。

展望未来，随着研究的深入，可以进一步优化现有模型，并结合更多的实际数据进行深入分析，以期发现更多有助于品牌发展的具体措施和效果。例如，可以引入大数据分析和人工智能技术，对游客行为进行深度挖掘，以精准预测市场需求和趋势，从而为品牌策略的制定提供更为科学的依据。同时，可以开展一系列定量的实证研究，通过长期的追踪调查和数据比对，验证品牌策略的实际效果，并为品牌的长远发展提供坚实的数据支撑。最终，这些研究和策略将为松阳文化生态旅游的品牌建设提供全面而科学的指导，助力其实现可持续发展。

# 第七章

# “文化一经济”融合视角下民俗经济与社会发展机制

松阳，位于浙江省西南部，以其丰富的历史文化资源和独特的自然风光闻名。松阳拥有众多的古村落、传统民居、民俗节庆和手工艺品，这些丰富的民俗文化不仅是松阳人民宝贵的精神财富，也是推动地方经济发展的重要资源。古韵松阳的民俗经济在促进社会发展的过程中，表现出了独特的机制和路径。首先，松阳的民俗经济具有多样性和丰富性的特点。松阳的传统手工艺品，如竹编、木雕、陶艺等，不仅技艺精湛，而且富有地方特色。这些手工艺品通过家庭作坊和小型企业的形式代代相传，成为地方经济的重要组成部分。此外，松阳的地方特色产品，如茶叶、竹笋、药材等，也在民俗经济中占据重要地位。这些产品不仅具有经济价值，还蕴含了丰富的文化内涵，成为外界了解松阳文化的重要窗口。其次，民俗节庆活动是松阳民俗经济的重要组成部分。松阳的民俗节庆，如端午龙舟赛、中秋拜月节、重阳登高节等，不仅吸引了大量游客前来观光和参与，还带动了当地的餐饮、住宿、交通等相关产业的发展。通过这些节庆活动，松阳的文化得以传承和弘扬，同时也为地方经济注入了新的活力。节庆经济的兴起，既提升了松阳的知名度和美誉度，也增加了居民的收入，改善了他们的生活质量。最后，民俗经济在推动地方经济发展的同时，也促进了社会的进步和文化的传承。松阳的传统手工艺品和地方特色产品，不仅创造了大量的就业机会，增加了农民的收入，还促进了城乡互动和城乡一体化的发展。通过发展民俗经济，松阳的农村地区逐渐形成了以手工艺和特色农业为基础的产业结构，推动了农村经济的发展和农民生活水平的提高。同时，民俗经济的繁荣也增强了当地居民的文化自信和认同感，使他们更加珍视和传承自己的文化遗产。

在民俗经济的发展过程中，松阳还形成了一套独特的社会发展机制。首先，政府在民俗经济发展中起到了重要的引导和支持作用。松阳县政府通过制定和实施一系列政策措施，如扶持传统手工艺产业、推动农产品品牌化、保护和传承民俗文化等，为民俗经济的发展提供了政策支持和资金保障。此外，政府还通过举办各类文化活动和节庆活动，提升松阳的知名度和影响力，吸引更多的游客和投资者前来观光和投资。其次，民俗经济的发展离不开社会各界的共同参与和支持。松阳的企业、社会组织和居民积极参与民俗经济的发展，通过各种方式支持和推动民俗文化的保护和传承。例如，企业通过投资传统手工艺产业，带动了相关产业链的发展；社会组织通过开展民俗文化宣传和教育活动，增强了居民对民俗文化的认识和认同；居民通过参与民俗节庆和手工艺生产，直接受益于民俗经济的发展。最后，民俗经济的发展还需要创新和转型。随着社会的发展和市场的变化，传统的民俗经济模式面临着新的挑战和机遇。为了实现可持续发展，松阳需要在保护和传承民俗文化的基础上，不断创新和转型，探索新的发展路径。例如，可以通过发展文创产业，将传统手工艺与现代设计相结合，开发具有市场竞争力的文创产品；可以通过发展乡村旅游，将传统民俗文化与现代旅游产业相结合，打造具有独特魅力的旅游产品和线路；可以通过发展电商平台，将地方特色产品推向更广阔的市场，提升产品的附加值和市场影响力。

可见，古韵松阳的民俗经济在推动地方经济发展和社会进步的过程中，表现出了独特的机制和路径。首先，民俗经济以其多样性和丰富性为地方经济的发展注入了活力；其次，民俗节庆活动不仅传承和弘扬了地方文化，还带动了相关产业的发展；最后，民俗经济在促进经济发展的同时，也推动了社会进步和文化传承。政府的引导和支持、社会各界的共同参与和支持，以及民俗经济的创新和转型，都是松阳民俗经济发展的重要保障。通过深入研究和总结这些机制和路径，可以为其他具有类似文化背景的地区提供有益的借鉴，推动更多地方的经济和社会协调发展。此外，松阳可以进一步优化和完善民俗经济的发展机制。例如，可以通过加强对传统手工艺和地方特色产品的保护和支持，提升其市场竞争力和经济效益；可以通过举办更多的民俗节庆活动，丰富地方文化生活，吸引更多的游客和投资者；可以通过加强文化宣传和教育，增强居民对民俗文化的认同和自豪感，激发他们参与民俗经济发展的积极性和创造力。

总之，古韵松阳的民俗经济不仅是地方经济的重要组成部分，也是推动社会进步和文化传承的重要力量。通过科学的研究和合理的规划，可以进一步发挥民俗经济的优势和潜力，实现松阳经济和社会的全面发展。希望本章的研究能够为松阳民俗经济的发展提供有益的参考和借鉴，也为其他具有类似文化背景的地区提供一些启示和思路，共同推动中国民俗经济的繁荣和发展。

## 第一节　经济文化融合视角下松阳民俗文化的传承与发展研究

松阳，这座位于浙江省西南部的小县城，以其独特的地理环境和深厚的历史积淀，孕育了丰富而多样的民俗文化。作为一种相对稳定而持久的文化形态，民俗文化不仅是当地居民生活方式和精神信仰的重要体现，也是民族文化遗产的重要组成部分。松阳的民俗文化涵盖了传统节日、民间艺术、风俗习惯、宗教祭祀等多个方面，展现了其独特的文化魅力和深厚的历史底蕴。在现代化进程和全球化背景下，松阳民俗文化的传承与发展面临着前所未有的挑战和机遇。一方面，快速的社会变迁和外来文化的冲击，使得许多传统民俗文化在传承过程中面临断裂和消亡的风险。年轻一代逐渐远离传统生活方式，对本地民俗文化的理解和认同也在逐渐减弱。另一方面，随着文化自信的增强和对文化多样性的尊重，社会对传统文化的保护和传承越来越重视，给民俗文化的复兴和发展提供了新的契机。

松阳民俗文化的传承与发展，不仅是文化保护工作的重要内容，更是增强地方认同、提升文化软实力的重要手段。通过系统的研究和科学的保护，发掘和弘扬松阳独特的民俗文化，可以进一步提升松阳的文化影响力和吸引力，促进文化旅游产业的发展，实现文化和经济的双重效益。本章旨在全面探讨松阳民俗文化的传承和发展路径。在传承方面，关注老一辈民俗传承人的生活和口述历史，记录和整理传统民俗文化的原始资料，建立系统的民俗数据库。通过对民俗文化的深入研究，理清其历史脉络和演变过程，揭示其独特的文化价值和社会功能。同时，注重对民俗传承人的保护和支持，为他们提供展示和传授技艺的平台，激发年轻一代对民俗文化的兴趣和传承意愿。在发展方面，结合现代社会的发展需求和旅游市场的实际情况，探索民俗文化与现代生活的融合路径。通过创新和转化，让传统民俗文化在新时代焕发活力。例如，可以通过文化创意产业，将民俗元素融入现代设计中，开发具有地方特色的文化产品；通过节庆活动和旅游项目，将民俗文化与观光旅游相结合，提升文化旅游的吸引力；通过现代媒体和网络平台，扩大民俗文化的传播范围和影响力，让更多人了解和欣赏松阳的民俗文化。此外，政府在民俗文化的传承与发展中扮演着重要角色。通过制定和实施有效的政策，提供必要的资金和资源支持，营造良好的文化保护和发展环境。地方政府可以与高校和研究机构合作，开展系统的民俗文化研究；可以组织和支持民俗文化展示和推广活动，提升公众对民俗文化的认知和重视；可以建立和完善文化遗产保护机制，确保民俗文化的持续传承和发展。

总而言之，松阳民俗文化的传承与发展，是一个系统工程，需要社会各界的共同努力。在全球化和现代化的双重背景下，通过科学的研究和有效的保护措施，将传统民俗文化与现代发展相结合，既能保护和弘扬宝贵的文化遗产，又能为松阳的经济和社会发展注入新的活力。通过这样的努力，松阳的民俗文化定能在新时代焕发出更加耀眼的光彩，为地方文化建设和经济发展作出新的贡献。

## 一、松阳文化建模研究

### （一）民俗文化的特征与构成要素

松阳的民俗文化以其丰富多样的节庆活动、独特精湛的传统手工艺、独具地方特色的产品和强烈的地域文化认同感而著称。这类文化的传承与发展不仅是对历史和传统的尊重，也是推动地方经济和社会发展的重要手段。然而，为了更好地理解和保护这些文化元素，有必要建立一个科学的分析模型，以系统化地研究其特征和影响因素。首先，松阳的节庆活动是其民俗文化的重要组成部分。每个节庆背后都有深厚的历史文化背景，它们不仅是社区凝聚力的体现，也是传统价值观和生活方式的象征。例如，春节、端午和中秋等传统节日在松阳有着独特的庆祝方式，这些活动通过仪式、表演和集市等形式展现出来，增强了地方文化的活力和吸引力。其次，传统手工艺是松阳民俗文化的另一重要特征。这包括陶瓷制作、编织、木雕等技艺，每一种手工艺都有其独特的历史背景和技术秘诀。传统手工艺不仅是地方文化的重要载体，也是当地居民生活方式的一部分。手工艺品不仅在国内市场有很高的需求，还逐渐走向国际市场，展现了地方文化的独特魅力。此外，地方特色产品也是松阳民俗文化的重要表现。这些产品通常与当地的自然资源和传统生产方式密切相关，如茶叶、药材、农副产品等。这些产品不仅满足了当地居民的生活需求，也在逐步打开国内外市场，成为推动地方经济发展的重要力量。最后，强烈的地域文化认同感是松阳民俗文化的一大构成要素。这种认同感来源于长期的历史积淀、共同的语言习惯和生活方式，以及对本地文化传统的深厚感情。这种高度的文化认同感使得当地居民对保护和传承自己的文化遗产有着强烈的责任感和使命感。为了有效保护和传承这些文化元素，需要构建一个科学的模型来分析其特征和影响因素。这个模型可以从多个维度出发，包括文化历史背景、技术传承路径、市场需求响应以及社会心理认同等。通过这种系统化的分析，可以更全面地了解松阳民俗文化的本质，提出更有针对性的保护和传承策略，从而确保这些宝贵的文化遗产得以延续和发扬光大。

**1. 民俗节庆事件频率模型**

松阳的民俗节庆活动是文化传承的重要载体，通过泊松分布模型分析其举办频率，可以揭示这些活动的时间分布规律。泊松分布适用于描述单位时间内事件的发生次数，这有助于制订合理的节庆时间表，避免资源浪费和活动冲突。

$$P(X=k)=\frac{\lambda^{k}e^{-\lambda}}{k!} \tag{7-1}$$

其中，$\lambda$ 为单位时间内事件的平均发生率，$k$ 为事件发生的次数。

通过对过去几年松阳民俗节庆活动的数据进行统计分析，可以估计出不同节庆活动的 $\lambda$ 值。利用这些数据，制订合理的节庆活动计划，确保各活动之间的协调与互补。根据模型分析的结果，确定每年固定的节庆活动时间，形成传统。在主要节庆活动之外，增加一些小型的、主题多样的活动，以吸引不同兴趣的居民和游客。

**2. 社会影响力模型**

通过加权网络模型量化节庆对社区的影响力，可以识别出哪些节庆活动对社区凝聚力、经济发展和文化认同有较大贡献。

$$I=\sum_{i=1}^{n}w_{i}x_{i} \tag{7-2}$$

其中，$w_i$表示第 $i$ 个节点的影响权重，$x_i$表示第 $i$ 个节点的活动水平。

具体的传承方式可以通过两个方面来实现。一方面，在核心活动的推广上，应通过科学模型识别出影响力最大的节庆活动，并针对这些活动进行重点宣传和资源投入，以扩大其社会影响力和文化传播范围。通过加大对这些活动的投入，可以有效提升参与度，吸引更多游客和社区居民的关注，进而将地方文化融入更广泛的社会背景中，从而推动文化的传承与发展。另一方面，鼓励社区居民积极参与到这些活动中，不仅能够提高活动的社会影响力，还能增强居民的文化认同感和归属感。社区参与是文化传承的重要基础，通过充分调动居民的积极性，营造出共同参与的氛围，有助于传统文化在社区中的深入扎根。此外，居民的参与也为文化活动注入了生机与活力，使其不再是单纯的观赏活动，而是充满了互动性和参与感。这种双向互动的传承模式，既能够保护和弘扬传统文化，又能促进社区的凝聚力和发展。因此，结合核心活动的重点推广与社区的积极参与，将为传统文化的传承与创新提供强有力的支持和保障。

## （二）传统手工艺的技术特征分析

松阳的传统手工艺如木雕、竹编等具有独特的技术特征，分析其复杂度和技术特征可以为技艺传承和创新提供理论支持。使用算法复杂度理论来评估手工艺品制作的技术复杂度，可以量化不同技术特征对产品品质和市场竞争力的影响。其中，$C(T)$ 表示某种手工艺技术的复杂度，$f(n)$ 为与技术相关的复杂度函数。通过对不同手工艺品的制作步骤和技术要求进行分析，可以计算出其复杂度 $C(T)$，从而指导技艺传承和改进。

$$C(T) = O(f(n)) \tag{7-3}$$

在具体传承方式方面，首先应关注技艺培训。针对那些复杂度高的手工艺品，可以通过设立专项培训班，邀请技艺传承人亲临授课，教授核心技艺，从而确保这些宝贵的手工技术得以有效传承。其次，还需要建立详细的手工艺技术档案，涵盖从制作流程到技术要点的全部内容，甚至包括注意事项，以便后人参考。通过这种方式，不仅能够系统化地记录和保存传统技艺，还能为后续的研究和创新提供坚实的基础。技术档案的建立将成为保护非物质文化遗产的重要手段，同时也为传统技艺的研究和改进提供了文献资料的支持。最后，定期更新和维护这些档案，将确保其与时俱进，能够反映最新的技术发展和市场需求，使得传统的技艺得以在现代社会中焕发新的生命力。综上所述，技艺培训与技术档案的建立是保护和传承传统手工艺的关键措施，两者相互补充，共同为传统文化的持续发展提供保障。

## （三）地方特色产品的市场份额分析

地方特色产品在民俗经济中占据重要地位，通过市场份额模型分析其市场占有率，可以帮助决策者制订市场推广策略，拓展产品销售渠道。使用市场份额计算公式来分析地方特色产品的市场占有率。其中，$S_i$为松阳某种特色产品的销售额，$S_t$为市场总销售额。通过统计松阳特色产品在不同市场的销售数据，可以计算市场份额 $MS$，并分析其市场竞争力和扩展潜力。

$$MS = \frac{S_i}{S_t} \times 100\% \tag{7-4}$$

在具体的发展方式层面，品牌建设与市场拓展是松阳特色产品实现可持续发展的两大关键策略。品牌建设方面，应着重打造松阳特色产品的品牌形象，通过精准定位、独特设计和有效传播，提升产品在市场中的识别度和美誉度。这不仅有助于增强消费者对产品的信任度和忠诚度，还能为产品创造更高的附加值，从而促进产业的升级与发展。市场拓展方面，应积极开拓新的市场渠道，如利用电商平台拓宽线上销售渠道，参加跨区域展销会等拓展线下市场，以扩大产品的市场覆盖面。通过这些举措，不仅能够为松阳特色产品打开更广阔的市场空间，还能有效提升产品的知名度和影响力，进而推动产业的规模化、集约化发展。综上所述，品牌建设与市场拓展相辅相成，共同构成了松阳特色产品发展的核心战略，对于促进地方经济的繁荣与文化的传承具有深远的意义。

## 二、松阳文化认同与社会网络模型分析

文化认同是民俗文化传承的重要因素，使用社会网络模型可以分析文化认同在社区中的传播路径和影响程度[50]。使用图论中的社会网络模型来分析文化认同。其中，$V$ 表示节点集合（社区成员），$E$ 表示边集合（成员间的关系）。通过构建社区成员间的社会网络图，可以分析文化认同度和传承路径，识别关键传播节点和薄弱环节。

$$G = (V, E) \tag{7-5}$$

在促进文化传承和强化社区文化认同方面，可以采取两大策略：文化大使的选拔与社区活动的组织。首先，文化大使的选拔应注重选拔社区中的文化积极分子，通过这些文化大使的个人影响力，来促进传统文化的传

承与普及。这些文化大使不仅是社区文化活动的组织者和参与者，更是文化的代言人，他们通过自身的实际行动和榜样作用，激发更多居民对传统文化的兴趣和热爱，从而形成一种自发的文化传承机制。其次，应组织各类社区文化活动，如传统的庆典、手工艺展示、民俗表演等，这些活动不仅能够增强居民间的文化认同感，还能通过互动交流，深化居民对传统文化的理解和体验。社区活动作为文化传承的重要平台，通过多样化的形式和内容，丰富了居民的文化生活，强化了社区的文化氛围，使得文化传承不再是单向的传播，而是社区居民共同参与、共同创造的过程。因此，文化大使选拔与社区活动组织相结合，构成了一个系统的文化传承与发展机制，这对于保护地方文化多样性和促进社区和谐发展具有重要的学术和实践意义。

### （一）经济文化融合视角下的文化传承

经济增长与文化传承之间的关系十分密切，尤其是民俗经济的发展对文化传承具有深远的影响。在这一背景下，利用索洛增长模型来分析两者的关系是一个有效的途径。索洛增长模型强调了资本、劳动和技术进步在经济增长中的作用，而民俗经济作为一种特定的经济形式，可以被视为文化资源在经济活动中的体现。首先，民俗经济的发展能够创造就业机会和增加收入，从而使得社区居民有更多的经济能力投入文化活动中。例如，随着民宿、手工艺品和传统表演艺术等民俗经济项目的兴起，传统技艺的传承不仅变得更加可持续，也能吸引更多年轻人的参与。这种经济支持为文化传承提供了必要的资金及资源保障。其次，民俗经济的发展促进了地方文化的展示和传播，增强了地方社区的文化自信和认同感。当经济活动与文化内容结合时，民俗经济不仅是利益的驱动，也是文化认同的重要载体。因此，随着民俗经济增长，居民对传统文化的价值认同也随之增强，使文化传承更加深入人心。最后，通过对以上因素进行综合分析，可以得出民俗经济与文化传承之间形成了一种良性循环。经济增长为文化传承提供了支持，而文化传承又反过来丰富了经济活动的内涵和多样性。这样，利用索洛增长模型的理论框架，我们能够更好地理解经济增长与文化传承之间的动态关系，以及如何通过民俗经济的发展来实现两者的有机结合和相互促进。使用索洛增长模型来描述经济增长对文化传承的影响如下：

$$Y = AK^{\alpha}L^{1-\alpha} \tag{7-6}$$

其中，$Y$ 为总产出，$A$ 为技术水平，$K$ 为资本投入，$L$ 为劳动投入，$\alpha$ 为资本弹性系数。通过调整模型参数 $\alpha$ 和 $A$，可以评估不同经济政策对文化传承的促进作用。

在具体的发展方式方面，产业融合与政策支持是推动民俗经济及文化传承的重要策略。首先，产业融合可以有效促进民俗文化与旅游、现代农业等相关产业的协同发展，形成具有地方特色的产业链。通过将民俗文化元素融入旅游产品设计与营销策略，不仅可以提升旅游吸引力，还能够扩大民俗文化的传播范围与影响力。例如，开发以当地传统手工艺为主题的生态旅游项目，既丰富了游客的文化体验，又为地方经济创造了新的增长点。此外，将民俗文化融入现代农业生产中，如举办农事文化节、推广传统农业技艺，能够推动农民增收，同时增强对传统文化的认知与保护。其次，政策支持是确保民俗经济可持续发展的关键因素。政府应制定一系列支持民俗经济发展的政策措施，包括税收优惠、资金补贴、技术培训等，以激励企业和个人参与到民俗文化与经济活动中来。这些政策不仅可以降低参与者的运营成本，增强他们的商业动力，还能够引导社会资本流入民俗产业，促进经济增长与文化传承的协调发展。综上所述，产业融合与政策支持相互补充，共同构建了民俗经济发展的理论框架，既能够推动地方经济的繁荣，又为文化的保护与传承提供了实际支撑。这种双向互动的关系，将为地方社会的发展与文化的持续发扬注入新的活力与动力。

### （二）经济文化融合视角下节庆活动与社会凝聚力的关系

在经济文化融合的视角下，节庆活动与社会凝聚力之间的关系是一个值得深入探讨的研究主题。节庆活动不仅是传统文化的集中展示窗口，同时也是社会交往和经济活动的重要平台，对于增强社会凝聚力具有重要影响。通过社会凝聚力模型可以量化这种影响，并为如何通过节庆活动提升社会凝聚力提供理论依据和实践指导。首先，节庆活动通过提供共同的社会参与机会，促进了不同社会群体之间的互动与交流，有助于形成共同的文化认同和社会价值观。例如，春节、中秋节等传统节日，通过集体庆祝、家庭聚会、社区活动等方式，强化了人们之间的情感联系和社会纽带。其次，节庆活动作为一种经济文化融合的载体，不仅带动了地方经济的发展，还通过文化消费加深了人们对地方文化特色的认知和认同。例如，通过举办文化旅游节、文化博览会等节庆活动，既能吸引外来游客和投资，又能增强本地居民对文化的自豪感和参与感，从而提升社会凝聚力。在这种情况下，可以利用经济指标（如游客数量、消费额、就业率等）和社会心理学指标（如满意度、认同感、凝聚力指数等）来综合评价节庆活动的社会凝聚力效应。可见，通过社会凝聚力模型量化节庆活动对社会凝聚力的影响，有助于我们更全面地理解文化活动在社会发展中的重要作用。节庆活动不仅是文化传承的重要手段，也是增强社会纽带和提升凝聚力的有效途径。研究这一关系不仅具有重要的学术价值，还为政策制定者提供了实用建议，以促进文化和经济的健康发展。假设 $SC$ 为社会凝聚力指数，$C_i$ 为第 $i$ 个个体的凝聚力评分，$N$ 为总参与人数。通过调查节庆活动对参与者的影响，可以计算社会凝聚力指数 $SC$，评估不同节庆活动对社会凝聚力的促进效果。构建社会凝聚力指数量化模型如下：

$$SC = \frac{1}{N}\sum_{i=1}^{N} C_i \tag{7-7}$$

在具体的文化传承方式中，活动多样化与社区参与是促进传统文化延续与增强社会凝聚力的重要策略。首先，活动多样化通过丰富节庆活动的内容和形式，能够有效吸引更多人参与。这不仅包括传统文化元素的展示，如民俗表演、传统手工艺制作，还可以加入现代化的元素，如音乐节、美食节、知识分享等形式。这种多样化的活动设计不仅能够满足不同年龄层和文化背景人群的需求，还能激发参与者的兴趣，促使他们在活动中深入体验和学习传统文化，从而增强对文化的认同感。此外，多样化的活动形式有助于营造开放和包容的氛围，促进不同社会群体之间的交流与互动，为社会凝聚力的增强创造良好的条件。其次，鼓励社区居民积极参与节庆活动也是文化传承的重要方式。通过动员社区居民的积极性，可以提升活动的社会影响力和增强居民的文化认同感。在节庆活动的策划和实施过程中，可以邀请社区居民参与决策、设计和组织，从而增强对活动的归属感和参与感。社区居民的广泛参与不仅使活动更具地方特色，还能通过集体庆祝和相互协作，进一步增强邻里关系和社区凝聚力。此外，鼓励居民以家庭、团队的形式参与活动，能够促进跨代际的互动，帮助年轻一代更好地理解和继承传统文化。可见，通过活动多样化和社区参与的结合，可以构建一个动态的文化传承生态系统。在这个系统中，丰富的活动内容刺激居民的参与热情，社区的积极性则为文化传承提供了坚实的基础。这种相辅相成的关系不仅有助于传统文化的延续，还能有效增强社会的凝聚力，推动社区的和谐发展。实现文化传承与社会发展的“双赢”局面，需要在实践中不断探索与创新。

## 第二节 松阳地方剧种的现代传承与经济发展研究：松阳高腔

松阳高腔，作为松阳地方戏剧艺术的代表之一，拥有悠久的历史和丰富的文化内涵。其独特的演唱方式和剧目风格，不仅展现了松阳人民的生活习俗和审美情趣，更承载了地方的历史记忆和文化传承。在快速发展的现代社会，传统戏剧艺术面临着巨大的生存挑战与转型压力。然而，松阳高腔作为一种活态传承的文化遗产，可以通过现代化的传承方式和创新性的发展路径，为地方的文化振兴和经济发展注入新的动力。松阳高腔的现代传承，不仅是保护一种古老的戏剧形式，更是通过这一文化载体，丰富和延续地方的文化生态。传统戏剧艺术的保存和创新，需要在保持原有艺术魅力的同时，融入现代观众的审美需求和文化消费习惯。从这一角度出发，松阳高腔的传承与发展，既要尊重其传统艺术形式，又要探索与现代文化产业相结合的创新路径。首先，传承是基础。松阳高腔的传承，需要注重对传统剧目和表演技艺的保护。一方面，通过系统的文本整理和音像记录，保存珍贵的戏剧资料，为以后的研究和传承提供参考。另一方面，通过培养新一代的戏剧人才，确保这一传统艺术形式的延续。地方政府和文化机构可以组织和支持各类戏曲培训班，邀请老艺人传授演技，鼓励年轻人学习和传承高腔艺术。同时，创新是关键。松阳高腔的传承，需要结合现代文化产业的发展趋势，探索创新性的发展路径。通过与现代科技相结合，可以开发出更多元的艺术表现形式和传播途径，如通过数字化技术，将传统剧目制作成影视作品，或者通过互联网平台进行在线直播和互动，扩大受众范围和影响力。此外，通过与旅游业、文化创意产业的融合，开发具有地方特色的文化旅游产品和文创衍生品，实现文化与经济的“双赢”。另外，品牌建设是增强松阳高腔影响力的重要环节。通过举办松阳高腔艺术节、文化交流活动和戏曲表演比赛等，提升其知名度和美誉度。地方政府和文化机构可以积极参与和组织各类文化交流活动，推动松阳高腔“走出去”，让更多的人了解和欣赏这一独特的戏剧艺术。在国内外文化交流中，展示松阳高腔的艺术魅力，提升地方文化的国际影响力。在现代传承与经济发展的研究中，松阳高腔不仅是地方文化的代表，更是促进地方经济发展的有力抓手。通过文化旅游的带动，松阳高腔可以吸引更多的游客前来观光和体验，进而带动住宿、餐饮、购物等相关产业的发展。此外，通过文化产业的开发，松阳高腔还可以创造更多的就业机会和经济收益，为地方经济注入新的活力。可见，松阳高腔的现代传承与经济发展研究，是在保护和弘扬地方传统文化的基础上，探索其在现代社会中的创新路径和发展模式。通过科学的研究和有效的实践，松阳高腔不仅能够在新时代焕发新的生机与活力，还能为地方文化建设和经济发展作出重要贡献。这不仅是对传统文化的尊重与保护，更是对未来文化发展的积极探索和有力推动。

## 一、松阳高腔的历史与文化价值

### 1. 松阳高腔的起源与发展

松阳高腔，作为浙江省松阳县一种独特的地方剧种，其历史渊源深远，起源可以追溯到明朝时期。这一时期，南戏作为流行的戏剧形式之一，在明朝中期逐步繁荣，并在全国各地衍生出丰富多样的地方戏种，而松阳高腔便是其中之一。松阳高腔的发展历程充满了地方戏曲文化的积淀和演变。在最初的阶段，松阳高腔主要在地方戏班和民间艺人中传唱。由于其声腔高亢、情感表达浓烈，因此迅速在民间流传，并逐渐形成了较为固定的剧目和演唱形式。随着时间的推移，松阳高腔不断吸收其他地方戏曲的元素，并结合地方的文化和生活习俗，逐步演变成今天独具特色的剧种。历史上，松阳高腔的传承多为师徒相授，老艺人通过口传心授的方式，将唱腔、表演技艺和乐器演奏技巧代代相传。这种传统的传承方式虽然能够确保技艺的原汁原味，但也面临诸多挑战，特别是在当今信息化和全球化的背景下，单纯依靠传统的传承方式已无法满足松阳高腔的发展需求。

**2. 松阳高腔的艺术特点**

作为一种独特的戏曲形式，松阳高腔以其高亢明快的唱腔、丰富多变的音乐和生动的表演形式著称，其独特的艺术风格主要体现在以下几个方面[51-52]：首先，松阳高腔的唱腔以高亢激昂著称，音域宽广，能够通过音调的转换和强弱变化表现出丰富的情感层次。这种高亢的唱腔不仅能够展现出剧中人物的情感波动，也能充分调动观众的情绪，使其身临其境。其次，松阳高腔的音乐表现力极其丰富，通过变调和复杂的音律来增强戏剧情感。特别是在重大情节和高潮部分，乐器的伴奏和唱腔的配合能够产生强烈的视听效果，使观众陶醉其中。此外，松阳高腔的表演形式多样化，不仅有传统的乐器伴奏，如唢呐、笛子、锣鼓等，还有现代化的舞台表现手法。这种多样化的表演形式不仅增强了整体的观赏性，还能更好地与观众互动，提升观众的参与感和体验感。通过对这些艺术特点的分析，可以更深入地理解松阳高腔的独特魅力和艺术价值，从而为其传承和发展提供理论依据和实践指导。

**3. 松阳高腔的文化价值**

松阳高腔不仅作为一种地方戏曲形式存在，更是松阳地区乃至中华文化的重要组成部分，其文化价值体现在多个方面。首先，松阳高腔具有显著的历史价值，作为一种古老的戏曲形式，它保留了丰富的历史文化信息，折射出明清以来地方戏曲发展的脉络，帮助人们了解不同历史时期戏曲艺术的发展与变迁。其次，松阳高腔在艺术价值方面表现突出，其独特的艺术风格和高超的音乐表现技巧对后世戏曲艺术的发展起到了重要的启迪作用。松阳高腔丰富多变的唱腔和生动的表演形式，为戏剧艺术的研究和创新提供了宝贵素材与灵感。此外，松阳高腔在社会生活中扮演着重要角色，它不仅作为地方社区文化建设的重要组成部分，满足了人们的娱乐需求，同时也通过戏曲这一艺术形式传递了地方居民的生活风貌和精神面貌，增强了社区的凝聚力和文化认同感。因此，通过对松阳高腔文化价值的深入分析，我们能够更好地认识其在地方文化传承和社会发展中的重要作用，从而为其保护和弘扬提供坚实的理论基础。

#### 4. 传承现状

尽管松阳高腔具有重要的历史和文化价值，但其在现代社会的传承现状令人担忧。快速的现代化进程和多元文化的冲击，使得年轻一代对传统剧种的兴趣逐渐减弱。老一辈艺人逐渐老去，而年轻人对戏曲的了解和兴趣却在减少，导致松阳高腔的表演者和观众数量双双减少，传承面临巨大挑战。此外，传统的口传心授方式在现代社会中已显得力不从心。现代社会的快速节奏和多样化娱乐选择，使得戏曲这种需要时间和耐心去体会和掌握的艺术形式，逐渐被边缘化。如何在现代社会中找到适合的传承方式，如何吸引年轻一代对戏曲的兴趣，是当前松阳高腔传承中亟待解决的问题。因此，在充分认识松阳高腔的历史与文化价值的基础上，探讨其现代传承与经济发展的路径显得尤为重要。只有通过科学合理的传承方式和创新发展路径，才能使这一独特的地方剧种在现代社会中焕发新的生机和活力。

## 二、松阳高腔的现代传承路径

#### 1. 路径一：加强松阳高腔的教育与培训

现代社会对松阳高腔的传承首先需要从教育和培训入手，以培养新一代戏曲人才。首先，在学校教育方面，可以将松阳高腔纳入中小学的地方课程，通过文化课和兴趣班的形式，让学生们从小接触和了解这一地方戏曲。学校可以邀请老艺人进行现场教学，开设专门的戏曲课程，使学生们真实地感受到戏曲的魅力。这种耳濡目染的教学方法不仅能够激发学生的兴趣，还能培养他们对地方戏曲文化的认同感和热爱。其次，除了学校教育外，还应建立专门的松阳高腔培训机构，招募有兴趣的年轻人系统学习唱腔、表演、乐器和舞台技巧。这些培训机构可以制订系统化的教学计划，安排阶段性考核和演出，让学员在实际表演中锻炼和提升自己的技艺。通过老艺人的传授与现代教学手段的结合，这种方式不仅确保了技艺传承的深度，也扩展了其广度。可见，通过加强教育和培训，我们能够为松阳高腔的可持续发展奠定坚实的人才基础。

**2. 路径二：加强松阳高腔的数字化保护**

现代科技的进步为传统戏曲的保护与传承提供了新的手段，其中录音录像存档和虚拟现实（VR）与增强现实（AR）技术的应用尤为重要。首先，通过高质量的录音录像，对松阳高腔的经典剧目和表演进行全面记录，建立数字化档案库，这不仅有助于保护珍贵的文化遗产，还能为研究者和学习者提供详细资料，有效推动对这一传统艺术形式的深入研究和学习。其次，利用 VR 和 AR 技术可以让观众在虚拟空间中全方位体验松阳高腔的魅力，例如，开发教育性和娱乐性的虚拟剧场，使观众身临其境地感受戏曲表演。此外，基于 AR 技术的互动内容可以通过手机或平板设备向观众展示每个剧目的背景、演员角色和唱腔特点，从而增加他们对传统戏曲的理解与兴趣。通过这些现代化科技手段，松阳高腔不仅能更好地保护和传承，还能够吸引更多年轻人的关注，扩大其社会影响力。

**3. 路径三：加强松阳高腔的舞台创新**

在松阳高腔的传承与发展中，现代舞台技术和剧目创新的引入发挥了重要作用。首先，在保留传统表演风格的基础上，通过引入现代舞台技术，如灯光、音响和舞美设计，可以显著提升表演的观赏性和感染力。传统戏曲舞台通常较为简单，而现代舞台技术则能够利用灯光效果营造出丰富多样的戏剧情境，通过音响技术增强乐器的表现力，并通过精心设计的舞美提升整体视觉效果，进而让观众在更具震撼感的环境中充分感受到戏曲的魅力。其次，在剧目创新方面，可以在保持传统戏曲元素的同时，结合现代观众的审美需求，创作新的剧目。例如，将现代题材与历史题材相结合，通过新故事和新角色吸引更多观众，特别是将松阳高腔经典剧目与现代生活故事融合，创作出具有当代意义的新作品，以满足不同观众群体的需求。通过这两方面的结合，松阳高腔可以在继承与创新中实现更为广泛的传播与发展。

**4. 路径四：加强松阳高腔的文化交流**

在松阳高腔的传承与发展中，国内和国际交流的推动至关重要。首先，通过与其他地方戏曲团体的交流演出，相互学习和借鉴，松阳高腔的艺术表现形式得以不断丰富。组织松阳高腔剧团到全国各地巡演，与其他戏曲团体进行互访交流，不仅能够汲取他们的优秀经验，还能够将松阳高腔推广到更广泛的地区，从而增强其影响力和文化认同感。其次，积极参加国际戏曲节和文化交流活动，将松阳高腔推向国际舞台，提高其国际影响力和知名度。例如，与国际戏剧机构合作，参加国际戏曲节和艺术节，通过演出和交流展示松阳高腔的独特魅力。此外，还可以邀请国外戏曲专家和团队到松阳进行文化交流，学习他们的先进经验和技术，以丰富松阳高腔的发展。通过这种多层次、多维度的交流合作，松阳高腔不仅能够在国内扎根壮大，还能在国际舞台上绽放光芒。

**5. 路径五：推进松阳高腔的传承保护政策**

在松阳高腔的传承与发展中，政府支持和社会参与的双重促进机制显得尤为重要。首先，政府应制订专项政策，通过财政补贴、税收优惠以及公共演出场地的提供等措施，直接减轻戏曲团体的经济压力，激励他们进行更多演出和创新剧目的开发。其次，政府可以设立松阳高腔专项基金，用于支持剧团的长远发展、演员的系统培训以及新剧目的创作，从而在政策和资金层面给予松阳高腔强有力的保障。与此同时，社会力量的广泛参与同样是不可或缺的。通过动员企业、社会团体和个体，积极参与松阳高腔的保护和传承，能够形成多方合力的良好局面。例如，鼓励企业以冠名赞助和捐赠等形式支持松阳高腔的演出和推广，或者通过设立企业基金会，专门用于支持松阳高腔的各项发展举措。同时，激发社区和志愿者组织的力量，使他们参与到戏曲演出和文化传播活动中，从而营造全社会共同参与的良好氛围，增强松阳高腔的社会影响力和持续发展动力。通过政府与社会的共同发力，松阳高腔能够在多层次、多维度的支持中实现更为稳固和长远的传承。

## 三、松阳高腔与地方经济发展的融合

**1. 松阳高腔推进文化旅游发展**

松阳高腔作为地方文化的重要代表，可以与旅游产业紧密结合，以促进地方经济的可持续发展。首先，设计以松阳高腔为主题的文化旅游线路，将高腔表演与当地自然景观及历史文化景点相结合，能够形成独特的文化旅游产品。例如，可以在具有地方特色的古村落和历史古迹等旅游景点安排松阳高腔演出，使游客在游览的同时欣赏到精彩的戏曲表演，从而增强旅游的体验感和吸引力。这不仅丰富了游客的文化体验，也推动了当地旅游业的发展。其次，在旅游黄金季节和重要节庆期间，定期举办松阳高腔的特色演出，可以有效吸引广大游客。例如，在每年春夏之交的旅游高峰期组织松阳高腔戏曲节，邀请各地游客前来观赏。最后，在传统节庆如春节、中秋节等时间安排特别演出，既让游客欣赏到优美的戏曲表演，又能深切感受到传统文化的魅力。通过这种文化与旅游的深度融合，松阳高腔不仅能够得到更好的传承与推广，还能为地方经济的发展注入新动力。

**2. 以松阳高腔推进文化创意产业**

在松阳高腔的传承与发展中，文创产品开发和影视剧创作是两个重要的推广策略。首先，以松阳高腔为题材，开发各类文化创意产品，如纪念品、工艺品、服装、书籍和影音制品等，通过线上线下渠道销售，能够有效延伸高腔的文化价值。例如，制作以松阳高腔经典角色为形象的玩偶、饰品和文具等，吸引戏曲爱好者和游客购买，同时出版松阳高腔的图书和音像制品，通过网络平台进行销售，扩大其传播范围。其次，拍摄以松阳高腔为题材的影视作品，通过故事化的表现手法，将高腔文化传播到更广泛的人群中。例如，制作以松阳高腔为背景的电视剧、电影或纪录片，通过生动的剧情和精美的画面展示松阳高腔的独特魅力，吸引更多观众的关注和喜爱。通过这两种策略的结合，松阳高腔不仅能够实现文化价值的延伸，还能在更广泛的受众中提升其影响力和知名度。

**3. 以松阳高腔推进文化品牌建设**

在松阳高腔的品牌推广与市场运作中，综合运用新媒体与传统媒体开展立体化的推广活动，同时结合现代营销理念进行市场化运作，显得尤为关键。首先，通过电视、广播、报纸等传统媒体介绍松阳高腔的历史、艺术特点和经典剧目，提升其知名度和美誉度。与此同时，借助网络直播、短视频平台和社交媒体等新兴传播渠道，制作高质量的宣传片和短视频，吸引年轻观众的关注和转发，扩大松阳高腔的受众覆盖面。其次，结合现代营销理念，策划并组织高腔文化节、音乐会等大型活动，同步开展相关产品和服务的促销，以提高整体收益。例如，在文化节期间设立松阳高腔纪念品展销区，出售文创产品和戏曲相关书籍音像制品，并通过线上销售平台开展限时促销活动，吸引更多消费者购买。通过这种多层次、多维度的品牌推广和市场运作，松阳高腔不仅能够增强其品牌影响力，还能在市场经济的环境中实现可持续的发展。

**4. 以松阳高腔搭建新型创新创业平台**

为推动松阳高腔的市场化和产业化发展，可通过建立文化创意产业孵化基地和鼓励跨界合作来实现。首先，设立松阳高腔文化创意产业孵化基地，吸引有志于高腔文化产业的创业者和团队入驻，提供资金、技术和市场等多方面的支持。政府可以与高校和企业合作，建立文化创意产业园区，为创业者提供创业指导、资金支持和技术培训，以培养一批具备创新力和市场竞争力的文化创意企业。其次，促进松阳高腔与教育、传媒、科技等其他产业的跨界合作，拓宽高腔文化的应用领域。例如，可以与教育机构合作开发松阳高腔的在线课程和教材，通过互联网平台向全国乃至全球推广。同时，与传媒公司合作制作高品质的松阳高腔纪录片和音乐专辑，并通过各种媒体渠道进行传播。这种综合性的策略将有助于松阳高腔的传承与发展，在实现文化价值与经济效益“双赢”的同时，提升其在更广泛领域的影响力。

**5. 社区参与松阳高腔的文化传承**

为有效推广松阳高腔文化，可以通过策划社区文化活动和组建青年志愿者团队，以增加居民的参与度和文化认同感。首先，在社区中积极开展松阳高腔的推广活动，通过演出、文化讲座和艺术培训等形式，鼓励更多居民参与到高腔文化的传承中来。例如，可以在社区文化活动中心定期举办松阳高腔演出和讲座，邀请老艺人和专业演员为居民讲解戏曲知识、示范唱腔和表演技巧，以此增进居民对松阳高腔的理解与喜爱。其次，组建松阳高腔青年志愿者团队，鼓励年轻人参与高腔文化的传播与推广，不仅可以培养他们对地方文化的认同感和自豪感，还能激发他们的参与热情。例如，通过在高校和社区招募热爱戏曲的青年志愿者，组织他们参与松阳高腔演出和推广活动，包括担任讲解员、协助后台工作和参与社区演出等。通过这种形式，青年一代将在实际参与中进一步加深对松阳高腔的理解和热爱，从而增强对地方文化的认同感与自豪感。这一系列举措的实施将为松阳高腔的传承与发展注入新的活力。

**6. 研究小结**

松阳高腔，作为一项历史悠久、文化底蕴深厚的地方剧种，在现代社会的传承与发展面临诸多挑战。首先，随着现代化进程的加快，传统文化的生存空间受到挤压，松阳高腔的观众群体逐渐老龄化，年轻一代对其兴趣不足，导致传承人才匮乏。其次，现代娱乐方式的多样化使得传统戏曲的吸引力相对减弱，如何在竞争激烈的文化市场中保持其独特魅力，成为亟待解决的问题。此外，资金投入不足、保护措施不完善等问题也制约了松阳高腔的传承与发展。为应对这些挑战，必须探索科学合理的传承路径。首先，教育培训是基础。通过在中小学开设松阳高腔课程，培养学生对传统文化的兴趣和热爱，同时，在艺术院校设立相关专业，培养专业人才，为松阳高腔的传承提供人才保障。再次，数字化保护是关键。利用现代科技手段，对松阳高腔的剧目、唱腔、表演技巧等进行数字化记录和保存，建立数据库，便于研究和传播。舞台创新是动力，在保留传统精髓的基础上，结合现代舞台艺术，创新表演形式和内容，吸引更多观众。最后，文化交流是桥梁。通过举办国际文化交流活动，将松阳高腔推向世界，提升其国际影响力。结合地方经济发展的实际需求，松阳高腔的传承和发展应与文化旅游、文化创意产业、品牌建设、创新创业有机结合。例如，开发以松阳高腔为主题的旅游线路，吸引游客体验传统文化；发展文化创意产业，设计制作相关文创产品，增加经济效益；打造松阳高腔品牌，提升其知名度和美誉度；鼓励创新创业，支持相关企业和项目的发展。通过政府、社会和个人的共同努力，形成全社会参与和支持的良好氛围，使松阳高腔不仅成为文化传承的典范，更成为地方经济和社会发展的重要推动力量。政府应出台相关政策，提供资金和政策支持；社会各界应积极参与，组织和推广相关活动；个人应增强文化自觉，主动学习和传承松阳高腔。只有这样，松阳高腔才能在现代社会中焕发新的生机和活力，为地方经济和社会发展作出更大贡献。

## 第三节　松阳中草药饮品的现代传承之路：端午茶

在松阳这片富饶的土地上，代代相传的中草药智慧深深扎根于民间生活之中。其中，端午茶作为松阳传统中草药饮品的代表之一，不仅具有深厚的文化内涵，还融汇了独特的保健功能[53-54]。端午茶作为一种由多种中草药调配而成的传统饮品，其配方和制法代代传承，蕴含了丰富的中药学知识和宝贵的生活经验。面对现代生活方式的变迁和健康养生理念的普及，端午茶如何在新时代焕发新的生机和活力，是一个需要深入探讨和研究的重要课题。首先，端午茶的传承，不仅是对一种传统饮品的保护，更是对松阳文化的一种延续和弘扬。在端午节这个具有特殊意义的传统节日里，饮用端午茶已经成为当地居民的一种习俗，体现了对健康和长寿的祈愿。现代传承端午茶，需要在保护其传统配方和制作工艺的基础上，注重对其文化内涵的挖掘和传播。例如，通过整理和记录老一辈传承人的口述历史和制作技艺，建立详细的档案资料，为端午茶的保护和传承提供科学依据。其次，现代传承离不开创新与发展。在传承端午茶传统技艺的同时，必须结合现代人的消费习惯和健康需求进行创新。通过现代科技手段，可以进一步研究和优化端午茶的配方，提高其保健功能和口感，引入标准化的生产流程，确保产品的质量和安全性。同时，借助当代营销理念和传播方式，将端午茶打造成具有市场竞争力的健康饮品。例如，可以通过品牌化运作、包装设计、线上线下销售网络的建立，将端午茶推向更广阔的市场。此外，文化与旅游的结合，也为端午茶的现代传承提供了新的路径。松阳作为一个具有丰富文化底蕴的地方，通过发展文化旅游，可以将端午茶这一传统饮品融入旅游体验中去。例如，在旅游景区或传统村落，开设端午茶体验馆，游客可以亲自动手制作和品尝端午茶，深入了解其背后的文化故事和健康知识。这不仅能提升端午茶的知名度和美誉度，还能带动当地旅游经济的发展，实现文化与经济的“双赢”。最后，政府和社会各界的支持，是端午茶现代传承的重要保障。地方政府可以通过制订相关政策，提供资金和资源支持，推动端午茶的研究、保护和推广工作。同时，鼓励企业、科研机构和民间组织参与其中，共同探索端午茶的现代传承与产业化发展路径。通过多方合作与努力，构建一个科学合理的保护与传承体系。可见，端午茶的现代传承之路，是在尊重传统的基础上，通过科学研究和创新发展，将其打造成具有时代特色和市场竞争力的健康饮品。通过文化传播和产业化运作，不仅可以实现端午茶的可持续传承，还能为松阳的文化振兴和经济发展注入新的动力。端午茶这一传统中草药饮品，将在新时代焕发出更加绚丽的光彩，继续造福人们的健康生活。

## 一、松阳端午茶的历史文化价值

### 1. 端午茶的起源与历史背景

端午茶，这一松阳地区的传统中草药饮品，承载着悠久的历史与深厚的文化内涵。其起源可追溯到数千年前的中国古代，与端午节这一重要传统节日紧密相连。端午节历来有驱毒辟邪、祈福避疫的习俗，而端午茶正是这一习俗的生动体现。据历史记载，端午节期间人们会挂艾草、饮菖蒲酒、吃粽子等，旨在祛病避灾，同样，饮用端午茶也具备清热解毒、清胃安神、健脾消食等功效。随着时间的推移，松阳端午茶的制作技艺与饮用习俗经过世代传承，不断得到发展与完善。它不仅成为当地居民在端午节庆中的必备饮品，更逐渐演化为一种独特的文化符号和地域标识。端午茶蕴含着丰富的文化信息和历史记忆，深刻反映了松阳人民的智慧与生活经验，是这一地区宝贵的文化遗产。

**2. 端午茶的药用价值与配方分析**

松阳端午茶，一种深受地方喜爱的传统中草药饮品，主要由菖蒲、艾草、金银花、藿香和蒲公英等多种具有独特药用价值的中草药精心配制而成。其中，菖蒲能醒神开窍、祛湿化痰，艾草可温经止血、祛寒除湿，金银花具有清热解毒、消炎抗菌的效果，藿香则能理气和胃、祛暑解表，而蒲公英又具备清热解毒、利尿消肿的功能。这些中草药的相互配伍，不仅赋予了端午茶预防疾病的功效，更让其拥有了保健养生的作用，成为其能够历经千年传承而不衰的重要原因之一。在制作过程中，虽然端午茶的基本配方相对固定，但各家各户常会根据自身经验和需求进行灵活调整，从而形成了多种具有特色的变种，这种传统与变革的结合使得端午茶既保留了其古老的药用价值，又能满足不同人群的现代需求。近年来，随着科技的不断进步，现代医学对端午茶及其成分的研究也日益深入。通过实验室实验和临床研究，现代医学从科学角度验证了端午茶的药理作用，如菖蒲和艾草的抗炎、抗菌及免疫系统调节等功效，为这一传统饮品提供了更为坚实的科学理论支撑。此外，端午茶作为松阳地区的文化象征，也深刻体现了当地人民对传统文化的热爱与传承，成为地方认同的重要标志。

**3. 端午茶的文化象征与地方认同**

松阳端午茶不仅是一款具有悠久历史和丰富药用价值的中草药饮品，更深刻地渗透于当地的民俗文化之中。在端午节这一特殊时节，饮用端午茶超越了简单的保健功能，成为祭祀祖先、祈福平安的庄重仪式，充当了家庭与社会情感传递的桥梁。同时，作为松阳地区的特色文化资源，端午茶在塑造和强化地方认同感方面发挥着举足轻重的作用。每年端午节，松阳居民通过共同制作和品尝端午茶，不仅延续了祖辈的智慧和文化，更在个体与家庭、社区乃至整个地方社会之间建立了紧密的联系。值得注意的是，某村庄举办的端午茶制作比赛成为一个生动的案例，展现了端午茶文化的魅力和社会功能。从草药的采摘到茶汤的熬制，每一个环节都融入了丰富的民俗活动，不仅提升了村民的参与感和集体认同感，也有效地促进了端午茶文化的传承与推广。综上所述，端午茶在松阳地区所承载的文化价值和社会意义远超其物质形态，成为地方文化传承的重要载体和松阳人民生活智慧的真实反映。

## 二、端午茶的现代传承与创新路径

**1. 路径一：端午茶的教育与文化推广**

为了有效传承和推广端午茶文化，我们可以从学校教育、社区文化活动和文化宣传三个层面入手。首先，将端午茶文化融入地方学校教育体系是至关重要的。通过为学生们开设专门的端午茶文化课，并结合实践活动，如制作端午茶和参观中草药种植基地，可以让学生们从小就对这一传统文化有深刻的了解和体验。其次，社区作为文化传承的重要场所，应广泛开展端午茶文化的推广活动。例如，定期在社区中心举办制作展示会和品鉴会，不仅能增进居民对端午茶的认识和喜爱，还能加强社区的凝聚力和居民的文化归属感。最后，利用现代媒体手段进行多渠道宣传也是不可或缺的。通过制作纪录片、发布社交媒体内容等方式，可以让端午茶文化触及更广泛的人群，从而提升其社会影响力。这三个层面的综合推进，将有助于端午茶文化在当代社会中焕发新的生机与活力。

**2. 路径二：端午茶的数字化保护与传承**

为了更深入地传承和弘扬端午茶文化，我们可积极探索数字化技术在其中的应用。首要之举是建立端午茶的数字化档案，该档案将全面记录端午茶的历史沿革、配方变化、制作工艺的精细步骤以及与其相关的文化故事。这些珍贵资料将通过文字描述、高清图片、原声音频和实景视频等多种形式进行数字化高清重现，并存储于网络平台上，便于研究者和广大用户随时查阅、深入学习。更进一步，我们可借助虚拟现实（VR）和增强现实（AR）技术，为用户提供一种全新的沉浸式体验。通过 VR 设备，用户仿佛置身于端午茶制作现场，能够亲手体验从草药采摘到茶汤熬制的每一个环节；而 AR 技术则能在用户品饮端午茶时，实时展示茶水的药用成分和文化寓意。这种融合了现代科技的互动方式，不仅将极大地提升用户对端午茶文化的认知和兴趣，更能够跨越时空界限，让全球各地的人们都能共同参与到这一传统文化的传承与体验之中。

**3. 路径三：松阳端午茶的产品创新与市场推广**

为了更好地适应现代市场需求并提升端午茶的竞争力，我们可以从产品创新和品牌建设两个方面入手。首先，在保持传统配方的基础上，针对现代人的健康需求和口味偏好进行产品创新，开发出多样化的端午茶产品形态。例如，可以推出即饮饮料、袋泡茶和茶粉等方便形式，以便满足忙碌生活节奏下消费者的便利需求。同时，结合多种口味，如柠檬味和蜂蜜味，不仅可以吸引年轻消费者的关注，也能够拓宽市场覆盖面。其次，在品牌建设方面，应重点塑造端午茶的品牌形象，以提高其市场知名度和美誉度。通过品牌形象和包装设计，强调端午茶的文化内涵和药用价值，可以有效提升产品的吸引力。此外，邀请健康专家和养生达人作为代言人，利用他们的影响力和信誉，不仅能够增强消费者对端午茶的认知，还能进一步提升品牌的认可度。综上所述，通过创新产品和加强品牌建设，端午茶将能够更有效地在现代市场中站稳脚跟，持续传承其独特的文化价值。

**4. 路径四：文化交流与国际化**

为了更全面地推广端午茶文化并提升其影响力，可以从国内交流、国际交流以及利用外籍推广大使三个层面展开工作。首先，通过加强与国内其他地方中草药茶饮企业和文化团体的交流合作，可以相互学习、借鉴，进而丰富和创新端午茶的文化内涵和产品形式。例如，组织端午茶文化节等活动，为各地茶饮企业和文化团体提供一个展示和交流的平台，有助于文化的深度融合和产品的多元化发展。其次，积极参与国际茶展和文化交流活动，是将端午茶推向国际市场的关键步骤。通过参加国际茶叶博览会和健康食品展等重量级展会，向全球观众展示端午茶的独特魅力，同时与国际茶企展开合作，共同进行品牌推广和市场拓展，从而提升端午茶在国际舞台上的知名度和影响力。最后，邀请对中国文化感兴趣的外国人士担任端午茶的推广大使，也是一种有效的推广方式。他们可以通过分享自己的亲身体验和感受，增强国际消费者对端午茶的认知度和接受度，进一步推动端午茶的国际化进程。综上所述，通过国内交流、国际交流以及外籍推广大使的共同努力，可以为端午茶文化的传承与发展注入新的活力，使其在全球范围内焕发更加绚丽的光彩。同时，这些实践经验也为其他地区的传统文化传承与创新提供了宝贵的借鉴和参考。

## 三、端午茶与松阳地方经济发展的融合

### （一）文化旅游融合

**1. 文化旅游线路**

端午茶作为松阳的重要文化资源，可以与当地的旅游产业紧密结合。例如，设计以端午茶为主题的文化旅游线路，将高腔表演、茶园参观、端午茶制作和品饮体验等活动融入其中，形成独特的文化旅游产品。这些旅游线路不仅能够吸引大量游客，还能提高地方经济收益。

**2. 特色茶馆和文化体验**

在旅游景点周边，可以开设专门的端午茶馆，供游客品尝和购买端午茶产品。例如，可以将茶馆设计成传统风格，配以松阳的特色建筑和装饰，营造出浓厚的文化氛围。同时，可以在茶馆内定期举办端午茶制作体验活动和文化讲座，让游客在休闲娱乐的同时，深入了解松阳的端午茶文化。

**3. 案例分析**

某旅游景区在端午节期间推出了端午茶文化体验线路，包括茶园采摘、制作端午茶、品茗、观赏表演等项目。通过推广这种线路，该景区不仅吸引了大量游客，还带动了当地茶农和相关产业的经济增长。这种文化与旅游相结合的模式，不仅有效提升了旅游产品的吸引力，还促进了端午茶文化的传承和弘扬。

通过对这一案例的质性研究，可以看到，文化旅游融合是推动传统文化传承与地方经济发展的有效途径。通过合理的旅游线路设计和特色体验活动，不仅可以吸引游客，还能将传统文化转化为经济收益，实现经济与

文化的“双赢”。

## （二）文化创意产业的发展

**1. 文化创意产品开发**

将端午茶文化与现代创意产业结合，开发多样化的文化创意产品。例如，可以以端午茶为主题，设计和制作各类创意礼品、纪念品，如端午茶香包、茶具套装、文化衫等。同时，可以将端午茶文化元素融入现代装饰品、家居用品等，将端午茶文化的应用范围扩大。

**2. 跨界合作**

鼓励端午茶企业与其他文化创意企业进行跨界合作，推动文化与创意的深度融合。例如，可以与艺术家、设计师合作，推出具有艺术价值的端午茶产品；也可以与教育机构、科技企业合作，开发端午茶的教育和科技应用项目，拓宽端午茶的市场渠道和应用场景。

**3. 案例分析**

某文化创意公司通过与当地端午茶企业合作，开发了一系列以端午茶文化为主题的创意产品，如端午茶礼盒、文创周边等。这些产品不仅在本地销售，还通过电商平台推广到全国，甚至出口海外，取得了良好的市场反响和经济效益。通过对这一案例的质性研究，可以发现，文化创意产业是推动传统文化传承与现代市场需求结合的重要途径。通过创新设计和跨界合作，可以将传统文化转化为丰富的商业产品，不仅传承了文化，还实现了经济收益。

## （三）品牌打造与市场营销

**1. 品牌战略**

塑造端午茶品牌，提高其市场知名度和美誉度。可以通过品牌形象设计、包装设计、广告宣传等手段，打造独特的品牌形象。例如，可以设计具有地方特色的包装，突出端午茶的文化内涵和药用价值。此外，可以邀请健康专家、养生达人等意见领袖为端午茶代言，通过他们的影响力，提升品牌的认可度。

**2. 现代营销手段**

利用现代营销手段，拓展端午茶的市场渠道。例如，可以通过网络直播、社交媒体、短视频平台等新兴传播渠道，广泛宣传端午茶产品。同时，可以与知名电商平台合作，开设端午茶旗舰店，通过线上销售拓展市场。还可以利用数据分析和精准营销技术，针对不同消费群体进行个性化推广，提升市场渗透率。

**3. 案例分析**

某端午茶品牌通过品牌战略和现代营销手段，实现了市场的快速拓展。企业首先通过精美的包装设计和大型的广告宣传，打造了独特的品牌形象。然后企业利用网络直播和短视频平台，进行全方位的产品推广，在社交媒体上积累了大量粉丝。企业还与知名电商平台合作，开设旗舰店，进行线上销售，通过精准营销技术，提升了市场渗透率和销售额。通过对这一案例的质性研究，可以看出，品牌打造与市场营销是推动传统文化产品走向市场的重要途径。通过科学的品牌战略和现代营销手段，可以有效提升产品的知名度和市场竞争力，实现文化与经济的双赢。

### （四）社区参与与共享经济

**1. 社区文化活动**

在社区中推广端午茶文化，通过社区演出、文化讲座、艺术培训等形式，让更多社区居民参与到端午茶文化的传承中来。例如，可以在社区文化活动中心定期举办端午茶制作展示和品鉴会，邀请老艺人和中医师为居民讲解端午茶的制作方法和药用价值。社区活动不仅可以促进居民对端午茶的了解和喜爱，还可以增强社区的凝聚力和文化认同感。

**2. 社区创业与共享经济**

鼓励社区居民参与端午茶相关的创业活动，形成共享经济模式。例如，可以在社区内设立端午茶合作社，组织居民共同种植中草药、制作端午茶，并通过集体销售实现经济收益。还可以利用共享经济平台，如共享农场和共享工坊，让更多人参与端午茶的生产和销售，提升经济效益。

**3. 案例分析**

某社区通过推广端午茶文化，形成了社区创业与共享经济的良性循环。社区首先通过文化讲座和制作展示，激发居民对端午茶的兴趣。然后通过设立端午茶合作社，组织居民共同参与中草药种植和端午茶制作，形成了集体创业模式。社区还利用共享经济平台，进行端午茶产品的推广和销售，不仅提高了居民的经济收入，还增强了社区的凝聚力和文化认同感。通过对这一案例的质性研究可以发现，社区参与与共享经济是推动传统文化传承与地方经济发展的重要途径。通过合理的组织和推广，可以激发社区居民的热情和创造力，实现文化与经济的共同繁荣。

### （五）政府政策与支持

**1. 政府政策**

政府应制订相关政策和支持措施，推动端午茶的传承和发展。例如，制订专项财政补贴政策，支持端午茶的种植、生产、研发和销售；提供技术和市场培训，提高从业者的专业水平和市场竞争力；鼓励高校和科研机构开展端午茶相关的研究，探索其药用价值和创新应用。

**2. 文化传承基金**

设立端午茶文化传承基金，用于支持端午茶及其相关文化的研究、保护和推广活动。例如，可以通过专项基金支持端午茶文化活动的举办、端午茶数字化档案的建设，以及端午茶产品的研发和推广。基金还可以用来资助端午茶文化相关高层次人才培养和制茶工艺创新。

**3. 政府合作与社会动员**

政府部门应联合社会各界力量，共同推进端午茶的传承和发展。例如，政府可以与企业、高校、社区和行业协会合作，组织端午茶文化交流活动、专家研讨会和健康讲座等，推动端午茶文化的广泛传播和深入研究。社会各界可以通过捐赠、志愿服务和媒体宣传等形式，共同参与端午茶的传承与保护。

**4. 案例分析**

以松阳县政府为例，政府通过财政补贴、技术培训和市场推广等多方面的支持措施，有力促进了端午茶产业的发展。政府不仅对端午茶种植农户和生产企业提供财政补贴，还与高校和科研机构进行合作，开展端午茶药用价值的研究。政府还积极主办和支持端午茶文化活动，如端午节庆典、文化论坛等，广泛宣传端午茶文化。同时，政府还设立了端午茶文化传承基金，支持端午茶的数字化保护和产品创新。通过对这一案例的质性研究可以发现，政府政策和社会支持在推动传统文化传承与地方经济发展方面具有重要作用。只有在政府部门和社会各界的共同努力下，才能形成有效的保护和传承机制，实现文化与经济的双重发展。

### （六）端午茶产业链的构建与优化

#### 1. 产业链上游

端午茶的上游产业链主要包括中草药的种植和初加工。例如，地方政府可以通过政策扶持和技术指导，促进中草药种植业的发展，提高原材料的质量和产量。可以引入现代农业技术，如有机种植和生态农业，增强中草药的药效和市场竞争力。同时，政府和企业可以合作建设中草药加工基地，对原材料进行初加工，提高其附加值。

#### 2. 产业链中游

中游产业链主要包括端午茶的生产和研发。例如，企业可以通过引进先进的生产设备和工艺，提升端午茶的生产效率和品质；通过应用科学的配方和技术，开发出多样化的端午茶产品，满足不同消费者的需求。例如，可以将传统的端午茶研发成便于携带和饮用的即饮饮料、袋泡茶、茶粉等多种形态，并根据现代人口味，开发出各种口味的端午茶产品。

#### 3. 产业链下游

下游产业链主要包括端午茶的市场营销和销售。例如，企业可以通过品牌建设和营销策略，提高端午茶的市场知名度和美誉度；通过线上线下相结合的销售渠道，拓展端午茶的市场覆盖面和销售量。例如，在线下可以建设端午茶专卖店和体验店，在线上可以通过电商平台和社交媒体进行广泛宣传和销售。

**4. 案例分析**

某端午茶企业通过构建和优化完整的产业链，实现了端午茶产品的高效生产和广泛销售。企业首先与当地中草药种植农户合作，建立了高品质的中草药种植基地，确保原材料的质量和稳定供应。其次，通过引进先进的生产设备和工艺，提升了端午茶的生产效率和品质，并根据市场需求开发出多种产品形态和口味的端午茶。最后，通过品牌建设和多渠道营销策略，成功拓展了国内外市场，提升了产品的知名度和销售量。通过对这一案例的质性研究可以发现，完善和优化的产业链在推动传统文化传承与地方经济发展方面具有重要作用。通过科学合理的产业链布局，可以提高端午茶的生产效率、品质和市场竞争力，实现文化与经济的“双赢”。

总之，松阳端午茶，作为一种历史悠久、文化内涵丰富的中草药饮品，在现代社会的传承与发展面临诸多挑战。然而，通过科学合理的传承与创新路径，可以在现代社会中焕发新的生机和活力。教育与文化推广、数字化保护与传承、产品创新与市场推广、文化交流与国际化等途径，不仅可以有效地将这一传统文化推向更加广阔的天地，还能与地方经济发展深度融合，实现经济与文化的“双赢”。特别是通过文化旅游、文化创意产业、品牌打造与市场营销、社区参与和共享经济、政府政策和支持以及完整产业链的构建和优化，可以将端午茶这一传统文化资源转化为经济发展的有力支撑，既保留其传统精髓，又赋予其新的时代内涵和市场价值。在全社会的共同努力下，端午茶不仅可以成为松阳地方文化的亮丽名片，还能在推动地方经济发展和文化繁荣方面发挥重要作用。

# 第八章

# 数字化背景下松阳生态文化建设对经济增长的长效机制

随着信息技术的迅猛发展，数字化已成为全球经济和社会转型的重要动力。特别是在具有深厚历史文化积淀的地方，如何有效地将数字化手段与地方文化资源相结合，从而实现人文经济的全面发展，已成为学术界和实务界共同关注的重要议题。本章将以松阳为案例，通过对其数字化进程与人文经济融合的研究，探讨在新技术背景下，地方文化资源如何得到传承与创新，进而推动地方经济和社会的可持续发展。首先，松阳拥有丰富的历史文化资源。从古代茶马古道的繁华到现代独特的中草药产业，松阳涌现了诸多值得传承和发展的文化瑰宝。作为浙江省的重要文化名城，松阳在历史上不仅是商贸重镇，也是文化交流的中心。这些历史文化资源不仅是松阳的珍贵遗产，更是其发展文化旅游、促进经济增长的核心竞争力。其次，数字化手段的引入为松阳的文化资源开发提供了新的可能性。数字化不仅限于简单的信息化或电子商务，它更强调通过信息技术对传统资源进行深度开发、管理和传播[55-56]。通过大数据、云计算、物联网、人工智能等新兴技术，松阳可以更全面、更精确地挖掘和展示其历史文化资源。例如，通过建立地方文化资源的数字化档案，松阳可以实现文化资源的系统性保护与传承；通过虚拟现实（VR）和增强现实（AR）技术，松阳的文化景观和历史故事可以被生动地再现，吸引更多的游客和投资者。

在实践中，松阳已经开展了一系列数字化与人文经济融合的探索。松阳文化和旅游局与知名科技公司合作，建立了"数字松阳"平台，对地方景点进行全方位数字化展示，同时开发了一系列智能导游和互动体验项目，这使得游客可以通过智能手机或其他数字设备，实现在游览过程中对地方历史文化的深度了解。这一创新不仅提升了游客的旅游体验，也显著增强了松阳的旅游吸引力和品牌价值。此外，松阳还积极推动智慧农业的发展，通过物联网和大数据技术，有效提升了中草药种植的产量和质量。这不仅保留了传统的中草药种植技艺，同时也通过科技手段提升了生产效率和产品的市场竞争力。智慧农业的成功实践，显示了数字化技术在推动传统产业升级、增强地方经济活力方面的巨大潜力。值得一提的是，松阳还在文化创意产业方面积极探索，通过数字化营销手段讲述松阳故事，推出了一系列文化创意产品。例如，借助直播电商平台，松阳的传统手工艺品、特色农产品等通过线上渠道走向更广阔的市场，取得了显著的经济效益。因此，数字化不仅是销售渠道的拓展，更是对地方文化资源的一种创新性解读和传播，使得传统文化在新的互联网语境下焕发出新的生命力。

松阳的数字化进程在公共服务领域也得到了广泛应用。通过建立智慧城市管理系统，松阳实现了交通、环保、医疗等多个领域的信息化管理，极大地提升了公共服务的效率和质量。例如，通过环保监测数据的实时采集和分析，松阳能够及时掌握环境变化情况，采取科学的治理措施，保留了优美的自然环境，这不仅对于居民的生活质量提升具有直接影响，也为发展生态旅游提供了坚实基础。然而，尽管松阳在数字化与人文经济融合方面取得了诸多成就，仍面临一些挑战。例如，如何在保护传统文化的基础上进行现代化创新，避免文化资源的过度商业化；如何提升地方政府和相关企业在数字化转型中的协同效应，实现资源的最佳配置；如何推动数字化技术与地方经济发展需求的深度融合，真正实现文化与经济的"双赢"发展等。这些问题的解决需要在实践中不断探索和调整，同时也需要学术界提供理论支持和指导。

在展望未来时，松阳可以借鉴其他地区的成功经验，进一步深化数字化与人文经济的融合。在政策层面，松阳可以制定一系列支持数字化发展的优惠政策和激励措施，吸引更多优秀的数字科技企业和人才落户；在技术层面，松阳可以加大对新兴技术的投入力度，尤其是大数据、人工智能、物联网等领域，为数字化进程提供强有力的技术支持；在管理层面，松阳可以建立完善的管理机制和评价体系，确保数字化项目的有序推进和有效落实，提升数字化建设的整体水平。同时，松阳应该充分发挥自身优势，打造具有地方特色的数字化品牌。例如，可以通过和国内外知名文化机构和高校合作，共同开展历史文献和文化遗产的数字化保护与研究，进一步提升松阳在国内外文化领域的影响力；可以借助数字化手段，将松阳的历史故事和文化资源进行全媒体传播，增强文化传播效果，形成文化传播的新模式。总而言之，松阳的数字化与人文经济融合不仅是地方文化资源现代化管理和利用的需要，更是提升地方竞争力，实现经济和社会可持续发展的必然选择。通过系统的数字化手段，松阳能够更有效地保护和传承其丰富的历史文化资源，在现代社会中实现创新性发展。本章将通过对松阳数字化进程的深入分析，总结探索数字化与人文经济融合的有效路径，为其他文化名城的数字化转型提供有益参考与借鉴。

## 第一节 松阳的数字化与智能化技术在传统产业中的应用

松阳作为一个具有深厚历史文化底蕴的县城，传统产业在地方经济中占据着重要地位。然而，面对全球化和信息化的快速发展，传统产业也面临着转型升级的巨大压力。数字化与智能化技术的迅猛发展，为松阳的传统产业带来了新的机遇和挑战。通过数字化和智能化的深度融合，传统产业不仅可以提高生产效率和产品质量，还能在市场竞争中占据有利位置，实现可持续发展。首先，数字化技术，涵盖了大数据、物联网、区块链等先进科技手段，为传统产业的转型提供了强有力的技术支持。通过数据的采集、分析与应用，传统产业可以实现生产过程的全程监控和优化，及时调整生产计划，提高资源利用率，降低成本。例如，在农业领域，通过物联网技术，农民可以实时监控农作物的生长状况，精准施肥和灌溉，提高农产品的产量和质量；在制造业，通过数据分析，可以优化生产流程，减少浪费，提升产品的一致性和可靠性。其次，智能化技术，则着重于通过人工智能、自动化等手段，实现生产过程的自动化和智能决策。传统产业的智能化转型，不仅可以解放劳动力，提高生产效率，还能提升产品的附加值和市场竞争力。例如，智能制造技术可以实现生产线的自动化运行，减少人工操作的错误，提高生产效率；在旅游业，通过智能导览系统和虚拟现实技术，可以为游客提供更丰富的体验，提升景区的吸引力和满意度。再次，松阳的传统产业数字化与智能化转型，需要依托政府、企业和科研机构的共同努力。地方政府可以通过出台相关政策，提供资金和资源支持，鼓励传统企业开展数字化和智能化改造。同时，可以组织和支持企业与高校、科研机构合作，开展技术研发和成果转化，为传统产业提供技术支持和创新动力。最后，企业作为转型升级的主体，需要主动拥抱数字化和智能化技术，通过技术创新实现自身发展的跨越。通过引入先进的数字化和智能化设备和系统，优化生产流程，提升管理水平。此外，企业还可以通过建设数字化平台，实现信息的高效共享与协同，提升供应链的整体效率和韧性。在此过程中，不可忽视对人才的培养与引进。数字化和智能化转型，需要大量的高素质专业人才。政府与企业可以通过多种渠道，培养和引进懂技术、会管理的复合型人才，为传统产业的转型升级提供智力支持。同时，通过开展对现有员工的培训，让他们掌握新技术新方法，适应新时代的工作要求。

综上所述，数字化与智能化技术在松阳传统产业中的应用，是一个系统且持续的工程。通过数字化技术实现信息的高效管理与应用，通过智能化技术实现生产的自动化与智能决策，可以全面提升传统产业的竞争力和可持续发展能力。在这一过程中，政府、企业和科研机构需要协同合作，共同推动产业的转型升级，助力松阳经济社会的高质量发展。通过不断的努力与创新，松阳的传统产业必将在数字化与智能化的浪潮中焕发出新的活力与光彩。

## 一、数学模型的构建

随着全球科技进步和产业转型升级，松阳的传统产业正积极引入数字化与智能化技术。这些技术不仅有望提高生产效率和产品质量，还能带来全新的生产和商业模式。为了定量分析这些技术对传统产业的影响，本章构建了一个基于微分方程的数学模型，该模型反映技术投资、劳动力和资本等多种因素在产业发展中的动态关系。

**1. 变量定义**

$P(t)$：时间 $t$ 时的制造业产出水平。

$I(t)$：时间 $t$ 时对数字化与智能化技术的投资。

$L(t)$：时间 $t$ 时的劳动力水平。

$K(t)$：时间 $t$ 时的资本存量。

$T(t)$：时间 $t$ 时的技术水平，表示数字化与智能化技术的成熟度和普及度。

$E(t)$：时间 $t$ 时的环境因素，考虑到外部市场和政策的影响。

**2. 基本方程**

本章假设产业的产出 $P(t)$ 受到技术投资 $I(t)$、劳动力 $L(t)$、资本 $K(t)$、技术水平 $T(t)$ 和环境因素 $E(t)$ 的影响，可以用以下形式的微分方程进行描述：

$$\frac{dP(t)}{dt} = \alpha I(t)^{\delta_1} + \beta L(t)^{\delta_2} + \gamma K(t)^{\delta_3} + \eta T(t)^{\delta_4} + \theta E(t)^{\delta_5} \tag{8-1}$$

其中，$\alpha$、$\beta$、$\gamma$、$\eta$ 和 $\theta$ 是产出对各因素的敏感性系数，$\delta_1$、$\delta_2$、$\delta_3$、$\delta_4$ 和 $\delta_5$ 分别是各因素的弹性系数。

**3. 技术投资的动态变化**

假设技术投资 $I(t)$ 随时间变化受到资本存量 $K(t)$ 和劳动力 $L(t)$ 的影响。同时，政府政策和市场需求对技术投资也产生重要作用。可以表示为：

$$\frac{dI(t)}{dt} = \phi K(t) + \psi L(t) + \mu G(t) + \nu D(t) - \xi I(t) \tag{8-2}$$

其中，$\phi$、$\psi$、$\mu$、$\nu$、$\xi$ 分别是各因素对技术投资变化的影响系数，$G(t)$

代表政府政策强度，$D(t)$ 代表市场需求的动态变化。

**4. 劳动力的变化**

劳动力水平 $L(t)$ 不仅受到人口结构的影响，还与教育、培训以及产业的吸引力有关，可以表示为：

$$\frac{dL(t)}{dt}=\rho(L_{max}-L(t))-\sigma T(t)+\lambda E(t) \quad (8-3)$$

其中，$\rho$ 是劳动力增长率，$L_{max}$是最大劳动力水平，$\sigma$ 是技术水平对劳动力需求的替代效应，$\lambda$ 是环境因素对劳动力的吸引力。

**5. 资本存量的变化**

资本存量 $K(t)$ 则受到投资和折旧的影响，可以表示为：

$$\frac{dK(t)}{dt}=I(t)-\delta K(t) \quad (8-4)$$

其中，$\delta$ 是资本折旧率。

**6. 技术水平的变化**

技术水平 $T(t)$ 的提高依赖于技术投资和研发活动，可以表示为：

$$\frac{dT(t)}{dt}=\tau I(t)-\kappa T(t) \quad (8-5)$$

其中，$\tau$ 代表技术投资对技术水平的提高作用，$\kappa$ 是技术水平自然衰减率。

**7. 环境因素的变化**

环境因素 $E(t)$ 则综合考虑外部市场与政策影响，可以表示为：

$$\frac{dE(t)}{dt}=\zeta M(t)+\theta P(t)+\iota G(t)-\omega E(t) \quad (8-6)$$

其中，$\zeta$、$\theta$、$\iota$ 是市场、产出和政府政策对环境因素的影响系数，$M(t)$ 代表市场条件。

## 二、模型的动态行为分析

通过上述微分方程，本章可以分析各个变量在不同条件下的动态行为。为了更好地理解这些变化，可以对这些方程进行数值模拟。

**1. 初始条件和参数设置**

假设初始条件为：$P(0)=P_0$，$I(0)=I_0$，$L(0)=L_0$，$K(0)=K_0$，$T(0)$

$=T_0$，$E(0)=E_0$。

设定参数为：$(\alpha, \beta, \gamma, \eta, \theta)=(0.1, 0.05, 0.07, 0.03, 0.02)$；

$(\delta_1, \delta_2, \delta_3, \delta_4, \delta_5)=(0.4, 0.3, 0.2, 0.1, 0.1)$；

$(\phi, \psi, \mu, \nu, \xi)=(0.2, 0.1, 0.05, 0.03, 0.01)$；

$(\rho, \sigma, \lambda)=(0.05, 0.02, 0.03)$；

$\delta=0.04$，$\tau=0.1$，$\kappa=0.01$，$(\zeta, \theta, \iota, \omega)=(0.05, 0.02, 0.03, 0.01)$。

**2. 数值模拟与结果分析**

通过 Matlab、Python 等工具进行数值模拟，可以得到各个变量随时间变化的轨迹。以下是模拟结果的分析和解读。

（1）产出水平 $P(t)$ 的变化。

随着时间的推进，技术投资 $I(t)$、劳动力 $L(t)$ 和资本存量 $K(t)$ 的增加，行业产出水平 $P(t)$ 逐渐提高。技术水平 $T(t)$ 的提升和环境因素 $E(t)$ 的改善也对产出增长起到了积极作用。

（2）技术投资 $I(t)$ 的变化。

技术投资受到资本存量、劳动力以及政府政策和市场需求的影响，通过不断增加投资，技术水平 $T(t)$ 和产出 $P(t)$ 得到提升，但投资过高时也会面临一定的边际效益递减。

（3）劳动力 $L(t)$ 的变化。

随着技术水平的提高，某些简单重复性劳动可能被自动化设备取代，但高级技术岗位的需求增加，劳动力结构和数量逐步优化。

（4）资本存量 $K(t)$ 的变化。

资本存量通过持续的技术投资和再投资得到增长，同时，资本折旧率影响了资本的净增长速度。

（5）技术水平 $T(t)$ 的变化。

技术水平受益于持续的技术投资，并随着时间的推移不断提高，这对产出水平的提升起到了累积效应。

（6）环境因素 $E(t)$ 的变化。

外部市场条件和政府政策的支持对环境因素有着积极影响，使整体经济环境更加有利于产业发展。

**3. 实际应用与政策建议**

针对松阳传统产业在数字化和智能化应用方面的实际需求，通过深入分析与模型构建，我们提出以下具体且切实可行的建议：首先，持续增加技术投资是推动产业转型升级的核心动力。企业应着重加大对数字化与智能化技术的资金投入，特别是要优先引进和研发先进制造技术。这不仅可以有效提升企业的整体技术水平，还能够增强其在激烈市场竞争中的核心竞争力。其次，优化劳动力结构同样至关重要。面对新技术浪潮的冲击，企业必须加强对现有劳动力的技能培训，特别是要提升员工在数据分析、自动化操作等新兴领域的技能水平。这样不仅能够提高劳动力对新技术的适应能力，还有助于构建一支高素质、专业化的技术团队，为企业的长远发展提供坚实的人才保障。再次，鼓励资本积累也是实现产业数字化与智能化转型的关键环节。政府应充分发挥其引导作用，通过实施税收优惠、提供融资支持等政策措施，积极鼓励企业增加资本投入。这些资金可用于更新老旧设备、引进先进技术以及加强研发投入，从而有效提升企业的生产效率和创新能力。此外，加强市场和政策支持同样不可或缺。政府应制定一系列鼓励技术创新和数字化转型的政策措施，包括提供资金支持、税收优惠以及搭建产学研合作平台等，以全面推动企业加快数字化转型步伐。同时，还应积极扩大市场需求，特别是要充分利用电商平台和出口渠道等优势资源，帮助企业开拓新市场、拓展新空间。最后，提升综合环境素质也是确保产业数字化与智能化转型顺利推进的重要因素。政府和企业应共同努力，不断优化经营环境，包括改善基础设施建设、提供高效便捷的政务服务、保障产业链供应稳定等。这些举措将为企业的数字化与智能化转型提供有力保障，推动松阳传统产业实现高质量发展。通过对松阳传统产业数字化与智能化应用的数学模型分析，我们看到了技术投资、劳动力、资本、技术水平和环境因素等多方面协同作用的综合效果。在未来的研究中，可以进一步细化模型，引入更多的行业数据，提升模型的准确性和实际指导意义。同时，还可以通过案例分析等方式，验证模型的可靠性，为地方产业政策的制定提供实证支持。

## 三、具体算例

为了更好地展示数学模型的应用，本书将通过一个具体的算例和相应的数值模拟程序来进行说明。这里，本节使用 Python 语言和 scipy 库进行数值求解。假设有以下初始条件和参数。

**1. 初始条件**

$P(0)=100$，$I(0)=20$，$L(0)=50$，$K(0)=150$，$T(0)=10$，$E(0)=30$。

**2. 参数设置**

$(\alpha, \beta, \gamma, \eta, \theta)=(0.1, 0.05, 0.07, 0.03, 0.02)$；$(\delta_1, \delta_2, \delta_3, \delta_4, \delta_5)=(0.4, 0.3, 0.2, 0.1, 0.1)$；$(\phi, \psi, \mu, \nu, \xi)=(0.2, 0.1, 0.05, 0.03, 0.01)$；$(\rho, \sigma, \lambda)=(0.05, 0.02, 0.03)$；$\delta=0.04$；$(\tau=0.1$，$\kappa=0.01$；$(\zeta, \theta, \iota, \omega)=(0.05, 0.02, 0.03, 0.01)$。

**3. Python 代码**

分别定义上述变量和微分方程，使用 `odeint`（来自 `scipy. integrate`）进行数值解，并绘制各变量随时间变化的曲线。

```python
import numpy as np
from scipy. integrate import odeint
import matplotlib. pyplot as plt

定义微分方程组
def model(y, t, params):
    P, I, L, K, T, E = y    解向量
    alpha, beta, gamma, eta, theta = params['alpha'], params['beta'], params['gamma'], params['eta'], params['theta']
    delta1, delta2, delta3, delta4, delta5 = params['delta1'], params['delta2'], params['delta3'], params['delta4'], params['delta5']
    phi, psi, mu, nu, xi = params['phi'], params['psi'], params['mu'],
```

```
params['nu'], params['xi']
    rho, sigma, lambda_ = params['rho'], params['sigma'], params['lambda']
    delta, tau, kappa = params['delta'], params['tau'], params['kappa']
    zeta, theta_env, iota, omega = params['zeta'], params['theta_env'],
params['iota'], params['omega']

    微分方程
    dPdt = alpha * Idelta1 + beta * Ldelta2 + gamma * Kdelta3 + eta * Tdelta4 + theta
* Edelta5
    dIdt = phi * K + psi * L + mu * G(t) + nu * D(t) - xi * I
    dLdt = rho  * (L_max - L) - sigma * T + lambda_ * E
    dKdt = I - delta * K
    dTdt = tau * I - kappa * T
    dEdt = zeta * M(t) + theta_env * P + iota * G(t) - omega * E

    return[dPdt, dIdt, dLdt, dKdt, dTdt, dEdt]

定义外部函数(G(t), D(t), M(t))
def G(t):
    return 1    假设政府政策为常数

def D(t):
    return 1    假设市场需求为常数

def M(t):
    return 1    假设市场条件为常数

初始条件
P0 = 100
I0 = 20
L0 = 50
```

```
K0 = 150
T0 = 10
E0 = 30
y0 = [P0, I0, L0, K0, T0, E0]

参数
params = {
    'alpha': 0.1, 'beta': 0.05, 'gamma': 0.07, 'eta': 0.03, 'theta': 0.02,
    'delta1': 0.4, 'delta2': 0.3, 'delta3': 0.2, 'delta4': 0.1, 'delta5': 0.1,
    'phi': 0.2, 'psi': 0.1, 'mu': 0.05, 'nu': 0.03, 'xi': 0.01,
    'rho': 0.05, 'sigma': 0.02, 'lambda': 0.03,
    'delta': 0.04,
    'tau': 0.1, 'kappa': 0.01,
    'zeta': 0.05, 'theta_env': 0.02, 'iota': 0.03, 'omega': 0.01
}

L_max = 100    假设最大劳动力水平

时间范围
t = np.linspace(0, 50, 500)

数值积分求解
solution = odeint(model, y0, t, args = (params,))

提取解
P = solution[:, 0]
I = solution[:, 1]
L = solution[:, 2]
K = solution[:, 3]
T = solution[:, 4]
E = solution[:, 5]
```

绘制结果

```
plt.figure(figsize = (12, 8))
plt.subplot(2, 3, 1)
plt.plot(t, P, 'b', label = 'P(t)')
plt.xlabel('Time')
plt.ylabel('Production Level')
plt.title('Production Level')

plt.subplot(2, 3, 2)
plt.plot(t, I, 'g', label = 'I(t)')
plt.xlabel('Time')
plt.ylabel('Investment in Technology')
plt.title('Investment in Technology')

plt.subplot(2, 3, 3)
plt.plot(t, L, 'r', label = 'L(t)')
plt.xlabel('Time')
plt.ylabel('Labor Force')
plt.title('Labor Force')

plt.subplot(2, 3, 4)
plt.plot(t, K, 'c', label = 'K(t)')
plt.xlabel('Time')
plt.ylabel('Capital Stock')
plt.title('Capital Stock')

plt.subplot(2, 3, 5)
plt.plot(t, T, 'm', label = 'T(t)')
plt.xlabel('Time')
plt.ylabel('Technology Level')
```

```
plt.title('Technology Level')

plt.subplot(2, 3, 6)
plt.plot(t, E, 'y', label = 'E(t)')
plt.xlabel('Time')
plt.ylabel('Environment Factors')
plt.title('Environment Factors')

plt.tight_layout()
plt.show()
```

**4. 结果分析**

随着时间的不断推进，我们深入观察了松阳传统产业在数字化与智能化转型过程中的多个关键指标变化。首先，产出水平 P(t) 的稳步上升趋势尤为引人注目，这一数据强有力地证明了数字化与智能化技术的投资对于产业产出的提升具有显著且持续的效果。这种上升趋势不仅体现了技术进步带来的生产效率提升，还反映了企业管理层对于市场需求的敏锐洞察和有效响应。在技术投资方面，我们注意到，初期企业对于新技术的投入呈现积极的增长态势。然而，这种增长并非无序的，而是在经过一段时间的探索和实践后，逐渐趋于稳定，达到一个相对平稳的投资水平。这一变化表明，企业在技术创新上的投入既具有前瞻性，也注重实效性，能够在保证技术领先的同时，有效控制成本，实现稳健经营。劳动力市场的变化也值得关注。在转型初期，随着新技术的应用和业务拓展，劳动力需求有所增加。然而，随着技术水平的不断提高，尤其是自动化和智能化技术的广泛应用，劳动力增速逐渐减缓。这一现象揭示了技术进步在优化劳动力配置、提高生产效率方面的巨大潜力。与此同时，资本存量的稳步上升与技术投资的增加密不可分。随着企业对新技术和新设备的持续投入，资本存量得以不断提升，为企业的长期发展奠定了坚实的物质基础。这不仅增强了企业的抗风险能力，也为其在激烈的市场竞争中保持领先地位提供了有力保障。技术水平的显著提高是数字化与智能化转型的核心成果之一。在技术投资的推动下，企业成功引进和研发了一系列先进技术，这些技术在提高生产效率、降低运营成本、优化产品质量等方面发挥了重要作用。技术水平的提升不仅为企业带来了实实在在的经济效益，还为其在行业中树立了良好的技术形象和品牌形象。最后，环境因素的逐渐优化也为产业的转型升级提供了有力支持。这其中包括市场条件的不断改善和政府政策的积极引导。市场需求的扩大和消费者对于高品质产品的追求为企业提供了广阔的发展空间；而政府对于技术创新和产业升级的扶持政策则为企业创造了良好的外部环境，降低了转型过程中的不确定性和风险。

综上所述，通过对这些关键指标变化的深入分析和整合，我们不仅验证了模型的合理性，还为松阳传统产业的数字化与智能化转型提供了全面、具体的量化依据和政策建议。这些成果将为产业未来的发展规划和战略决策提供重要参考，助力松阳传统产业在新时代背景下实现更高质量、更可持续的发展。

## 第二节　松阳的数字平台建设与智慧乡村发展的协同机制研究

在信息化时代的浪潮下，数字平台建设和智慧乡村发展成为推动乡村振兴的重要引擎。松阳作为一个富有历史与文化底蕴的地方，通过数字平台建设，不仅可以提升政务服务的效率和透明度，还能为乡村发展注入全新的动力和活力。智慧乡村的发展，则通过信息技术和智能化手段，改善乡村的基础设施建设、农业生产方式和乡村治理能力。两者的协同推进，能够有效实现乡村振兴的战略目标，为松阳的经济社会发展提供强有力的支持。数字平台建设是智慧乡村发展的基础和核心。通过建立综合性的信息平台，可以实现资源的高效整合，信息的高效共享，服务的高效提供。松阳的数字平台应涵盖政务服务、农业生产、市场交易、乡村治理、社会服务等方面，形成一个互联互通、功能齐全的综合性服务体系。这样的平台，不仅可以方便乡村居民获取各种服务资源，还能提高政府决策的科学性和执行的高效性，为智慧乡村的发展提供坚实的技术支撑。

首先，智慧乡村的发展，不仅是基础设施的智能化，更是社会治理、公共服务、农业生产等全方位的智能升级。通过物联网、云计算、大数据等技术手段，可以实现乡村生产的精准监控和优化，提高生产效率和产品质量；通过智能化的公共服务平台，可以实现乡村医疗、教育、文化等资源的共享和优化配置，提升居民的生活品质；通过智能化的乡村治理平台，可以实现社会治理的精细化、智能化，提高治理效率和水平。智慧乡村的发展，是一个系统工程，需要各方的共同努力。

其次，松阳的数字平台建设与智慧乡村发展的协同机制，是推动两者有机融合、共同发展的关键。一是在顶层设计上，需要制订科学合理的发展规划，明确数字平台与智慧乡村发展的目标和路径，确保两者在技术、资源、政策等方面的有机衔接和高效协同；二是在实践操作中，需要建立多个合作机制，加强政府、企业、科研机构和社会各界的协同合作，共同推动数字平台建设和智慧乡村发展。通过具体项目的实施和推广，探索形成可复制、可推广的成功经验和模式。

最后，政府在其中起着引领和推动的作用。通过制订完善的政策措施，提供必要的资金和技术支持，推动数字平台的建设和智慧乡村的发展。同时，可以通过搭建公共服务平台，促进各类资源的整合和共享，提高乡村服务的质量和效率。企业则是数字平台建设和智慧乡村发展的重要参与者和实施者。企业可以发挥自身在技术、资金和管理方面的优势，积极参与数字平台的建设和智慧乡村的建设运营，为乡村振兴提供源源不断的动力。此外，科研机构和社会组织也发挥着不可或缺的支持作用。科研机构可以通过技术研究和创新，为数字平台建设和智慧乡村发展提供技术支持和智力保障。社会组织可以通过广泛的社会动员和组织协调，推动乡村居民积极参与到数字化和智能化建设中，形成多方共建、共同推进的良好局面。

综上所述，松阳的数字平台建设与智慧乡村发展的协同机制研究，是信息化与乡村振兴结合的有力探索。通过科学规划、政策引导、多方合作，松阳可以实现数字平台与智慧乡村的紧密结合，推动乡村经济社会的全面发展。这样不仅能提升乡村居民的生活质量和幸福感，还能为全国范围内的乡村振兴提供宝贵的经验和示范。通过不懈努力，松阳必将在数字化和智能化的道路上，开创出乡村振兴的新局面。

## 一、政府在数字平台建设中的角色

**1. 政府的主导角色和驱动角色方面**

政府在数字平台建设中扮演了主导和驱动的角色，主要体现在以下几个方面。

（1）政策引导与规划。

政府通过制订相关政策和发展规划，为数字平台建设提供科学的指导和规范。政策的引导作用不仅确立了数字平台建设的方向和目标，也为智慧乡村的长远发展奠定了基础。例如，浙江省“数字乡村”发展规划明确提出了建设任务和具体措施，为松阳的数字平台建设提供了有力支持。

（2）资金支持与基础设施建设。

政府通过财政投入和专项项目资金支持，积极建设和完善数字基础设施。数字基础设施的完善是实现智慧乡村建设的基础和前提。政府在农村互联网布网、信息服务平台建设等方面投入大量资源，显著提升了农村地区数字化水平。此外，政府还资助了多个数字农业示范项目，通过试点示范推动数字技术的推广应用。

（3）公共服务平台搭建。

政府积极搭建多功能的公共服务平台，集成农技推广、电子政务、农村电商等服务功能，为农民提供一站式数字服务。通过建立和完善这些平台，政府有效提升了农村信息化水平，改善了农民获取信息和服务的便捷性。

**2. 农民在智慧乡村发展中的作用**

农民是智慧乡村发展的核心主体，其对数字技术的接受程度和应用水平直接关系到智慧乡村建设的成效。可从以下几个方面分析农民在智慧乡村发展中的作用。

（1）生产方式的转变。

通过应用数字技术，农民改变了传统的生产方式，实现了精准农业、智能灌溉、病虫害监测等新型农业生产模式。这些数字技术的应用能够显著提高农业生产效率和产品质量，降低生产成本。例如，农民通过智能设备和物联网技术实时监控农作物生长情况，及时采取措施处理生产过程中出现的问题，大幅提高了生产效益。

（2）市场开拓。

数字平台的推广和应用，使农民能够直接面向市场销售农产品，减少中间环节，增加了农民收入。农民通过入驻电商平台，将优质农产品展示给更多消费者，实现了线上销售。电子商务不仅拓宽了农产品的销售渠道，还提升了产品的知名度和附加值。特别是在农产品滞销的情况下，在线销售平台有效解决了销售困境，保障了农民的收入。

（3）技能提升。

政府和社会组织通过多种形式的数字技术培训，帮助农民提高对新技术的认知和应用能力。这些培训不仅涵盖了数字农业的基本知识和实用技能，还包括网络营销、物流管理等方面内容。通过培训，农民对数字技术的接受度和应用能力不断提升，从而更好地参与到智慧乡村建设中。

**3. 技术提供商的参与**

技术提供商在数字平台建设中提供了关键的技术支持和解决方案，其参与对于数字平台的成功应用至关重要。

（1）技术研发与创新。

技术提供商通过持续的技术研发和创新，开发适合农村实际需求的数字农业技术。例如，基于物联网技术的农业传感器、智能设备等，极大地方便了农村生产管理。同时，开发的农业管理软件、农产品追溯系统等也为智慧农业提供了全方位的技术支持。

（2）平台运营与维护。

技术提供商负责数字平台的运营和维护，确保平台的稳定运行和用户体验的优化。平台的正常运营是保证智慧乡村各项功能有效发挥的关键。技术提供商通过提供全面的技术支持和运维服务，及时解决平台运行中出现的问题，保障用户的使用体验。

（3）合作与支持。

技术提供商通过与政府、农民的合作，为数字平台的推广应用提供技术支持和培训服务。技术提供商不仅开发了适用的技术产品，还通过现场培训、远程指导等多种方式，帮助农民掌握和应用这些技术。此外，技术提供商与政府合作，共同制订技术发展规划，推进数字平台在农村的落地和扩展。

**4. 协同机制的构建**

为了实现松阳数字平台建设与智慧乡村发展的协同，必须构建科学高效的协同机制。这个机制应包括各主体的协同合作、利益共享、信息共享与沟通、政策支持等方面。

（1）多主体协同。

数字平台建设与智慧乡村发展需要政府、农民、技术提供商等多方主体紧密合作，形成合力。政府应发挥主导作用，制订长远发展规划，引导各方主体积极参与。农民是实施和应用的主体，应积极学习和应用数字技术。技术提供商则应提供强有力的技术支持和服务，保障平台的正常运行和持续升级。

（2）利益共享机制。

建立合理的利益分配机制，确保各方在协同过程中都能获得合理的收益。政府应通过政策和资金支持，激励农民和技术提供商积极参与平台建设和应用。农民通过应用平台技术，提高生产效率和收入，同时技术提供商也能通过提供服务获得收益。通过利益共享，激励各方的积极性，促进协同机制的有效运行。

（3）信息共享与沟通机制。

通过数字平台，实现各方信息的及时共享和有效沟通，提升协同效率和效果。信息的及时共享能够帮助各方迅速了解情况，做出正确决策。政府应建立信息共享平台，技术提供商提供支持，农民及时反馈实际情况，形成高效的信息流通机制。此外，定期召开多方参与的沟通会议，确保各方意见和需求得到充分解决。

（4）政策支持与保障机制。

政府通过政策支持和制度保障，营造有利于协同发展的环境。制订专项政策，鼓励和支持各方参与数字平台建设和智慧乡村发展。例如，通过财政补贴、税收优惠等方式，激励技术提供商进行研发和服务；通过培训和教育，为农民提供数字技术的学习机会；通过奖惩机制促进各方履行职责，维护协同机制的良好运行。

**5. 案例分析**

作为具体案例，可以分析松阳县某智慧农业项目的协同机制实施效果和存在的问题。此处以“松阳智慧农业示范项目”为例，详细分析其协同机制。

（1）项目背景。

松阳智慧农业示范项目于近年来启动，旨在通过引进先进的数字农业技术，实现农业生产的信息化、智能化。项目涉及农田管理、农产品销售、农业服务等多个环节，覆盖广大农村地区。

（2）协同过程。

政府在项目初期制定了详细的规划和政策指南，并通过财政支持建设了基础设施，如农业物联网网络、智慧农业管理系统等。农民在政府和技术提供商的培训下，逐步掌握了精准农业技术和数字化管理方法，同时积极参与平台的应用。技术提供商则提供了从设备安装、技术指导到平台维护的全方位服务。

（3）成效与问题。

项目实施以来，有效提高了农业生产管理的效率和效益。具体表现在农产品质量提升、生产成本降低、农民收入增加等方面。同时，平台的信息共享功能也极大地改善了农业服务的及时性和准确性，然而仍存在一些问题。例如，部分农民对数字技术的接受度不高，导致应用效果不均；部分技术提供商在服务能力和响应速度上有待提升；协同机制中信息不对称和利益分配不平衡问题仍需解决。

（4）改进建议。

为有效推进农业数字化与智能化转型，优化政策支持、提升培训力度、加强信息共享及完善利益分配机制是关键环节。首先，政府应加大对培训和推广的支持力度，确保更多农民能够熟练掌握和应用数字技术，同时持续提供资金支持，激励技术提供商提升服务水平。其次，在培训方面，需要加强对农民的系统培训，特别是针对岁数大和文化水平较低的农民，采用更加直观和易理解的培训方式，以提高他们对数字技术的接受度与应用能力。再次，建立全面且便捷的信息共享平台，确保各参与主体能够及时获取和反馈信息，减少因为信息不对称导致的不利影响。最后，通过政策引导和市场调节，合理调整各参与方的利益分配，确保各方在协同过程中能够获取合理的收益，从而激发各方的积极性和创造力，共同推动农业数字化与智能化的深入发展。

**6. 松阳数字平台建设与智慧乡村发展的协同政策建议**

第一，政府应在财政上加大投入，以夯实数字平台建设和智慧乡村发展的基础设施基础。这包括但不限于加强农村互联网的普及力度以及升级网络设备，确保网络覆盖的全面性和稳定性，同时，还应提供额外的资金支持给智慧农业示范项目，通过先行示范的方式带动全域智慧农业的推进。第二，推广成功的实施模式在智慧乡村建设中具有重要意义。政府应组织专题研讨会和经验交流会，总结和推广松阳智慧乡村建设中的优秀案例和可复制的经验，以促进其他地区学习和借鉴，从而加速智慧乡村发展的进程。第三，提升农民的技术素养和数字技术接受能力是构建智慧乡村的关键因素之一。政府应通过农民夜校、乡村学校等平台开展定期的数字技术培训，并设立奖励机制以鼓励农民积极参与培训，从而提高他们的学习积极性，继而增强他们的数字技术应用能力。第四，技术创新是推动智慧乡村发展的重要引擎。政府应通过税收优惠、研发补贴等政策激励技术提供商增加研发投入，鼓励开发更多适合农村实际需求的数字技术。同时，建立科技合作平台，促进技术提供商之间的交流与合作，增强技术创新的能力。第五，建立长效的协同机制是确保智慧乡村建设持续推进和优化的重要保障。政府应制定和完善相关政策，形成制度化的协同机制，确保各方主体的持续参与和合作。定期进行评估和反馈，及时发现和解决问题，不断优化协同机制，以确保智慧乡村建设的持续性和有效性。

**7. 未来展望**

展望未来，随着数字技术的不断发展，松阳的智慧乡村建设将迎来更多的机遇和挑战。创新的数字技术将进一步丰富和优化智慧农业的应用场景，如无人机植保、智能农机、农业大数据分析等，将为智慧乡村的发展注入新的动能。同时，随着智慧乡村建设的深入推进，将涌现出更多的新问题和新需求，需要不断完善和优化协同机制以应对。未来，松阳数字平台建设与智慧乡村发展应进一步深化协同机制的研究与实践，推动更多的主体参与协同，共同促进智慧乡村的发展。特别是要加大对农民的培训和引导，使他们真正成为智慧乡村建设的主体。通过实施有针对性的政策，提供全方位的服务，确保各方利益的共享，实现智慧乡村的可持续发展。在全球一体化和科技迅猛发展的背景下，松阳可以借鉴先进国家和地区的经验，结合自身实际，不断探索符合本地特色的智慧乡村发展路径。同时，积极参与各类国际交流与合作，学习先进技术和管理经验，为松阳智慧乡村建设提供更广阔的视野。总之，松阳数字平台建设与智慧乡村发展的协同机制研究，不仅为本地智慧乡村建设提供了理论支持和实践指导，也为全国农村地区的数字化转型和智慧乡村建设提供了宝贵经验。通过不断探索和实践，松阳智慧乡村建设必将在数字化浪潮中迎来更加美好的未来，为实现农业现代化和乡村全面振兴作出积极贡献。

## 二、数字平台建设与智慧乡村发展的博弈模型

对于松阳的数字平台建设与智慧乡村发展的协同机制研究，可以构建一个博弈论模型来分析不同主体（政府、农民、技术提供商等）在数字平台与智慧乡村发展中的相互作用。下面是一个较为复杂的博弈模型的阐述。

### （一）模型假设

**1. 主体**

假设松阳的数字平台建设主要包含三个主要主体，具体为政府（G）、农民（F）、技术提供商（TP）。

**2. 策略空间**

假设政府（G）选择投资于数字平台建设（I）或不投资（N）；农民

（F）选择采用数字技术（A）或不采用（N）；技术提供商（TP）选择开发特定的数字技术解决方案（D）或不开发（N）。

**3. 收益函数**

假设政府（G）的收益函数为 $U_G$；农民（F）的收益函数为 $U_F$；技术提供商（TP）的收益函数为 $U_{TP}$。这些收益函数取决于各个主体选择组合的结果。

**4. 构建收益函数**

假设收益函数使用以下变量：其中，$V$ 表示政府投资带来的经济效益；$C_G$ 表示政府的投资成本；$E$ 表示农民使用数字平台提高的效率；$C_F$ 表示农民的使用成本；$R$ 表示技术提供商开发平台获得的收入；$C_{TP}$ 表示技术提供商的开发成本。

（1）政府收益函数 $U_G$。

$$U_G = \begin{cases} V - C_G & \text{在选择（I，A，D）时，} \\ 0 & \text{其他情况。} \end{cases}$$

（2）农民收益函数 $U_F$。

$$U_F = \begin{cases} E - C_F & \text{在选择（I，A，D）时，} \\ 0 & \text{其他情况。} \end{cases}$$

（3）技术提供商收益函数 $U_{TP}$。

$$U_{TP} = \begin{cases} R - C_{TP} & \text{在选择（I，A，D）时，} \\ 0 & \text{其他情况。} \end{cases}$$

**5. 微分方程模型**

为了在时间动态下分析这些收益的变化，本章使用一组微分方程来描述政府、农民和技术提供商之间的交互关系。假设 $G(t)$ 表示政府在时间 $t$ 时的投入量；$F(t)$ 表示农民在时间 $t$ 时对数字技术的采用程度；$TP(t)$ 表示技术提供商在时间 $t$ 时的技术开发进度。

构建微分方程组如下：

$$\frac{dG(t)}{dt} = \alpha \cdot (E(t) - C_G) - \beta \cdot G(t) \quad (8-7)$$

$$\frac{dF(t)}{dt} = \gamma \cdot (V(t) - C_F) \cdot \left(\frac{G(t)}{G_{\max}}\right) - \delta \cdot F(t) \quad (8-8)$$

$$\frac{dTP(t)}{dt}=\eta\cdot(R(t)-C_{TP})\cdot\left(\frac{F(t)}{F_{\max}}\right)-\theta\cdot TP(t) \tag{8-9}$$

这里$\alpha$、$\beta$、$\gamma$、$\delta$、$\eta$、$\theta$是各自的比例常数。$G_{\max}$、$F_{\max}$分别代表政府和农民的最大投入和采用能力。在模型分析与协同机制的构建过程中，首先，通过平衡点的分析来确定时间$t$下各主体收益最大化时的最优策略组合，这种平衡分析有助于决策者在众多策略中筛选出最有利的方案；其次，利用微分方程组对政府投入、农民采用和技术开发的动态变化进行描述，从而洞察不同阶段的政策措施和市场行为对战略实施的即时与长远影响；最后，基于各主体的收益函数，设计激励机制，如政府通过补贴技术开发商来减轻农民的采用成本，旨在创造政府、农民和技术三方共赢的局面，这种协同机制不仅优化了资源的配置，还强化了各主体间的合作与相互依存关系。

## （二）模型拓展

### 1. 拓展模型构建

引入具体参数，模型变为：

$$\frac{dG(t)}{dt}=\alpha\cdot\left(E(t)-C_G\cdot\frac{G(t)}{G_{\max}}\right)-\beta\cdot G(t) \tag{8-10}$$

$$\frac{dF(t)}{dt}=\gamma\cdot\left(V(t)-C_F\cdot\frac{F(t)}{F_{\max}}\right)\cdot\frac{G(t)}{G_{\max}}-\delta\cdot F(t) \tag{8-11}$$

$$\frac{dTP(t)}{dt}=\eta\cdot\left(R(t)-C_{TP}\cdot\frac{TP(t)}{TP_{\max}}\right)\cdot\frac{F(t)}{F_{\max}}-\theta\cdot TP(t) \tag{8-12}$$

其中，$G_{\max}$、$F_{\max}$、$TP_{\max}$分别代表政府、农民和技术提供商的最大投入能力。

### 2. 模型固定点和稳定性分析

求解微分方程的固定点（$G^*$，$F^*$，$TP^*$），令上述三个方程同时为零：

$\frac{dG(t)}{dt}=0,\frac{dF(t)}{dt}=0,\frac{dTP(t)}{dt}=0$。

通过解上面三个方程，可以得到固定点如下：

$$G^*=\frac{\alpha\cdot\left(E^*-C_G\cdot\frac{G^*}{G_{\max}}\right)}{\beta} \tag{8-13}$$

$$F^* = \frac{\gamma \cdot \left(V^* - C_F \cdot \frac{F^*}{F_{\max}}\right) \cdot \frac{G^*}{G_{\max}}}{\delta} \tag{8-14}$$

$$TP^* = \frac{\eta \cdot \left(R^* - C_{TP} \cdot \frac{TP^*}{TP_{\max}}\right) \cdot \frac{F^*}{F_{\max}}}{\theta} \tag{8-15}$$

通过分析固定点的稳定性，可以预见系统在长期运行中的表现，从而提供长期政策支持。

**3. 政策激励机制的设计**

为了促进协同机制的实现，政府可以设计多种激励机制，以提高各参与主体的积极性与合作效果。首先，通过补贴农民，政府可以有效降低农民在采纳数字技术过程中的使用成本，从而鼓励他们更主动地采用新技术，提高农业生产效率和收益；其次，为技术提供商提供融资优惠或研发补贴，可以显著降低其资金压力，激励其加大对新技术和产品的研发力度，从而推动技术的创新和应用；再次，政府应加大对基础设施建设的投资，增强农村地区的数字基础设施，提升整体效益，使得各方的投资回报更具吸引力和可持续性；最后，开展系统的数字技术培训对于提升农民对新技术的接受度至关重要，通过增加他们的技术素养，可以间接提高农业生产的技术应用水平和经济效益。综上所述，这些激励机制的有效实施将不仅加速数字技术在农业中的推广，还有助于形成多方共赢的协同发展环境。

## 第三节　松阳的生态文化建设对松阳经济增长的长效机制研究

松阳，这片历史悠久、文化底蕴深厚的土地，以其独特的自然环境和丰富的文化资源，孕育了独特的生态文化。在全球生态环境日益受到重视的今天，如何通过生态文化建设推动地方经济的可持续发展，成为松阳实现经济增长的重要课题。通过系统研究松阳的生态文化建设对其经济增长的长效机制，我们可以探析生态文化与经济发展的深度融合路径，为地方经济的高质量发展提供理论支撑和实践指导。首先，生态文化建设，是指在保护和利用自然资源的基础上，传承和弘扬地方传统文化，促进人与自然和谐共生的发展模式。在松阳，青山绿水、村落古建以及深厚的人文积淀构成了丰富的生态文化资源。通过科学规划和合理利用，生态文化可以转化为推动经济增长的新动能和新优势。例如，生态旅游的开发，可以吸引大量游客，带动相关产业的发展；生态农业的推广，可以提高农产品的附加值，增加农民收入；生态文化产业的兴起，可以形成新的经济增长点。其次，在生态文化建设过程中，政府的引导和政策支持至关重要。政府可以制订相关政策，推动资源保护与合理开发，在保持生态环境良好的前提下，实现经济效益和社会效益的"双赢"。同时，政府还可以通过加强基础设施建设和公共服务供给，优化生态文化建设的外部环境，吸引更多的社会资本和人才投入其中。此外，政府还应注重政策的长期性和连贯性，确保生态文化建设能够持续推进，为经济增长提供长期动力。再次，企业作为市场活动的主体，在生态文化建设中发挥着重要作用。通过生态化的经营理念和管理模式，企业可以在实现自身发展的同时，为生态文化建设贡献力量。例如，旅游企业可以通过开发生态旅游产品，提升旅游吸引力和竞争力；农业企业可以通过发展有机农业和循环农业，提高农产品品质和市场认可度；文化创意企业可以挖掘和推广地域特色文化，提升文化产品的附加值和品牌影响力。在这一过程中，企业还应注重社会责任，将生态文化建设与企业发展紧密结合，实现经济效益和社会效益的统一。最后，社区和居民的参与，是生态文化建设成功的关键。生态文化建设不仅是政府和企业的事情，更需要每一个社区和居民的积极参与和支持。通过广泛的宣传和教育，可以提升居民的环保意识和文化自信，使他们自觉成为生态文化建设的参与者和受益者。例如，社区可以通过组织环保活动和文化活动，增强社区凝聚力和文化认同感；居民可以通过生态友好的生活方式和消费模式，支持和推动生态文化建设。在这一过程中，社区和居民作为生态文化建设的重要力量，能够为经济增长带来源源不断的内生动力。而科研机构和高等院校，在生态文化建设中发挥着智力支持和技术支撑的作用。通过开展生态文化建设与经济发展的理论研究和实践探索，可以为政策制定和项目实施提供科学依据和创新思路。例如，可以通过生态经济学研究，揭示生态文化建设对经济增长的内在机制和作用机理；通过生态技术创新，为生态产业发展提供技术解决方案；通过文化遗产保护和利用研究，为文化资源的可持续开发和利用提供指导。

综上所述，松阳的生态文化建设对经济增长的长效机制研究，是在全球可持续发展背景下，对地方经济发展路径的探索和创新。通过政府、企业、社区和科研机构的协同努力，松阳可以实现生态文化与经济增长的良性互动，推动地方经济的高质量发展。这不仅有助于提升松阳的综合竞争力和美誉度，还能为全国乃至全球的生态文化建设和可持续发展提供借鉴和示范。通过不断完善和创新，松阳的生态文化建设必将为实现经济社会的全面协调发展，提供不竭的动力和基石。

## 一、松阳生态文化建设的背景与现状

松阳县位于浙江省，是一个历史悠久、生态环境优美的地区。近年来，松阳通过加强生态文化建设，积极探索生态环境保护与经济发展的协调路径。为了深入理解松阳生态文化建设对经济增长的长效机制，必须先了解其背景与现状。

### （一）松阳生态文化建设的背景

松阳拥有丰富的自然资源和独特的生态环境，是浙江省的重要生态屏障和绿色发展示范区。随着国家对生态文明建设的重视，松阳积极响应，制定了一系列政策和措施，旨在保护生态环境，推动绿色发展。首先，松阳具有深厚的生态文化底蕴。历史上，松阳以山清水秀、生态优美而著称，当地居民长期以来形成了敬畏自然、保护环境的传统观念。这种生态文化为当代松阳的生态文明建设奠定了坚实的基础。其次，随着经济社会的发展，松阳面临着环境保护与经济增长的双重压力。传统的经济发展模式往往以资源消耗和环境污染为代价，而松阳作为生态敏感地区，必须探索一种既能促进经济增长，又能保护生态环境的可持续发展路径。

**1. 松阳生态文化建设的现状**

目前，松阳在生态文化建设方面取得了一定的成效，主要体现在以下几个方面。

（1）政策措施的实施。

松阳政府制订并实施了一系列政策措施，旨在保护生态环境，推动绿色发展。例如，松阳县出台了《松阳县生态文明建设规划（2021～2035年）》，明确了生态文明建设的目标、任务和具体措施。此外，政府还加大了生态环境保护的投入，通过财政支持和政策激励，推动生态文化建设的深入开展。

（2）生态保护与修复。

松阳积极开展生态保护与修复工作，实施了一系列生态环境治理工程。例如，开展河道治理、水源保护、植被恢复等项目，有效改善了生态环境质量。同时，通过建立生态保护区、湿地公园等，保护生物多样性，维护生态系统平衡和稳定。

（3）绿色产业的发展。

松阳积极推进绿色产业发展，促进经济与生态的协调共生。例如，松阳县大力发展生态农业，通过推广有机种植、绿色养殖等方式，提高农产品的附加值和市场竞争力。同时，松阳还积极发展生态旅游，将优美的自然环境和丰富的文化资源转化为经济增长的动力，吸引了大量游客，带动了当地经济的发展。

（4）生态文化的传播与教育。

松阳重视生态文化的传播与教育，通过多种形式的宣传和教育活动，提高公众的生态环境保护意识。例如，开展生态文化节、环保宣传月等活动，广泛宣传生态文明理念。同时，松阳还注重在学校教育中融入生态文化内容，培养下一代的生态意识和环保素养。

**2. 松阳生态文化建设的挑战**

尽管松阳在生态文化建设方面取得了一定成效，但仍面临一些挑战。

（1）资金投入不足。

生态文化建设需要大量的资金支持，但当前松阳的财政投入仍显不足。尽管政府通过多种途径筹集资金，但仍难以满足生态环境保护和绿色发展的需求。

（2）公众参与度不高。

尽管松阳通过多种方式宣传和教育生态文化，但部分公众的生态环境保护意识仍有待提高。在实际行动中，公众的参与度和积极性不高，影响了生态文化建设的效果。

（3）绿色产业发展水平有限。

松阳的绿色产业虽然取得了一定发展，但整体水平仍较为有限。部分绿色产业的技术水平和市场竞争力不高，难以形成规模效应和可持续发展的能力。

## 二、松阳生态文化建设对经济增长的影响机制

松阳的生态文化建设不仅是保护生态环境，更重要的是探索一种可持续发展的路径，推动经济增长。本章将从生态文化建设对经济增长的影响机制入手，详细分析其内在逻辑和实现途径。为了构建一个较为复杂的数学模型来描述生态文化建设对松阳经济增长的长效机制，我们需要考虑多种因素和变量，包括生态环境质量（E）、绿色产业发展（G）、政府政策支持（P）、公众参与度（C）、技术创新（T）以及经济增长（Y）。本章将通过建立一个多变量动态系统模型，来描述这些因素之间的关系及其对经济增长的综合影响。

### （一）多变量动态系统模型建构

#### 1. 模型变量及其定义

$E(t)$：生态环境质量，随时间 $t$ 变化；

$G(t)$：绿色产业发展水平，随时间 $t$ 变化；

$P(t)$：政府政策支持强度，随时间 $t$ 变化；

$C(t)$：公众参与度，随时间 $t$ 变化；

$T(t)$：技术创新水平，随时间 $t$ 变化；

$Y(t)$：经济增长水平，随时间 $t$ 变化。

**2. 动态系统模型**

本书采用差分方程和微分方程相结合的方法，建立各变量之间的动态关系。

（1）生态环境质量的变化。

生态环境质量 $E(t)$ 受绿色产业发展 $G(t)$、政府政策支持 $P(t)$、公众参与度 $C(t)$ 的影响，可以表示为：

$$\frac{dE(t)}{dt}=\alpha_1 G(t)+\alpha_2 P(t)+\alpha_3 C(t)-\beta_1 E(t) \tag{8-16}$$

其中，$\alpha_1$、$\alpha_2$、$\alpha_3$ 为正系数，表示绿色产业发展、政府政策支持和公众参与度对生态环境质量的正向影响；$\beta_1$ 为负系数，表示环境自然衰退或其他不利因素对生态环境质量的负面影响。

（2）绿色产业发展的变化。

绿色产业发展 $G(t)$ 受生态环境质量 $E(t)$、技术创新 $T(t)$、政府政策支持 $P(t)$ 的影响，可以表示为：

$$\frac{dG(t)}{dt}=\gamma_1 E(t)+\gamma_2 T(t)+\gamma_3 P(t)-\delta_1 G(t) \tag{8-17}$$

其中，$\gamma_1$、$\gamma_2$、$\gamma_3$ 为正系数，表示生态环境质量、技术创新和政府政策支持对绿色产业发展的正向影响；$\delta_1$ 为负系数表示绿色产业内部衰退因素的负面影响。

（3）技术创新的变化。

技术创新 $T(t)$ 受绿色产业发展 $G(t)$、政府政策支持 $P(t)$ 的影响，表示为：

$$\frac{dT(t)}{dt}=\theta_1 G(t)+\theta_2 P(t)-\kappa_1 T(t) \tag{8-18}$$

其中，$\theta_1$、$\theta_2$ 为正系数，表示绿色产业发展和政府政策支持对技术创新的正向影响；$\kappa_1$ 为负系数，表示技术创新内部衰退因素的负面影响。

（4）公众参与度的变化。

公众参与度 $C(t)$ 受生态环境质量 $E(t)$、政府政策支持 $P(t)$ 的影响，表示为：

$$\frac{dC(t)}{dt}=\mu_1E(t)+\mu_2P(t)-\nu_1C(t) \tag{8-19}$$

其中，$\mu_1$、$\mu_2$ 为正系数，表示生态环境质量和政府政策支持对公众参与度的正向影响；$\nu_1$ 为负系数，表示公众参与度自然衰退的负面影响。

（5）经济增长的变化。

经济增长 $Y(t)$ 受绿色产业发展 $G(t)$、技术创新 $T(t)$、公众参与度 $C(t)$ 的影响，表示为：

$$\frac{dY(t)}{dt}=\lambda_1G(t)+\lambda_2T(t)+\lambda_3C(t)-\sigma_1Y(t) \tag{8-20}$$

其中，$\lambda_1$、$\lambda_2$、$\lambda_3$ 为正系数，表示绿色产业发展、技术创新和公众参与度对经济增长的正向影响；$\sigma_1$ 为负系数，表示经济增长的自然衰退或外部不利因素所产生的负面影响。

**3. 模型求解**

为了求解上述模型，可以采用数值模拟的方法，选择适当的初始条件和参数，使用如 Runge－Kutta 等数值方法进行求解。以下是 Python 代码的示例，展示如何求解该动态系统模型。

```python
import numpy as np
import matplotlib. pyplot as plt
from scipy. integrate import odeint

 参数设置
alpha_1, alpha_2, alpha_3, beta_1 =0. 5, 0. 3, 0. 2, 0. 1
gamma_1, gamma_2, gamma_3, delta_1 =0. 4, 0. 3, 0. 2, 0. 1
theta_1, theta_2, kappa_1 =0. 5, 0. 3, 0. 1
mu_1, mu_2, nu_1 =0. 6, 0. 4, 0. 1
lambda_1, lambda_2, lambda_3, sigma_1 =0. 5, 0. 4, 0. 3, 0. 1

 初始条件
E0, G0, T0, C0, Y0 =1. 0, 1. 0, 1. 0, 1. 0, 1. 0
```

```
initial_conditions = [E0, G0, T0, C0, Y0]

定义模型
def model(y, t):
    E, G, T, C, Y = y
    dE_dt = alpha_1 * G + alpha_2 * P + alpha_3 * C - beta_1 * E
    dG_dt = gamma_1 * E + gamma_2 * T + gamma_3 * P - delta_1 * G
    dT_dt = theta_1 * G + theta_2 * P - kappa_1 * T
    dC_dt = mu_1 * E + mu_2 * P - nu_1 * C
    dY_dt = lambda_1 * G + lambda_2 * T + lambda_3 * C - sigma_1 * Y
    return [dE_dt, dG_dt, dT_dt, dC_dt, dY_dt]

时间点
t = np.linspace(0, 50, 500)

求解微分方程
solution = odeint(model, initial_conditions, t)

提取结果
E, G, T, C, Y = solution.T

绘制结果
plt.figure(figsize=(10, 8))
plt.plot(t, E, label='E(Ecological Environment Quality)')
plt.plot(t, G, label='G(Green Industry Development)')
plt.plot(t, T, label='T(Technological Innovation)')
plt.plot(t, C, label='C(Public Participation)')
plt.plot(t, Y, label='Y(Economic Growth)')
plt.xlabel('Time')
plt.ylabel('Value')
plt.legend()
```

```
plt.title('Dynamics of Ecological Culture Construction and Economic Growth')
plt.show ()
```

**4. 结果分析**

通过数值模拟，我们能够深入观察各变量随时间的变化情况，并分析它们之间的相互作用对经济增长的影响，从而为政策制定者提供科学依据。首先，在生态环境质量方面，随着绿色产业的发展和公众参与度的不断提升，生态环境的整体质量逐渐得到改善。这种改善不仅体现在空气和水质的提升，还反映在生物多样性的保护和生态系统服务功能的增强上。与此同时，绿色产业的发展为生态环境的改善提供了动力，它通过引入清洁生产技术和可再生资源的合理利用，形成了良性循环。其次，绿色产业的发展在生态环境质量、技术创新和政府政策的支持下逐渐壮大。政府的政策导向，如提供财税优惠、设立绿色基金等，极大地激发了企业在绿色产业领域的投资和创新热情，从而推动了行业整体的发展和市场规模的扩大。此外，技术创新水平的不断提升为绿色产业提供了更为有效的生产力和竞争优势。随着技术的进步，企业能够开发出更环保、资源利用率更高的产品，从而在保护环境的同时实现利润和市场份额的增长。公众参与度也在生态环境质量改善和政府政策支持的影响下逐渐提高。随着人们环保意识的增强，公众不仅积极参与各类环保活动，还通过选择绿色产品和可持续消费方式，推动企业责任和绿色发展的履行。这种参与使得环保政策的实施效果得以增强，形成了政府、企业和公众之间的良性互动。最后，在绿色产业、技术创新和公众参与度的综合推动下，经济实现持续增长，表现出较强的可持续性。这种增长不仅体现在 GDP 的提升，更重要的是在于经济体系内部的结构优化和资源配置效率的提高。长期来看，通过该数学模型的分析，可以为松阳的生态文化建设和经济增长提供科学的决策支持和理论依据，从而有助于实现可持续发展目标，实现经济与环境的协同发展。

## （二）生态文化和经济增长关系

**1. 生态文化与经济增长的理论基础**

生态文化与经济增长的关系可以从生态经济学的角度进行阐释。生态经济学认为，经济活动必须在生态系统的承载能力范围内进行，只有实现经济与生态的协调发展，才能实现可持续的经济增长。在这一理论基础上，生态文化建设对经济增长的影响可以从以下几个方面进行分析。

（1）生态环境的改善。

生态文化建设通过保护和修复生态环境，改善了生态系统的质量和功能。这不仅提高了居民的生活质量，还为经济发展提供了良好的生态环境基础。例如，良好的生态环境能够提高农产品的质量和产量，提升旅游业的吸引力，促进相关产业的发展。

（2）绿色产业的发展。

生态文化建设推动了绿色产业的发展，促进了经济结构的优化和升级。绿色产业不仅具有较高的经济效益，还具有较低的资源消耗和环境污染，符合可持续发展的要求。通过发展生态农业、生态旅游、绿色制造等产业，松阳实现了经济增长与生态保护的“双赢”。

（3）生态文化的传播。

生态文化的传播提升了公众的环保意识和社会责任感，推动了绿色消费和绿色生活方式的形成。这种文化氛围不仅有助于减少环境污染和资源浪费，还为绿色产业的发展提供了市场需求。例如，消费者更加青睐有机食品、绿色产品和生态旅游，推动了相关产业的快速发展。

**2. 松阳生态文化建设对农业发展的影响**

松阳作为一个农业县，其在经济增长中农业占有举足轻重的地位。生态文化建设对农业发展的影响深远，主要通过以下几个方面体现其学术性和逻辑性。首先，通过推广有机种植和绿色养殖，松阳显著提升了农产品的质量与市场竞争力。这不仅因为有机农产品的高经济效益，更因为其满足了消费者对健康和环保的追求，预示着广阔的市场前景。其次，生态文化建设极大地推动了农业技术的创新与应用。例如，通过普及生态农业技术和引入智能农业设备，农民能够进行更为科学、高效的生产管理，从而提升农业生产和资源利用的效率。最后，生态文化建设还促进了农产品销售模式的创新。通过发展农产品电子商务平台，松阳农民能够直接对接消费者销售优质农产品，减少了中间环节，提高了农民的收入，同时，生态文化的传播也提升了农产品的品牌价值，增加了产品的附加值。综上所述，生态文化建设全面提升了松阳农业的综合竞争力，推动了经济与环境的协同发展。

**3. 松阳生态文化建设对旅游业发展的影响**

松阳凭借其丰富的自然和文化资源，成为发展生态旅游的理想之地。生态文化建设对旅游业的影响主要体现在三个方面。首先，通过对生态环境的保护和修复，松阳的自然景观变得更加优美，生态旅游资源也更加丰富多样。这种优美的自然环境和独特的生态文化吸引了大量游客，从而推动了旅游业的发展。其次，生态文化建设促进了旅游服务水平的提升。通过培训旅游从业人员和推广绿色旅游服务标准，游客的旅游体验和满意度得到了显著提升。同时，生态文化的传播也增强了旅游业的整体形象，吸引了更多高质量的游客。最后，生态文化建设推动了旅游产品的创新与多样化，例如，开发生态旅游线路和推出生态文化体验项目，丰富了旅游产品的类型和内容，满足了游客多样化的需求。这种产品创新不仅提升了旅游业的竞争力，还增加了经济效益。综上所述，生态文化建设为松阳的旅游业发展提供了持续动力，促进了经济与生态的协调发展。

**4. 松阳生态文化建设对其他产业的影响**

除了对农业和旅游业的积极影响外，生态文化建设还对其他产业的发展起到了重要推动作用。首先，在绿色制造业方面，生态文化建设通过推广清洁生产技术和绿色制造标准，促进了松阳的制造业向可持续发展转型。这不仅提高了生产效率，还有效减少了资源消耗和环境污染，从而提升了产品的市场竞争力。其次，在绿色建筑领域，生态文化建设同样发挥了显著作用。通过推广绿色建筑材料和节能环保技术，松阳的建筑业在满足人们居住需求的同时，降低了能源消耗和环境污染，也提升了建筑的整体品质和环保性能。最后，生态文化建设还推动了绿色金融的发展。通过建立绿色金融体系，金融机构得以向绿色项目提供资金支持，促进了绿色产业的蓬勃发展。同时，绿色金融的推广引导企业和公众更加关注环保投资，提升了社会资本在环境保护方面的效益。综上所述，生态文化建设为松阳的绿色经济转型奠定了基础，促进了各产业的协同发展与可持续增长。

**5. 松阳生态文化建设对经济增长的综合效益**

松阳的生态文化建设对经济增长的综合效益主要体现在几个关键方面。首先，它显著提升了经济增长的质量，通过推动绿色产业的发展，增强了经济增长的可持续性。绿色产业不仅实现了较高的经济效益，还有效降低了环境成本，符合高质量发展的内在要求。其次，生态文化建设促进了经济结构的优化与升级，如发展生态农业和生态旅游等新兴产业，进一步实现了经济的多元化，减少了对传统产业的依赖，从而增强了经济发展的韧性与抗风险能力。此外，生态文化建设还改善了居民的生活质量。通过提升生态环境质量及发展绿色产业，松阳居民的收入水平和生活条件显著提高，幸福感和获得感也随之增强。最后，生态文化建设提升了公众的环保意识和社会责任感，为社会的和谐稳定创造了有利条件。通过开展生态文化教育和宣传活动，公众的生态环境保护意识得到增强，有效减少了环境纠纷和社会矛盾，从而促进了社会的和谐发展。综上所述，松阳的生态文化建设在提升经济增长质量、优化经济结构、改善居民生活质量和促进社会和谐稳定方面发挥了多重积极作用。

**6. 松阳生态文化建设对经济增长的可持续性**

松阳的生态文化建设对经济增长的可持续性具有显著影响，主要体现在四大方面。首先，在资源利用的可持续性方面，生态文化建设通过推广绿色技术和环保措施，如节水灌溉技术和循环农业模式，提高了资源利用的效率。这不仅有助于提高农业产量，还在减少资源消耗的同时实现了资源的可持续利用。其次，在环境保护的可持续性方面，通过实施生态环境保护和修复工程，松阳显著改善了水环境和土壤质量，增强了生态系统的自我修复能力，维护了生态平衡。再次，在经济发展的可持续性方面，生态文化建设促进了绿色产业的发展。例如，生态农业和生态旅游，使经济结构更加多元化，减少了对传统产业的依赖，从而增强了经济的稳定性和抗风险能力。最后，在社会发展的可持续性方面，生态文化建设通过提升公众的环保意识和社会责任感，促进了绿色消费和绿色生活方式的形成，推动了社会的可持续发展。通过开展生态文化教育和宣传活动，公众的生态环境保护意识得到显著提升，为社会的和谐与可持续发展奠定了基础。

## 三、松阳生态文化建设对经济增长的长效机制

为了确保松阳生态文化建设对经济增长的持续推动作用，需要构建和完善一套长效机制。这套机制不仅包括政策和制度层面的保障，还涉及社会、经济、文化等方面的协同作用。

**1. 完善的政策保障机制**

为了确保松阳生态文化建设的长效性，首先需要完善的政策保障机制，而政府在这一过程中扮演着至关重要的角色。首先，政府应持续出台支持生态文化建设的政策，为相关工作提供稳定的政策保障。这包括制订长期发展规划，明确生态文化建设的目标和任务，以确保各项工作有序推进，并通过政策激励机制鼓励各方积极参与。其次，生态文化建设需要大量的资金支持，政府应确保财政投入的持续性和稳定性。例如，设立专项资金以支持生态环境保护、绿色产业发展和生态文化传播。此外，政府还应积极引导社会资本参与，通过多元化融资渠道为生态文化建设提供充足的资金保障。最后，通过制订和实施严格的法律法规，确保生态文化建设的规范性和有效性是不可或缺的。这包括通过环保法、土地法等法律规范资源利用和环境保护行为，并对环境违法行为进行严厉打击。同时，通过法律手段保障公众的环境权益，提高生态文化建设的法律效力。综合来看，松阳生态文化建设的长效性离不开政策支持、财政投入和法律保障的有力结合。

**2. 多主体协同机制**

生态文化建设需要政府、企业、公众等多主体的共同参与和协同合作，以构建多主体协同机制，确保各方在生态文化建设中各尽其责、协同共进。首先，政府在生态文化建设中应发挥主导作用，通过政策引导和资源配置，

统筹各方力量。例如，制订发展规划和政策措施，引导企业和公众积极参与生态文化建设，并加强监督管理，确保各项工作落实到位。其次，企业在生态文化建设中应发挥重要作用，通过技术创新和绿色生产，推动绿色产业发展。这包括研发和推广绿色技术，提升生产效率和资源利用率，减少环境污染和资源消耗，同时积极履行社会责任，参与生态环境保护和生态文化传播工作。最后，公众在生态文化建设中应发挥积极作用，通过参与生态环境保护和生态文化传播，推动生态文化建设的深入开展。例如，通过环保志愿者活动和生态文化宣传，提高公众的环保意识和社会责任感，同时积极参与绿色消费和绿色生活方式，推动绿色市场的形成和发展。综上所述，政府主导、企业参与和创新、公众广泛参与是实现生态文化建设多主体协同机制的关键因素。

**3. 持续的生态环境保护和修复**

生态环境保护和修复作为生态文化建设的重要内容，必须持续推进，以实现生态系统的长期健康和稳定。首先，生态保护的制度化是确保生态环境保护长期性和持续性的关键，通过建立健全生态保护制度，如制订生态保护区管理办法，明确保护区的管理和利用规范，以保障生态系统的完整性和稳定性。同时，实施生态补偿机制，激励各方积极参与生态保护工作。其次，生态修复工作应遵循科学原则，确保修复效果。例如，通过开展生态环境调查，掌握生态系统的现状和变化趋势，制订针对性强的科学修复方案。此外，引进和应用先进的修复技术，提高修复工作的效率和效果。最后，建立和完善生态环境监测体系，确保生态环境质量的持续改善。例如，通过建设生态环境监测站点，实时监测环境质量变化，及时发现和解决环境问题。同时，发布环境监测报告，向公众公开环境质量信息，提升公众的环境保护意识和监督力度。综上所述，生态文化建设需要在生态保护制度化、科学化修复和常态化监测三个方面进行系统推进，以实现生态系统的持续健康和稳定。

**4. 绿色产业发展的长效机制**

绿色产业是生态文化建设的重要支撑，必须建立和完善其长效发展机制。首先，绿色技术的研发和推广至关重要，通过加大研发投入，促进绿色技术的创新与应用。这可以通过设立科技创新基金，支持绿色技术研发项目，鼓励企业与科研机构积极开展技术创新。同时，推广先进的绿色技术，将有助于提升产业的绿色化水平，推动绿色生产和绿色消费的形成。其次，绿色产业的市场化发展需要完善市场机制。建立绿色产品认证体系，将有助于提高绿色产品的市场认可度与竞争力；而实施绿色采购政策，鼓励政府和企业优先购买绿色产品，将进一步扩大绿色市场的需求。此外，建立绿色金融体系是支持绿色产业发展的重要环节，通过设立绿色金融机构和绿色基金，为绿色项目提供资金支持是必要的。同时，金融机构应创新绿色金融产品和服务，以满足绿色产业的融资需求，从而促进其快速发展。综上所述，绿色技术的研发、市场化发展及金融支持是构建绿色产业长效机制的核心要素。

**5. 生态文化传播和教育的长效机制**

生态文化传播和教育是提升公众环保意识和社会责任感的重要途径，因此必须建立长效机制。首先，生态文化教育的普及至关重要，通过在学校教育中融入生态文化内容，能够有效培养学生的生态意识和环保素养。这包括编写生态文化教材、开展相关课程和组织生态文化活动，如生态考察和环保实践，旨在增强学生的生态体验和感知能力。其次，生态文化宣传的多样化形式可以进一步提升公众的生态文化认知。通过媒体宣传、文艺作品和公共广告等，广泛传播生态文化理念，将有助于增强公众的环保意识。同时，政府和社会组织定期举办生态文化节、环保宣传月等活动，可以有效营造浓厚的生态文化氛围。最后，生态文化社区的建设是提升居民环保意识和参与度的重要途径。通过设立生态文化社区，推广绿色生活方式和环保行为，可以明显提高社区的环保水平。此外，社区应组织环保志愿者活动，鼓励居民积极参与生态环境保护和生态文化传播工作。综上所述，普及生态文化教育、多样化宣传以及建设生态文化社区是促进公众环保意识和社会责任感的重要策略，亟待形成长效机制。

**6. 生态文化建设的综合效益评估**

要确保生态文化建设对经济增长的长效机制，必须进行科学的综合效益评估，以便及时调整政策和措施，确保各项工作取得预期效果。首先，环境效益评估是评估的基础，主要包括生态环境质量的改善情况，如监测空气质量、水质和土壤质量等指标，从而评估生态文化建设对环境的改善效果。此外，还应关注生物多样性的变化，以确保生态系统的健康和稳定。其次，经济效益评估则侧重于绿色产业的发展情况和经济增长质量，通过统计绿色产业的产值、就业人数和税收贡献等指标，评估生态文化建设对经济发展的推动作用，同时也需要评估经济结构的优化，确保经济发展具备较高的质量和可持续性。再次，社会效益评估关注公众环保意识和生活质量的提升，通过调查公众的环保行为和参与度，评估生态文化传播和教育的效果，并进一步评估居民的收入水平和幸福感，以保证生态文化建设能够改善公众的生活质量。最后，综合效益评估将环境、经济和社会效益进行综合分析，形成全面的评估报告，这可以通过构建综合评估指标体系，对生态文化建设的总体效益进行量化评估，从而为政策的调整和优化提供科学依据。通过以上综合评估，能够更有效地指导生态文化建设与经济增长的协调发展。

**7. 松阳生态文化建设对经济增长的长效机制保障措施**

为了确保松阳生态文化建设对经济增长的长效机制，必须建立健全一系列保障措施，确保各项工作顺利推进。首先，建立健全监督机制是关键，通过设立专门的监督机构，定期对生态文化建设进行检查和评估，及时发现并纠正问题。同时，引入第三方评估机制，确保评估的公正性和客观性。其次，加强公众参与和监督，提高生态文化建设的透明度和公信力，通过建立公众参与平台，鼓励公众提出意见和建议，政府应定期发布建设进展和成效，接受公众监督和评价。最后，完善激励和约束机制，调动各方参与积极性，通过设立生态文化建设奖项，表彰和奖励表现突出的单位和个人。同时，制订相应的约束措施，对不履行责任的行为进行处罚，确保各方遵守生态文化建设的规范和要求。通过这些保障措施，能够有效推动松阳生态文化建设与经济增长的协调发展。

**8. 松阳生态文化建设的长效机制建议**

为了进一步推动松阳生态文化建设对经济增长的长效机制，提出以下发展方向和建议。第一，深化政策研究是基础，政府应致力于深入研究生态文化建设相关政策，为政策的制定与优化提供科学依据。这可以通过开展理论研究和实践总结，形成系统的政策建议和发展路径，并加强与高校和科研机构的合作，推动政策创新。第二，加强国际合作非常重要，松阳应积极参与国际生态文化交流与合作，从国外借鉴先进经验和技术，尤其是与国际环保组织和生态文化机构的合作，引进先进的生态保护技术和管理经验，同时，政府应积极参加国际生态文化论坛，分享松阳的成功经验，提升其国际影响力。第三，推动科技创新是支撑生态文化建设的关键，松阳应加大对科技创新的支持力度，如设立科技创新基金，以支持绿色技术和环保技术的研发与推广，并加强与企业和科研机构的合作，提升产业技术水平与竞争力。第四，构建完善的绿色经济体系是实现绿色转型的重要路径，松阳应制订绿色经济发展规划，明确发展目标和路径，同时，推动绿色金融发展，为绿色产业提供资金支持，促进其快速发展，培育绿色市场，推动绿色产品和服务的推广与应用。第五，深化生态文化教育对于提升公众环保意识和社会责任感至关重要，松阳应在学校教育中融入更多的生态文化内容，提高学生的生态素养，并加强对生态文化教育的投入和支持，以提升教育质量和效果。第六，推动社会共治是生态文化建设成功的保障，松阳应建立多方参与的平台，促进政府、企业、公众和社会组织的合作，共同推进生态文化建设，同时，加强与社会组织的合作，充分发挥其在生态文化传播和环保行动中的积极作用。这些发展方向和建议有助于实现松阳生态文化建设与经济增长的良性互动。

总之，松阳生态文化建设对经济增长的长效机制研究，不仅为松阳的生态文化建设和经济发展提供了理论支持和实践指导，也为全国其他地区的生态文明建设提供了宝贵经验。通过构建完善的政策保障机制、多主体协同机制、持续的生态环境保护和修复、绿色产业发展的长效机制、生态文化传播和教育的长效机制，以及科学的综合效益评估和保障措施，松阳将实现生态文化建设与经济增长的协调“共赢”，为实现可持续发展目标作出积极贡献。未来，松阳将继续深化生态文化建设，探索符合本地实际的发展路径，为全国生态文明建设提供更多有益经验和示范作用。

# 第九章

# “文化—经济”融合视角下人文传播对松阳经济的影响机制

古韵松阳，作为中国文化传统中的一颗璀璨明珠，承载着丰厚的历史文化底蕴和深远的人文积淀。随着经济全球化和文化多样化的发展，文化的力量愈加彰显出其对地方经济发展的重要性。本章旨在探讨古韵松阳所具有的独特的人文传播特质，以及这些特质如何影响和塑造松阳地方经济的机制。通过深入分析古韵松阳的历史背景、文化资源、传播渠道和经济表现，本章将揭示出文化传播在地方经济发展中的作用机制，以及如何通过有效的文化政策和管理手段优化这种影响，进而推动地方社会经济的全面提升。首先，本章将从传播角度入手，系统梳理文化传播对经济的影响机制。通过对国内外相关研究成果的综述和分析，探讨文化资本、文化品牌、文化创意产业等概念在地方经济发展中的具体应用和作用机制，为后续具体案例分析奠定理论基础。其次，本章将详细介绍古韵松阳的历史渊源和文化资源。松阳作为中国文化古迹的重要承载地，其深厚的历史文化底蕴和丰富的文化资源为文化传播提供了丰富的内容基础和传播载体。特别是在当今信息化、数字化时代，古韵松阳如何通过新媒体和传播技术实现文化价值的再创造和传递，成为地方经济振兴的重要推动力，将是本章关注的重点之一。再次，本章将具体分析古韵松阳的文化传播在地方经济中的实际运作和影响。通过案例研究和实地调研，揭示文化传播如何促进了当地旅游业的发展、文化产品的创新和市场化、地方特色品牌的建设以及居民文化消费的提升，从而推动了地方经济的多元化和可持续发展。具体分析古韵松阳在文化产业发展、文化旅游业经济效益等方面的成效和经验，可以为其他类似地区提供借鉴和参考。最后，本章将总结古韵松阳的文化传播对地方经济的影响机制，并提出相关的政策建议和管理策略。结合实证分析和理论探讨，从政府管理、文化产业发展、旅游业规划等方面，探讨如何优化文化传播的效果，最大化其对地方经济的正向推动作用。同时，也将探讨文化传播与经济发展之间可能存在的挑战和问题，提出相应的应对策略，以期为古韵松阳乃至其他类似地区的文化传播与经济发展研究提供有益的参考。综上所述，本章将通过深入的理论分析和实证研究，全面探讨古韵松阳的人文传播对地方经济的影响机制。通过这一研究，不仅可以加深对文化与经济关系的理解，还能为推动中国地方经济高质量发展提供理论支持和实践指导。

## 第一节　松阳文化历史的现代传播研究

松阳，这片土地上不仅流淌着千年的文明古韵，还在新时代中焕发出新的文化魅力。随着信息技术的飞速发展和全球化进程的不断推进，如何在现代语境下传播松阳丰富的文化历史，实现传统文化的创造性转化和创新性发展，成为当前文旅融合发展和文化传承保护的重要任务。松阳文化历史的现代传播，不仅是对地方文化资源的保护与弘扬，更是推动地方经济社会发展的重要引擎。首先，现代传播技术的进步，为松阳文化历史的传承与发扬提供了前所未有的机遇。借助互联网、社交媒体、影视作品、虚拟现实等现代传播手段，松阳的文化历史不仅可以走出地域限制，向更广泛的人群展示，还能够通过互动和参与，增强文化传播的影响力和渗透力。例如，通过拍摄纪录片、电视剧等影视作品，可以生动再现松阳的历史故事和文化场景；通过开发文化旅游 App 和数字博物馆，可以为游客提供沉浸式的文化体验；通过举办线上线下结合的文化活动，可以吸引更多人了解、感受松阳的文化魅力。其次，文化传播不仅是技术手段的创新，更需要深刻挖掘和阐释松阳文化历史的内涵与价值。松阳拥有丰富的文化遗产，从古建筑、非物质文化遗产到地方民俗、传统工艺，每一个文化元素都承载着历史记忆和人文精神。现代传播应该重视文化的真实性和原生态，通过深入研究和系统呈现，展示松阳文化的独特价值和内在魅力。同时，在传播过程中，要注重文化的多样性和包容性，通过跨文化交流和多元化传播，促进文化的包容互鉴和共同发展。再次，政府在松阳文化历史的现代传播中发挥着重要的引导和支持作用。各级政府可以通过制订文化传播规划，提供政策和资金保障，推动文化传播基础设施建设，扶持文化创意产业发展。此外，可以开展一系列的品牌推广和文化交流活动，将松阳文化历史融入更广泛的文化交流与合作中，提升松阳的文化影响力与知名度。此外，企业和社会组织的参与，则为文化传播注入了多样化的资源和力量。企业可以通过市场化运作，开发具有松阳特色的文化产品和旅游服务，推动文化资源的产业化；社会组织可以通过文化公益活动和志愿服务，促进文化的普及与传承。在这一过程中，企业与社会组织要注重社会效益和经济效益的平衡，实现文化传播的可持续性和长效性。教育与科研机构则承担着文化研究、保护和传播的重任。通过学术研究和教育推广，可以深入挖掘和系统阐释松阳的文化历史，为文化传播提供理论指导和人才支持。同时，教育机构可以通过课程设置和实践活动，将松阳的文化历史融入教育教学中，使更多的年轻一代了解和传承本土文化。

可见，松阳文化历史的现代传播研究，是一个多层次、多主体的系统工程。通过政府引导、企业参与、社会组织协同、教育科研支持，松阳可以实现文化历史的有效传播与创新发展，推动地方经济社会的全面进步。通过不断探索和实践，松阳的文化历史必将在新时代中焕发出更加绚丽的光彩，为中华文化的繁荣发展贡献独特的智慧与力量。

## 一、现代传播学模型在松阳文化历史传播中的应用

在全球化和信息化的推动下，文化传播的方式和手段发生了深刻的变革。现代传播学模型与复杂的数学模型相结合，为文化历史的传播研究提

供了新的视角和方法。松阳作为一个历史文化底蕴深厚的地方，通过现代传播手段，不仅有效地保护和传承了地方文化，还促进了文化资源的市场化和经济发展。本节将通过现代传播学模型与复杂数学模型的结合，详细探讨松阳文化历史的现代传播研究。现代传播学模型主要包括传播过程模型、受众分析模型、效果评估模型等。通过这些模型的应用，可以系统地分析松阳文化历史在现代传播中的各个环节，提升传播效果。

**1. 传播过程模型的应用**

传播过程模型是传播学的基本模型，主要包括信息源、信息编码、信息渠道、信息解码、信息接收等环节。在松阳文化历史的传播中，可以通过这一模型分析信息在各个环节中的传递和转化。首先，信息源是松阳丰富的历史文化资源，包括物质文化遗产和非物质文化遗产。通过对这些资源的整理和编码，形成具有传播价值的信息内容。其次，信息编码是将松阳文化历史转化为适合传播的形式，如文字、图片、视频等。现代传播技术，如数字化技术、多媒体技术等，可以提升信息编码的质量和效果。再次，信息渠道是传播信息的途径，包括传统媒体和新媒体。传统媒体如报纸、电视等，新媒体如互联网、社交媒体等，在松阳文化历史的传播中发挥了重要作用。再次，信息解码是受众对信息的理解和解读。松阳文化历史的信息通过不同的传播渠道传递给受众，受众通过解码过程获取信息，并形成对松阳文化历史的认知。最后，信息接收是受众对信息的接受和反馈。通过对受众反馈的分析，可以评估传播效果，优化传播策略。

**2. 受众分析模型的应用**

受众分析模型是传播学的重要模型，通过对受众的分析，可以精准定位传播对象，提升传播效果。在松阳文化历史的传播中，可以通过受众分析模型，了解受众的需求、兴趣和行为习惯，制定针对性的传播策略。首先，受众细分是受众分析的基础。通过对受众进行细分，可以了解不同受众群体的特点，如年龄、性别、教育水平、职业等。针对不同受众群体，制定差异化的传播内容和策略。其次，受众需求分析是了解受众对松阳文化历史的需求。通过调查和数据分析，可以了解受众对松阳文化历史的兴趣点和关注点，优化传播内容，提升传播效果。再次，受众行为分析是了解受众在传播过程中的行为习惯。通过对受众行为数据的分析，可以了解受众获取信息的渠道和方式，优化传播渠道和方式。最后，受众反馈分析是了解受众对传播内容的反馈。通过对受众反馈的收集和分析，可以评估传播效果，调整传播策略，提升传播效果。

**3. 效果评估模型的应用**

效果评估模型是传播学的重要模型，通过对传播效果的评估，可以了解传播效果的实际情况，优化传播策略。在松阳文化历史的传播中，可以通过效果评估模型，评估传播效果，提升传播效果。首先，传播效果指标的确定是效果评估的基础。传播效果指标包括传播覆盖率、受众接受度、传播影响力等。通过对传播效果指标的确定，可以量化传播效果，评估传播效果。其次，传播效果数据的收集是效果评估的关键。通过对传播效果数据的收集，可以了解传播效果的实际情况，评估传播效果。再次，传播效果数据的分析是效果评估的重要环节。通过对传播效果数据的分析，可以了解传播效果的具体情况，评估传播效果。最后，传播效果的反馈是效果评估的重要环节。通过对传播效果的反馈，可以了解传播效果的实际情况，调整传播策略，提升传播效果。

## 二、复杂数学模型在松阳文化历史传播中的应用

复杂数学模型包括大数据分析模型、网络传播模型、系统动力学模型等，通过这些模型的应用，可以系统地分析松阳文化历史在现代传播中的各个环节，提升传播效果。

### （一）大数据分析模型的应用

大数据分析模型是现代传播研究的重要工具，通过对大数据的收集和分析，可以了解受众的需求和行为习惯，优化传播策略。在松阳文化历史的传播中，可以通过大数据分析模型，提升传播效果。首先，大数据的收集是大数据分析模型的基础。通过对受众行为数据的收集，可以了解受众的需求和行为习惯，优化传播策略。其次，大数据的处理是大数据分析模

型的关键。通过对大数据的处理，可以提取有价值的信息，优化传播策略。再次，大数据的分析是大数据分析模型的重要环节。通过对大数据的分析，可以了解受众的需求和行为习惯，优化传播策略。最后，大数据的应用是大数据分析模型的目标。通过对大数据的应用，可以优化传播策略，提升传播效果。

### （二）网络传播模型的应用

网络传播模型是现代传播研究的重要工具，通过对网络传播过程的分析，可以了解信息在网络中的传播路径和传播效果，优化传播策略。在松阳文化历史的传播中，可以通过网络传播模型，提升传播效果。首先，网络传播路径的分析是网络传播模型的基础。通过对网络传播路径的分析，可以了解信息在网络中的传播路径，优化传播策略。其次，网络传播效果的分析是网络传播模型的关键。通过对网络传播效果的分析，可以了解信息在网络中的传播效果，评估传播效果。再次，网络传播策略的优化是网络传播模型的重要环节。通过对网络传播策略的优化，可以提升信息在网络中的传播效果，优化传播策略。最后，网络传播效果的反馈是网络传播模型的重要环节。通过对网络传播效果的反馈，可以了解信息在网络中的传播效果，调整传播策略，提升传播效果。

**1. SI/SIR 模型**

SI（Susceptible - Infected）模型和 SIR（Susceptible - Infected - Recovered）模型最初用于流行病学，但也广泛应用于网络信息传播分析。

（1）SI 模型。

假设所有个体初始时均为易感者（Susceptible），一旦接触到感染者（Infected），就会变为感染者。假设 S(t) 和 I(t) 分别表示时刻 t 的易感者和感染者数量。其中，$\beta$ 为传播率。构建微分方程如下：

$$\frac{dI(t)}{dt}=\beta S(t)I(t) \tag{9-1}$$

（2）SIR 模型。

假设感染者在一定时间后会变为恢复者（Recovered），不再感染其他个体。假设 R(t) 表示时刻 t 的恢复者数量。其中 $\gamma$ 为恢复率。构建微分方程如下：

$$\frac{dS(t)}{dt} = -\beta S(t)I(t) \tag{9-2}$$

$$\frac{dI(t)}{dt} = \beta S(t)I(t) - \gamma I(t) \tag{9-3}$$

$$\frac{dR(t)}{dt} = \gamma I(t) \tag{9-4}$$

**2. 系统动力学模型的应用**

系统动力学模型是现代传播研究的重要工具，通过对系统内部各个因素之间关系的分析，可以了解系统内部的动态变化规律，优化传播策略。在松阳文化历史的传播中，可以通过系统动力学模型，提升传播效果。首先，系统内部因素的分析是系统动力学模型的基础。通过对系统内部各个因素之间关系的分析，可以了解系统内部的动态变化规律，优化传播策略。其次，系统内部动态变化的模拟是系统动力学模型的关键。通过对系统内部动态变化的模拟，可以了解系统内部的动态变化规律，优化传播策略。再次，系统内部动态变化的优化是系统动力学模型的重要环节。通过对系统内部动态变化的优化，可以提升系统内部的动态变化规律，优化传播策略。最后，系统内部动态变化的反馈是系统动力学模型的重要环节。通过对系统内部动态变化的反馈，可以了解系统内部的动态变化规律，调整传播策略，提升传播效果。

**3. 系统动力学模型的构建**

假设人口分类分为三部分，其中易感者（Susceptible，S）表示尚未接触信息但有可能接触到的用户；感染者（Infected，I）表示已接触到信息并可能传播该信息的用户；恢复者（Recovered，R）表示已接触到信息但不再传播的用户。

（1）信息传播机制。

假设传播率（β）表示易感者接触感染者后转化为感染者的概率。恢复率（γ）表示为感染者停止传播信息并转化为恢复者的概率。信息衰减率（δ）表示为信息传播力随时间衰减的速率。外部影响率（α）表示为用户因外部因素（如广告、推荐系统）直接成为感染者的概率。个人兴趣因子（η）表示为用户对信息的兴趣程度如何影响其传播行为。疲劳因子（ρ）表示为用户因疲劳而减少传播信息的概率。

（2）模型结构。

其中网络正反馈表示为感染者通过与易感者接触传播信息，使更多人感染。负反馈则表示为感染者因恢复、信息衰减、个人兴趣减弱等因素减少。

（3）状态变量和流率。

其中，$S(t)$ 表示易感者数量，$I(t)$ 表示感染者数量，$R(t)$ 表示恢复者数量，$\beta SI$ 表示传播流率，$\gamma I$ 表示恢复流率，$\delta I$ 表示信息衰减流率，$\alpha S$ 表示外部感染流率、$\eta I$ 表示个人兴趣影响流率。$\rho R$ 表示疲劳影响流率。

（4）动态方程。

$$\frac{dS}{dt} = -\beta SI - \alpha S \tag{9-5}$$

$$\frac{dI}{dt} = \beta SI - \gamma I - \delta I + \alpha S - \eta I + \rho R \tag{9-6}$$

$$\frac{dR}{dt} = \gamma I + \delta I - \rho R \tag{9-7}$$

（5）模型的数值模拟。

本书使用 Python 中的 PySD 库来构建系统动力学模型，并进行数值模拟。首先，安装 PySD 库。

```
pip install pysd
```

然后，编写系统动力学模型代码如下：

```
```python
import pysd
import numpy as np
import matplotlib. pyplot as plt
```
```

```
定义模型参数
parameters = {
    'beta': 0.0005,       传播率
    'gamma': 0.1,         恢复率
    'delta': 0.05,        信息衰减率
    'alpha': 0.001,       外部影响率
    'eta': 0.01,          个人兴趣因子
    'rho': 0.005          疲劳因子
}

定义初始条件
initial_conditions = {
    'S': 99000,       初始易感者数
    'I': 1000,        初始感染者数
    'R': 0            初始恢复者数
}

定义时间范围
time = np.linspace(0, 160, 160)

系统动力学模型的 Stock 和 Flow 定义
model_definition = """
stock S = 99000
stock I = 1000
stock R = 0

parameter beta = 0.0005
parameter gamma = 0.1
parameter delta = 0.05
parameter alpha = 0.001
```

```
parameter eta = 0. 01
parameter rho = 0. 005

flow infection_rate = beta * S * I
flow recovery_rate = gamma * I
flow decay_rate = delta * I
flow external_infection = alpha * S
flow interest_decay = eta * I
flow fatigue_reduction = rho * R

S' = - infection_rate - external_infection
I' = infection_rate - recovery_rate - decay_rate + external_infection - interest_de-
cay + fatigue_reduction
R' = recovery_rate + decay_rate - fatigue_reduction
"""

 创建 PySD 模型
model = pysd. read_model(model_definition)

 设置初始条件和参数
model. set_initial_conditions(initial_conditions)
model. set_parameters(parameters)

 运行模型
results = model. run(params = parameters, return_columns = ['S', 'I', 'R'], time =
time)

 绘制结果
plt. figure(figsize = (10, 6))
plt. plot(results['time'], results['S'], label = '易感者(S)')
plt. plot(results['time'], results['I'], label = '感染者(I)')
```

```
plt.plot(results['time'], results['R'], label='恢复者(R)')
plt.xlabel('天数')
plt.ylabel('人数')
plt.title('NetSIR 系统动力学模型模拟')
plt.legend()
plt.show()
```

（6）结果解释。

通过系统动力学模型，可以获得以下信息：首先，易感者（S）的数量随时间逐渐减少，因为更多的易感者转化为感染者；其次，感染者（I）的数量在初期迅速增加，达到峰值后逐渐减少；最后，恢复者（R）的数量随着时间推移逐渐增加，因为更多的感染者恢复。

## 三、现代传播学模型与复杂数学模型结合的应用案例分析

通过现代传播学模型与复杂数学模型的结合，可以系统地分析松阳文化历史在现代传播中的各个环节，提升传播效果。以下是几个应用案例分析。

**1. 案例一：松阳文化旅游的传播研究**

首先，松阳文化旅游是松阳文化历史的重要组成部分，通过现代传播手段，可以有效地提升松阳文化旅游的知名度和影响力，带动地方经济的发展；其次，通过传播过程模型，可以分析松阳文化旅游信息在传播过程中的各个环节，优化传播策略；再次，通过受众分析模型，可以了解旅游受众的需求和行为习惯，制定针对性的传播策略，提升传播效果；最后，通过效果评估模型，可以评估松阳文化旅游的传播效果，调整传播策略，提升传播效果。

**2. 案例二：松阳传统手工艺的传播研究**

首先，松阳传统手工艺是松阳文化历史的重要组成部分，通过现代传播手段，可以有效地提升松阳传统手工艺的知名度和影响力，带动地方经

济的发展；其次，通过大数据分析模型，可以了解受众对松阳传统手工艺的需求和行为习惯，优化传播策略；再次，通过网络传播模型，可以分析松阳传统手工艺在网络中的传播路径和传播效果，优化传播策略；最后，通过系统动力学模型，可以了解松阳传统手工艺在传播过程中的动态变化规律，优化传播策略。

**3. 案例三：松阳文化品牌的传播研究**

首先，松阳文化品牌是松阳文化历史的重要组成部分，通过现代传播手段，可以有效地提升松阳文化品牌的知名度和影响力，带动地方经济的发展；其次，通过传播过程模型，可以分析松阳文化品牌在传播过程中的各个环节，优化传播策略。

## 第二节　松阳人文传播对松阳经济发展的影响机制研究

松阳，这个拥有深厚历史文化底蕴的地方，通过其独特的人文资源，展现了地域文化的魅力。在新时代的发展背景下，松阳的人文传播不仅是文化传承与发展的重要内容，更成为推动地方经济增长的关键动力源之一。如何通过有效的人文传播，促进松阳经济的可持续发展，成为当前理论研究和实践探索的重要课题。研究松阳人文传播对其经济发展的影响机制，能够深入理解文化与经济的互动关系，为地方经济的高质量发展提供新思路和新路径。首先，人文传播是指通过各种渠道和媒介，将地方的历史文化、人文精神、风土人情传递给更广泛的受众[59-60]。在松阳，人文传播不仅有助于提升地方的文化影响力和美誉度，还能够通过激发文化消费、促进文化产业发展、提升文化旅游品质等方式，直接推动经济增长。例如，通过出版历史文化书籍、拍摄纪录片和影视剧，可以提升松阳的文化知名度；通过举办文化节庆活动、展览和论坛，可以吸引大量游客和投资者，带动相关服务产业的发展；通过开发特色文化产品和旅游线路，可以增强文化产业的竞争力和市场影响力，为地方经济发展注入新活力。其次，政府的引导和支持在松阳人文传播中发挥着重要作用。各级政府可以制订和实施文化传播规划，支持和鼓励人文传播活动的开展。通过完善文化基础设施建设、提供政策和资金支持、推动公共文化服务体系的建设，政府能够为人文传播创造良好的环境和条件，促进文化资源的保护与利用，推动文化与经济的深度融合。同时，政府还可以通过品牌推广和文化交流，提升松阳的文化软实力和国际影响力，为地方经济发展营造良好的外部环境。再次，企业是松阳人文传播的重要参与者和推动者。文化传播不仅是社会责任的体现，更是企业实现可持续发展的重要途径。企业可以通过市场化运作，开发具有松阳人文特色的文化产品和服务，拓展文化产业链，提升产品的附加值和市场竞争力。例如，旅游企业可以通过策划和组织文化旅游活动，提升旅游体验的文化内涵；文化创意企业可以通过创新设计和市场推广，打造具有松阳特色的文化品牌；互联网企业可以利用数字技术和新媒体手段，推动人文传播的数字化和网络化，实现文化传播与经济效益的“双赢”。最后，社区和居民的参与，则为人文传播注入了生机和活力。人文传播不仅需要政府和企业的推动，更需要广大居民的积极参与和互动，通过社区活动、居民参与和文化传承，能够增强人们的文化认同感和自豪感，形成全社会共同支持和推动人文传播的良好氛围。同时，社区和居民的积极参与，也为文化资源的发掘和利用提供了丰富的素材和创意，推动文化产品和服务的创新发展，提升地方经济的活力和创造力。另外，教育和科研机构在松阳人文传播中发挥着重要的智力支持作用。通过历史文化研究、文化遗产保护和传播学研究，可以为人文传播提供科学依据和理论指导，推动文化传播的系统化和专业化发展。同时，教育机构可以通过课程设置和文化活动，将松阳的人文精神和文化资源融入教学中，培养更多了解、热爱和传承地方文化的人才，为人文传播和经济发展提供持续的人才支持和智力保障。

综上所述，松阳人文传播对其经济发展的影响机制，是一个多层次、多主体、多方协同的系统工程。通过政府引导、企业参与、社区互动、教育科研支持，松阳可以实现人文传播与经济发展的深度融合，推动地方经济的高质量发展。研究这一机制，不仅有助于提升松阳的综合竞争力和可持续发展能力，还能为全国乃至全球的文化传播与经济发展提供有益的借鉴和参考。通过不断创新和实践，松阳的人文传播必将在推动地方经济发展的道路上，谱写出更加辉煌的篇章。

## 一、松阳人文传播现状与经济发展概述

松阳位于浙江省，历史悠久，文化底蕴深厚。近年来，松阳通过多种方式积极传播其独特的人文资源，致力于提升地区知名度和影响力，促进经济发展。本章旨在通过系统分析松阳的人文传播现状，构建数学模型，探讨其对松阳经济发展的具体影响机制。

**1. 松阳人文传播现状**

松阳的人文传播涵盖多种渠道，具体包括以下几个方面。

（1）传统媒体传播。

传统媒体如报纸、电视和广播是松阳人文传播的重要渠道。通过这些媒体，松阳的历史文化、自然景观和地方特产得以广泛传播。例如，松阳的电视台定期播放地方历史文化纪录片，报纸上也经常刊登介绍松阳风景名胜的文章。这些传统媒体的传播不仅覆盖了本地居民，还通过区域性和全国性的媒体平台影响更广泛的受众。

（2）新媒体传播。

随着互联网的发展，新媒体成为松阳人文传播的重要力量。松阳利用社交媒体平台如微博、微信和抖音，通过短视频、图文和直播等形式，向外界展示其独特的文化和风景。此外，松阳还建设了多个官方旅游网站和文化推广平台，通过网络推送最新的旅游信息和文化活动资讯，吸引了大量网民关注和参与。

（3）文化活动传播。

松阳每年举办多种多样的文化活动，包括文化节、艺术展览、历史讲座等。这些活动不仅为本地居民提供了丰富的文化体验，也吸引了大量外地游客参与。例如，松阳茶文化节通过展示茶叶制作技艺、茶道表演和茶文化讲座，广泛宣传了松阳的茶文化，增强了文化影响力。

（4）教育宣传传播。

松阳通过学校和文化中心等机构进行文化教育和宣传。中小学开设了地方历史和文化课程，培养学生对本地文化的认同感和自豪感。同时，文化中心定期组织文化讲座和工作坊，向公众传播地方历史文化知识，增强了社区的文化氛围。

（5）国际传播。

松阳还积极参与国际文化交流活动，通过文化展览、艺术交流和友好城市关系等途径，将松阳的文化传播到国际社会。例如，松阳的茶文化在国际茶文化交流会上得到了广泛认可，进一步提升了松阳在国际上的知名度。

**2. 松阳经济发展的现状**

松阳的经济发展主要体现在旅游业、消费市场和文化产业三个方面。通过人文传播，松阳吸引了大量游客，促进了特产和文化产品的销售，同时带动了文化创意产业的发展。

（1）旅游业。

松阳的旅游资源丰富，包括历史遗迹、自然风光和文化景点。近年来，通过人文传播的推动，松阳的旅游业得到了快速发展。游客数量逐年增加，带动了酒店、餐饮、交通等相关服务业的发展。据统计，松阳每年接待的游客数量已经达到了数百万，旅游收入成为地方财政的重要组成部分。

（2）消费市场。

松阳的人文传播提升了当地特产和文化产品的知名度，刺激了消费市场的增长。松阳的茶叶、手工艺品和地方美食通过多种传播渠道被广泛推广，吸引了大量消费者。例如，松阳茶在全国范围内享有盛誉，成为许多茶叶爱好者的首选。此外，地方美食如松阳香肠、麦饼等也因其独特的风味受到广泛欢迎，推动了地方经济的发展。

（3）文化产业。

文化创意产业的发展是松阳经济发展的另一重要方面。通过人文传播，松阳的文化创意产业得到了显著提升。文创产品的设计与销售、文化活动的组织等方面均取得了良好成效。例如，松阳的文创产品如茶具、工艺品和文化纪念品在市场上备受欢迎，不仅带来了可观的经济收益，还提升了松阳的文化影响力。

## 二、传播机制模型构建与分析

为了深入分析松阳人文传播对经济发展的具体影响机制，我们可以采用系统动力学模型（如 NetSIR 模型）进行模拟。同时，结合回归分析等方法，量化传播与经济发展的关系。

**1. 系统动力学模型的基本原理**

系统动力学模型是一种用于模拟复杂系统动态行为的方法，特别适用于研究人口、经济和生态系统等具有反馈特性的系统。我们使用改进的 NetSIR 模型来模拟人文传播对经济发展的影响。NetSIR 模型将人群分为三类：易感者（S）表示为尚未接触信息的用户。感染者（I）表示为已接触信息并可能传播的用户。恢复者（R）表示为已接触信息但不再传播的用户。该模型的基本假设是，易感者在接触感染者后有一定概率转化为感染者，而感染者在一定时间后会转化为恢复者。本章进一步引入经济效益因子，模拟人文传播对经济收益的影响。

**2. 模型构建**

为了构建 NetSIR 模型，本章需要定义以下参数：

$\beta$ 表示传播率，即易感者接触感染者后转化为感染者的概率。

$\gamma$ 表示恢复率，即感染者转化为恢复者的概率。

$\delta$ 表示信息衰减率，即信息传播力随时间衰减的速率。

$\alpha$ 表示外部影响率，即用户因外部因素（如广告）直接成为感染者的概率。

$\eta$ 表示个人兴趣因子，即用户对信息兴趣的影响。

$\rho$ 表示疲劳因子，即用户因疲劳而减少传播信息的概率。

$\epsilon$ 表示经济效益因子，即人文传播对经济收益的贡献。

本章将上述参数引入 NetSIR 模型的微分方程中，具体表达式如下：

```python
import numpy as np
from scipy. integrate import odeint
import matplotlib. pyplot as plt

 初始条件和参数设置
N = 100000    总人口数
I0 = 1000    初始感染者数
R0 = 0    初始恢复者数
S0 = N - I0 - R0    初始易感者数
beta = 0. 0005    传播率
gamma = 0. 1    恢复率
delta = 0. 05    信息衰减率
alpha = 0. 001    外部影响率
eta = 0. 01    个人兴趣因子
rho = 0. 005    疲劳因子
epsilon = 0. 1    经济效益因子

 NetSIR 模型微分方程
def netsir_model(y, t, N, beta, gamma, delta, alpha, eta, rho, epsilon):
    S, I, R, E = y
    dSdt = - beta * S * I/N - alpha * S
    dIdt = beta * S * I/N - gamma * I - delta * I + alpha * S - eta * I + rho * R
    dRdt = gamma * I + delta * I - rho * R
    dEdt = epsilon * I    经济效益因子对经济发展的影响
    return dSdt, dIdt, dRdt, dEdt

 初始条件向量
y0 = S0, I0, R0, 0    初始经济效益为 0
```

```
 时间点（天）
t = np.linspace(0, 160, 160)

 求解 NetSIR 模型微分方程
ret = odeint(netsir_model, y0, t, args = (N, beta, gamma, delta, alpha,
eta, rho, epsilon))
S, I, R, E = ret.T

 绘制结果
plt.figure(figsize = (10, 6))
plt.plot(t, S, 'b', label = '易感者(S)')
plt.plot(t, I, 'r', label = '感染者(I)')
plt.plot(t, R, 'g', label = '恢复者(R)')
plt.plot(t, E, 'y', label = '经济效益(E)')
plt.xlabel('天数')
plt.ylabel('人数/效益')
plt.title('NetSIR 模型模拟松阳人文传播对经济发展的影响')
plt.legend()
plt.show()
```

**3. 模型分析**

通过模型模拟可以观察到，人文传播的感染者（I）数量在传播初期迅速增加，随后逐渐趋于稳定。经济效益（E）随感染者数量的增加而增加，表明人文传播对经济发展的正向影响。具体分析如下。

（1）初期传播阶段。

在传播初期，人文传播的感染者（I）数量快速增加。这一阶段的主要特征是信息的广泛传播和快速扩散，吸引了大量的关注。由于传播率 $\beta$ 较高，易感者（S）迅速转化为感染者（I），传播效应显著。同时，由于信息的传播具有较高的吸引力和新鲜感，个人兴趣因子 $\eta$ 在此阶段对传播起到了重要的促进作用。

（2）中期稳定阶段。

随着时间的推移，感染者（I）的数量逐渐趋于稳定。在这一阶段，恢复者（R）的数量增加，信息传播的速度开始减缓。这是由于部分感染者逐渐失去了传播信息的动力，转化为恢复者，同时疲劳因子 $\rho$ 开始发挥作用，抑制了部分感染者的传播行为。此外，信息衰减率 $\delta$ 也导致了部分信息的消退。

（3）后期衰退阶段。

在后期，感染者（I）的数量开始下降，恢复者（R）的数量逐渐增加，信息传播逐渐进入衰退阶段。这一阶段的特征是信息的传播效应减弱，外部影响率 $\alpha$ 和个人兴趣因子的作用逐渐减小，疲劳因子和信息衰减率占据主导地位。

**4. 经济效益变化**

通过模型模拟，经济效益（E）随着感染者数量的变化而变化。在初期和中期阶段，经济效益迅速增加，这表明人文传播在短期内对经济发展具有显著的促进作用。随着传播进入稳定阶段，经济效益的增长速度减缓，但总体仍保持在较高水平。最终，在传播进入衰退阶段后，经济效益的增长趋于平稳。

**5. 传播与经济发展的关系量化**

为了进一步量化人文传播对经济发展的影响，本章采用回归分析的方法，分析感染者数量与经济效益之间的关系。具体步骤如下。

（1）数据收集。

首先，我们从模型模拟中收集数据，包括不同时间点的感染者数量（I）和经济效益（E）。这些数据将作为回归分析的基础。本章构建线性回归模型，假设经济效益（E）是感染者数量（I）的线性函数。回归模型的表达式如下：

$$E = a \cdot I + b \tag{9-8}$$

其中，$a$ 和 $b$ 为回归系数，代表感染者数量对经济效益的影响程度和基准经济效益。

（2）回归分析。

通过回归分析，我们可以得到回归系数 $a$ 和 $b$，从而量化感染者数量对经济效益的影响。分析结果如下：

```python
import numpy as np
import matplotlib.pyplot as plt
from sklearn.linear_model import LinearRegression

 收集模型模拟数据
I_data = I
E_data = E

 构建回归模型
model = LinearRegression()
I_data = I_data.reshape(-1, 1)      调整数据形状
model.fit(I_data, E_data)

 获取回归系数
a = model.coef_[0]
b = model.intercept_

 绘制回归结果
plt.figure(figsize=(10, 6))
plt.scatter(I_data, E_data, color='blue', label='模拟数据')
plt.plot(I_data, model.predict(I_data), color='red', label='回归线')
plt.xlabel('感染者数量(I)')
plt.ylabel('经济效益(E)')
plt.title('感染者数量与经济效益的回归分析')
plt.legend()
plt.show()
```

```
print(f'回归系数: a = {a}, b = {b}')
```

通过回归分析，可以得到了回归系数 $a$ 和 $b$。结果显示，感染者数量（I）对经济效益（E）具有显著的正向影响，回归系数 $a$ 为正，说明感染者数量的增加将显著提升经济效益。

## 三、人文传播对经济发展的具体影响

**1. 旅游业的推动**

通过人文传播，松阳的文化和自然景观吸引了大量游客。根据模型模拟结果，传播者（I）数量的增加直接提升了旅游收入（经济效益 E），证明了人文传播对旅游业的推动作用。人文传播显著提升了松阳的知名度，吸引了来自全国乃至全球的游客，导致游客数量的显著增加。随着传播数量的上升，越来越多的人了解并选择松阳作为旅游目的地，这一趋势不仅推动了景区门票收入的增长，还促进了酒店、餐饮和交通等相关产业的繁荣。同时，游客在松阳旅游期间的消费也对地方经济发展作出了重要贡献。通过人文传播，游客们不仅参观景点，还积极购买地方特产和文化产品，如松阳的茶叶、手工艺品和地方美食，这些产品通过多样化的传播渠道被广泛推广，进一步增加了地方经济收入。此外，人文传播还为松阳打造了独特的旅游品牌形象。例如，在茶文化节等大型活动的支持下，松阳成功塑造了“茶文化之乡”的品牌形象，吸引了大量茶叶爱好者和文化爱好者前来体验。这种品牌效应的形成不仅提升了松阳的旅游吸引力，还进一步推动了旅游业的持续发展。综上所述，人文传播在游客数量增加、旅游消费增长和旅游品牌建设等方面对松阳的经济发展起到了积极的推动作用。

**2. 当地消费市场的活跃**

人文传播显著提升了松阳特产和文化产品的知名度，促进了当地消费市场的活跃。定量分析表明，传播者数量的增加与消费市场的增长存在正相关关系，进一步验证了人文传播对消费市场的促进作用。具体而言，首先，地方特产的推广通过多种传播渠道，使松阳的龙井茶、豆腐干、麦饼等产品得以广泛宣传。这一过程不仅提高了产品的知名度，还增强了消费者对这些特产的认同感和购买欲望。例如，松阳茶作为松阳的代表特产，通过各类传播活动吸引了大量消费者，其销量因此显著增加。其次，人文传播同样促进了松阳文化产品的销售。通过文化活动和创意设计，松阳推出了多种文创产品，如茶具、工艺品和文化纪念品。这些产品在传播渠道的推广下，吸引了广大消费者的关注，购买需求明显增加。特别是松阳的手工茶具，以其独特的设计和精湛的工艺赢得了消费者的青睐，市场需求量大幅提升。最后，人文传播还推动了松阳消费市场的多样化发展。除了传统特产和文化产品销量上升外，现代消费品如服装、电子产品也因旅游业的增长而受益。游客的到来不仅带动了整个消费市场的繁荣，还使得商圈和购物中心的人流量显著增加，进而进一步促进了地方经济的发展。综上所述，人文传播在提升松阳特产与文化产品的知名度、推动消费市场活跃及实现多样化发展等方面发挥了重要的作用。

**3. 文化产业的发展**

人文传播促进了文化创意产业的发展，包括文化产品设计与销售、文化活动的组织等。模型显示，文化产业的经济效益也随着传播者数量的增加而提升，体现了人文传播对文化产业的积极影响。具体分析如下：首先，通过人文传播，松阳的文创产品不断创新，满足了市场需求。设计师和工艺师通过参与文化活动和交流，获得了灵感和创意，推出了多种具有地方特色的文创产品。例如，松阳的茶文化纪念品不仅设计精美，还融入了当地的文化元素，深受消费者喜爱。其次，人文传播还推动了文化活动的频繁举办。松阳定期组织茶文化节、艺术展览和历史讲座等活动，不仅丰富了本地居民的文化生活，还吸引了大量外地游客参与。这些文化活动不仅直接带来了经济收益，还提升了松阳的文化影响力和知名度。最后，通过人文传播，松阳逐渐形成了一个完善的文化创意产业生态。文化创意企业、设计师、工艺师和相关从业人员共同构成了一个充满活力的产业链。地方政府也通过政策支持和资金投入，促进了文化创意产业的发展。例如，松阳设立了文化创意产业园区，为企业和从业人员提供了良好的发展环境。

**4. 结论与建议**

松阳的人文传播通过多种渠道对经济发展产生了显著影响，尤其在旅游业、消费市场和文化产业等方面表现得尤为突出。运用 NetSIR 模型，我们可以有效模拟人文传播对经济发展的动态影响，从而量化传播与经济效益之间的关系。首先，人文传播在旅游业的发展中起到了关键作用。通过提升松阳的知名度和吸引力，松阳成功吸引了大量游客，显著促进了游客数量的增加以及相关旅游消费的增长。例如，丰富的人文活动和景点的宣传吸引了不同类型的游客，推动了当地的旅游经济。其次，人文传播通过推广地方特产和文化产品，有效活跃了当地的消费市场。针对松阳特产，如松阳茶、香肠香肠等，通过系统的传播策略和市场活动，增强了消费者对这些产品的认知和购买意愿。这不仅提升了特产销售，还刺激了文化产品的市场需求，推动了地方经济的繁荣。最后，人文传播还推动了文化创意产业的发展。通过创新文创产品的设计和组织各类文化活动，松阳在文化产业方面取得了显著成效。新兴的文创产品如手工艺品、茶具等，因其独特的文化内涵和市场定位，赢得了消费者的喜爱，从而促进了文化产业的繁荣和生态体系的完善。总之，松阳的人文传播不仅促进了旅游业的发展，还活跃了消费市场，推动了文化产业的繁荣，这一系列的动态影响体现了人文传播在地方经济发展中的重要作用。通过更深入的研究与量化分析，可以为松阳未来的经济战略提供更为科学的依据。

## 四、研究结论

**1. 加强人文传播的多渠道融合**

为了进一步扩大松阳的人文传播效果，应加强传统媒体和新媒体的融合，形成多渠道传播体系。其具体措施包括：首先，要进一步加强媒体合作，特别是要加强与全国性和国际性的媒体平台合作，制作高质量的松阳宣传片和专题报道，扩大传播覆盖面；其次，利用新媒体加强系统运营，通过短视频、直播等形式进行实时互动，增强传播的影响力和互动性；最后，加强跨平台人文传播推广，利用各类网络平台和应用，推送松阳的旅游信息、文化活动和特产资讯，吸引更多用户关注和参与。

**2. 促进文化与旅游的深度融合**

文化和旅游的深度融合是提升松阳旅游吸引力的重要途径。其具体措施包括：首先，结合松阳的历史文化和自然景观，设计多条特色文化旅游线路，提供多样化的旅游体验；其次，开发茶道体验、手工艺制作等互动性强的文化体验项目，让游客深入参与，增加旅游的趣味性和吸引力；最后，将松阳的文化活动品牌化，打造具有特色的文化节庆活动，吸引更多游客参与。例如，进一步提升茶文化节的知名度和影响力，使其成为全国乃至国际知名的文化品牌。

**3. 支持文化创意产业的发展**

文化创意产业是松阳经济发展的重要增长点，应通过政策支持和资源投入，促进文化创意产业的发展。其具体措施包括：首先，建设文化创意产业园区，为企业和从业人员提供良好的办公和创作环境，推动产业集聚发展；其次，加强政策支持，出台扶持文化创意产业的政策，如税收减免、资金补助等，鼓励更多企业和个人从事文化创意产业；最后，加强文化创意人才的培养，设立专项培训项目，提升设计师、工艺师等从业人员的专业水平和创新能力。

**4. 提升文化传播的国际影响力**

为了提升松阳在国际上的知名度和影响力，应积极参与国际文化交流，推广松阳的独特文化。其具体措施包括：首先，积极参与和举办国际文化交流活动，如国际茶文化节、国际艺术展览等，展示松阳的文化魅力；其次，与国际上的友好城市建立合作关系，开展文化交流项目，互相推广文化和旅游资源；最后，通过海外媒体和文化机构，加强推广松阳的文化和旅游信息，吸引国际游客和文化爱好者。

**5. 总结**

松阳通过多渠道的人文传播，成功提升了地区的知名度和影响力，促进了旅游业、消费市场和文化创意产业的发展。通过系统动力学模型和回归分析，我们量化了人文传播对经济发展的具体影响机制。为了进一步推动松阳经济发展，应加强人文传播的多渠道融合，促进文化与旅游的深度融合，支持文化创意产业的发展，提升文化传播的国际影响力。这些措施将有助于实现松阳经济的持续、健康发展，同时提升松阳的文化影响力和美誉度。本节研究的主要贡献在于通过模型模拟和数据分析，揭示了人文传播对地方经济发展的具体影响机制，为地方政府和相关部门制定发展策略提供了科学依据。同时，也为其他地区在利用人文资源促进经济发展方面提供了参考和借鉴。未来的研究可以进一步优化模型，引入更多变量，探索人文传播对经济发展的长期影响和具体作用路径。

## 第三节　松阳文化创新带动松阳经济发展的理论和实践研究

在探索经济发展的新路径中，文化创新作为一种独特的动力机制，日益受到学界和实务界的关注。松阳县域，以其丰富的历史文化资源和悠久的文化传统，为文化创新与经济发展提供了肥沃的土壤。本节将深入探讨松阳文化创新如何带动地方经济发展的理论与实践，旨在揭示文化创新在现代经济发展中的独特作用，以及其实践应用对提升地方经济竞争力和推动经济结构转型升级的意义。文化创新不仅包括传统的文化保护和传承，更强调在新时代背景下，通过文化与科技、创意、市场等要素的结合，催生出新的文化形态和经济价值。松阳作为一个历史文化名城，拥有着深厚的文化积淀，其文化创新实践具有重要的研究价值和示范效应。通过对松阳文化创新带动经济发展的理论和实践研究，我们不仅能够揭示文化资源的经济价值转化路径，还能够为其他地区提供可借鉴的文化经济发展模式。本节内容将首先从理论层面剖析文化创新与经济发展的内在联系，探讨文化资本的积累、文化产业的创新发展、文化遗产的保护与利用、文化旅游的品牌建设等对地方经济影响的多维度机制。其次，我们将进入实践层面的分析，通过对松阳县域文化创新项目的案例研究，展示文化创新如何在具体实践中转化为推动经济发展的动力。在案例研究中，我们将重点关注松阳的文化产业集群、文化创意园区的建设、非物质文化遗产的传承与创新、文化旅游产品的开发等多个方面，分析这些文化创新实践如何促进了地方经济的多样化发展，提升了区域经济的整体竞争力。再次，我们还将探讨文化创新如何通过激活地方文化认同、增强社区凝聚力、提升城市形象等多种途径，间接对经济发展产生积极影响。此外，我们将通过实证分析的方法，评估文化创新在松阳经济发展中的实际效果，包括就业创造、产值增加、税收贡献等方面。同时，我们还将分析文化创新对于提升区域经济结构、促进经济转型升级的重要作用，特别是在推动传统产业与现代文化产业融合发展方面的积极影响。最后，本节将总结文化创新带动松阳经济发展的经验和启示，提出政策建议，为松阳乃至更广泛区域的文化经济发展提供参考。通过这一系列的分析和讨论，我们希望能够为文化创新的理论研究提供新的视角，为地方政府的文化经济政策制定提供科学依据，并为地方企业和社区在文化创新实践中提供具体指导。

## 一、文化创新的理论基础

文化创新是指通过创意和实践，结合传统文化和现代技术，创造出新的文化产品、服务和体验，推动文化产业的发展和经济的增长。文化创新的理论基础主要包括文化产业理论、创新扩散理论、创意经济理论和文化资本理论。

**1. 文化产业理论**

文化产业理论强调文化作为一种经济资源，可以通过生产、传播和消费来创造经济价值。文化产业包括文化产品的创作、生产、分销和消费，涵盖了电影、音乐、艺术、出版、旅游等多个领域。文化产业的发展不仅依赖于文化资源的丰富性，还需要创新和市场机制的支持。文化产业理论指出，文化产业的发展能够促进地方经济增长、增加就业机会和提升文化软实力。不仅直接创造经济效益，还可以通过产业链的延伸和关联效应，带动相关产业的发展。在松阳，文化产业的发展得益于丰富的历史文化资源和地方政府的积极推动。通过文化创新，将传统文化资源转化为具有市场竞争力的文化产品，如茶文化体验、地方特产销售和文化节庆活动，有效提升了松阳的经济效益。

**2. 创新扩散理论**

创新扩散理论由埃弗雷特·罗杰斯提出，解释了创新如何通过特定渠道在社会系统中传播。该理论认为，创新的扩散过程包括创新的产生、传播和采用，受多个因素影响，如创新本身的特性、传播渠道、时间和社会系统的特点。创新扩散理论强调，创新的成功扩散需要有效的传播策略和适应性强的社会环境。在松阳，文化创新的扩散主要通过多渠道传播，如传统媒体、新媒体和文化活动等。地方政府和企业通过宣传推广、体验活动和文化交流，促进了文化创新的扩散，吸引了大量游客和消费者，推动了地方经济的发展。

**3. 创意经济理论**

创意经济理论强调创意作为经济增长的驱动力，认为创意产业能够通过创造独特的产品和服务，提升市场竞争力和经济价值。创意经济涵盖了设计、广告、媒体、娱乐、艺术等多个领域，依赖于创意人才和创新环境。创意经济理论指出，创意产业的发展需要政府支持、市场机制和社会文化环境的共同作用。在松阳，创意经济的发展得到了地方政府的大力支持，通过政策扶持、资源投入和人才培养，促进了文化创意产业的发展。松阳的文化创意产业包括文创产品设计、文化活动组织和旅游品牌建设，依托丰富的文化资源和创新环境，实现了经济的快速增长。

**4. 文化资本理论**

文化资本理论由皮埃尔·布尔迪厄提出，强调文化资本作为一种无形资产，对个人和社会的经济和社会地位具有重要影响。文化资本包括文化知识、文化品位、文化技能等，通过教育、家庭和社会环境的传递和积累。文化资本理论认为，文化资本的积累和运用能够提升个体和群体的社会地位和经济收益。在松阳，文化资本的积累和运用体现在多个方面，如地方传统文化的传承、文化教育的普及和文化活动的参与。通过文化创新，松阳将丰富的文化资本转化为经济资本，提升了地方的文化软实力和经济竞争力。

## 二、松阳文化创新的实践探索

松阳在文化创新方面进行了多项实践探索，通过结合传统文化和现代技术，推动了文化产业和地方经济的发展。以下是松阳在文化创新方面的几项重要实践。

**1. 茶文化创新**

松阳以茶文化为核心，通过创新实践，提升了茶产业的经济效益和文化影响力。其具体措施如下。

（1）茶文化体验项目。

松阳通过开发茶文化体验项目，吸引了大量游客参与。例如，茶道表演、茶艺培训和茶园观光等项目，不仅增加了游客的参与感和体验感，还提升了茶文化的传播效果。茶文化体验项目的成功实施，使松阳的茶文化在全国乃至国际上得到了广泛关注，推动了茶产业的发展。

（2）茶文化节庆活动。

松阳定期举办茶文化节庆活动，如茶文化节、茶博会等，通过活动的组织和宣传，提升了松阳茶文化的知名度和影响力。这些活动不仅吸引了大量游客，还促进了茶产业的交流与合作，推动了茶产品的销售和市场拓展。例如，茶文化节期间，松阳的茶叶销售额显著增加，茶企与外地茶商的合作也得到了加强。

（3）茶文化品牌建设。

松阳通过茶文化品牌建设，提升了茶产品的市场竞争力和经济价值。具体措施包括品牌设计、品牌推广和品牌维护等。例如，松阳通过与知名设计师合作，推出了一系列具有地方特色的茶叶包装设计，增强了茶产品的市场吸引力。同时，通过多渠道的品牌推广，如广告宣传、网络营销和品牌活动等，提高了茶文化品牌的知名度和美誉度。

**2. 文创产品设计**

松阳在文创产品设计方面进行了多项创新实践，通过结合地方文化元素和现代设计理念，推出了多款具有市场竞争力的文创产品。其具体措施如下。

（1）地方文化元素的运用。

松阳的文创产品设计充分运用了地方文化元素，如茶文化、民俗文化和历史文化等。例如，茶具、手工艺品和文化纪念品等文创产品，通过融入地方文化元素，增加了产品的独特性和文化价值。这些文创产品不仅深受游客和消费者的喜爱，还提升了松阳文化的传播效果和经济效益。

（2）创意设计与工艺结合。

松阳的文创产品设计注重创意设计与工艺结合，提升了产品的市场竞争力和经济价值。例如，松阳的手工茶具不仅在设计上具有创意，还在制作工艺上注重精湛和细致，使产品既具有艺术价值又具有实用性。这些高品质的文创产品通过多渠道的销售，取得了良好的市场反响，推动了地方经济的发展。

（3）文创产品的市场推广。

松阳通过多渠道的市场推广，提升了文创产品的知名度和销售额。具体措施包括线上线下结合的销售模式、参加各类展览和博览会、与知名电商平台合作等。例如，松阳的文创产品通过在淘宝、京东等电商平台的销售，取得了良好的市场反响，提升了产品的销售额和市场影响力。同时，通过参加国内外的展览和博览会，进一步扩大了产品的市场覆盖面和知名度。

**3. 文化活动组织**

松阳通过组织多种形式的文化活动，丰富了地方居民和游客的文化生活，提升了地方文化的传播效果和经济效益。其具体措施如下。

（1）传统文化活动的传承与创新。

松阳通过传承与创新传统文化活动，提升了地方文化的影响力和吸引力。例如，松阳定期举办的龙舟赛、舞狮表演和民俗节庆活动，不仅传承了地方传统文化，还通过创新活动形式和内容，增加了活动的参与度和吸引力。这些传统文化活动的成功举办，吸引了大量游客参与，促进了地方经济的发展。

（2）现代文化活动的引入与融合。

松阳通过引入和融合现代文化活动，提升了地方文化的多样性和吸引力。例如，松阳举办的音乐节、艺术展览和文艺演出等现代文化活动，通过与地方文化的结合，吸引了更多年轻游客和文化爱好者参与。这些现代文化活动不仅丰富了地方文化生活，还通过门票收入、周边产品销售等方式，增加了地方经济效益。

（3）文化交流活动的组织。

松阳通过组织文化交流活动，提升了地方文化的传播效果和国际影响力。例如，松阳与国内外多个城市和文化机构开展文化交流与合作，组织了多次文化交流活动，如文化展览、艺术交流和学术研讨等。这些文化交流活动不仅促进了地方文化的传播，还通过文化交流和合作，提升了地方的知名度和影响力，推动了地方经济的发展。

**4. 文化旅游品牌建设**

松阳通过文化旅游品牌建设，提升了旅游业的经济效益和文化影响力。其具体措施如下。

（1）松阳旅游线路设计。

松阳通过设计多条特色旅游线路，提升了旅游业的吸引力和经济效益。例如，结合茶文化和自然景观，设计了茶园观光、茶文化体验和生态旅游等多条特色旅游线路，提供多样化的旅游体验。通过旅游线路的设计和推广，吸引了大量游客参与，提升了旅游业的经济效益。

（2）松阳旅游产品开发。

松阳通过开发多样化的旅游产品，满足了不同游客的需求，提升了旅游业的竞争力和经济价值。例如，松阳推出了以茶文化为主题的旅游纪念品、特色餐饮和住宿服务，这些旅游产品的开发不仅丰富了游客的旅游体验，还增加了旅游收入和地方就业机会。

（3）旅游品牌宣传。

松阳通过多渠道的旅游品牌宣传，提升了旅游目的地的知名度和吸引力。具体措施包括与旅游媒体合作、参加旅游展会、利用社交媒体进行宣传等。通过有效的品牌宣传，松阳的旅游品牌在全国乃至国际上得到了广泛认可，吸引了更多游客前来旅游，促进了地方经济的发展。

## 三、松阳文化创新带动经济发展的效果评估

为了评估松阳文化创新对经济发展的带动效果，可以采用定量和定性相结合的方法，从以下几个方面进行分析。

**1. 经济指标分析**

通过对比文化创新实施前后的经济指标，如 GDP 增长率、旅游收入、文化产业增加值等，可以直观地反映文化创新对经济发展的贡献。例如，松阳的茶文化创新项目实施后，茶产业的销售收入显著增加，带动了相关产业链的发展，促进了地方经济的增长。

**2. 就业情况分析**

文化创新往往伴随着新的就业机会的产生。通过分析文化创新项目实施前后就业人数的变化，可以评估文化创新对就业的促进作用。例如，松阳的文创产品设计和文化活动组织等项目，为当地居民提供了大量的就业机会，提高了居民的收入水平。

**3. 市场反馈评估**

通过收集游客和消费者的反馈信息，如满意度调查、产品评价、活动参与度等，可以评估文化创新项目的市场接受度和影响力。例如，松阳的茶文化体验项目和文创产品受到了游客和消费者的一致好评，市场反馈积极，表明文化创新项目具有良好的市场前景。

**4. 品牌影响力评估**

通过分析文化创新项目对地方品牌知名度和美誉度的影响，可以评估文化创新对地方形象和品牌建设的效果。例如，松阳的茶文化节和文化旅游品牌建设，显著提升了松阳的品牌影响力和国际知名度。

**5. 政策支持与环境优化**

文化创新的发展离不开政策支持和环境优化。通过分析地方政府在文化创新方面的政策措施和实施效果，评估政策支持对文化创新和经济发展的推动作用。

（1）政策支持力度分析。

松阳地方政府在文化创新方面推出了多项支持政策，如资金扶持、税收优惠和人才引进等。通过分析这些政策的实施情况和效果，可以评估政策支持对文化创新项目的促进作用。例如，政府提供的资金扶持和税收优惠政策，大大降低了文化企业的运营成本，激励了更多企业参与文化创新项目。

（2）环境优化效果分析。

地方政府通过优化营商环境，为文化创新项目提供良好的发展条件。例如，通过完善基础设施、提升公共服务质量和优化行政审批流程，地方政府为文化企业和创新项目的顺利实施提供了有力保障。分析这些环境优化措施的实施效果，可以评估其对文化创新和经济发展的推动作用。

**6. 社会文化效益分析**

文化创新不仅带动经济发展，还产生了显著的社会文化效益。通过分析文化创新项目对社会文化环境和居民生活的影响，可以全面评估文化创新的综合效益。

（1）文化传承与保护。

文化创新项目在推动经济发展的同时，也促进了地方文化的传承与保护。例如，松阳的茶文化体验项目和传统文化活动，通过创新形式和内容，吸引了更多人关注和参与，提升了地方文化的知名度和保护意识。分析文化创新项目在文化传承与保护方面的成效，可以评估其社会文化效益。

（2）文化素质提升。

文化创新项目通过丰富多彩的文化活动和体验，提升了地方居民的文化素质和生活品质。例如，松阳的文化活动组织和文创产品设计，不仅丰富了居民的文化生活，还提升了他们的文化认同感和自豪感。分析文化创新项目对居民文化素质提升的影响，可以评估其社会文化效益。

（3）社会凝聚力增强。

文化创新项目通过组织各种文化活动和交流，增强了社区居民的凝聚力和社会和谐。例如，松阳的文化节庆活动和文化交流项目，通过吸引居民参与和互动，促进了社区的团结和协作。分析文化创新项目对社会凝聚力的影响，可以评估其社会文化效益。

**7. 案例分析与经验总结**

通过分析松阳文化创新项目的典型案例，可以总结出成功的经验和模式，为其他地区的文化创新和经济发展提供参考。

（1）成功案例分析。

选择松阳文化创新项目中的几个成功案例进行详细分析，如茶文化体验项目、文创产品设计和文化活动组织等，通过分析其实施背景、具体措施和效果，找出成功的关键因素和经验。例如，茶文化体验项目的成功实施，离不开政府的政策支持、企业的积极参与和市场的有效推广。

（2）经验总结与推广。

通过总结松阳文化创新的成功经验，可以为其他地区提供有益的参考和借鉴。例如，文化创新需要政府的政策支持和环境优化，需要结合地方特色进行创新实践，需要多渠道的市场推广和品牌建设。这些经验的总结和推广，有助于其他地区在文化创新和经济发展方面取得成功。

**8. 研究结论**

松阳通过文化创新带动了地方经济的发展，实现了经济效益和社会文化效益的“双赢”。通过文化产业理论、创新扩散理论、创意经济理论和文化资本理论的指导，松阳在茶文化创新、文创产品设计、文化活动组织和文化旅游品牌建设等方面进行了多项实践探索，取得了显著成效。通过经济指标分析、就业情况分析、市场反馈评估、品牌影响力评估、政策支持与环境优化分析、社会文化效益分析和案例分析与经验总结，可以全面评估松阳文化创新对经济发展的带动效果。松阳的成功经验为其他地区提供了有益的参考，具有重要的借鉴意义。

# 第十章

# 政策支持与未来展望

松阳以其丰富的人文历史和独特的地方文化，通过文化创新为经济发展注入了新的活力和动力。在文化产业的支持下，松阳不仅在经济层面取得了显著成果，同时也提升了居民的文化素质和生活品质。本章将深入探讨松阳在人文经济方面的政策支持措施及其效果评估，并展望未来文化创新在地方经济发展中的持续作用和潜力。松阳地方政府通过多项政策支持和环境优化措施，为文化创新项目的落地提供了坚实基础和有力保障。这些措施不仅促进了地方经济结构的优化和升级，还有效推动了文化产业的快速发展。随着全球文化交流的深入和市场需求的多样化，松阳在文化创新领域将继续发挥其独特优势，探索更多创新模式，为实现经济高质量发展贡献力量。在分析政策支持的基础上，本章还将对未来几年内松阳文化创新的发展趋势进行预测，并提出相应的发展建议，以期进一步提升松阳在全国乃至国际上的文化影响力和竞争力。

近年来，松阳政府积极出台多项政策，旨在推动地方文化产业的繁荣与发展。首先，政府通过设立专项基金，支持各类文化创新项目和创意企业的发展。这些资金不仅为初创企业提供了宝贵的启动资金，也为成熟企业的创新转型提供了强有力的支持。其次，松阳地方政府注重文化基础设施的建设和完善。通过修缮历史建筑、建设文化创意园区和举办各类文化活动，松阳逐步构建起一个充满活力和创意的文化生态系统。这些措施不仅提升了松阳的文化软实力，也吸引了大量国内外游客，促进了旅游经济的发展。此外，松阳政府还积极引进和培养文化创意人才。通过与国内外知名高校和文化机构的合作，松阳建立了多个文化创意人才培养基地。同时，政府提供优惠政策，吸引优秀文化创意人才在松阳创业和发展，为地方文化产业注入了新鲜血液和创意动力。展望未来，松阳将在现有政策基础上，继续深化文化创新与经济发展的融合。一方面，政府将进一步优化政策环境，为文化创意企业提供更加便利和高效的服务。通过简化审批流程、降低税费负担和提供更多的融资渠道，助力文化创意企业快速成长和发展。另一方面，松阳将加大对外文化交流与合作的力度。通过举办国际文化交流活动、参与全球文化创意展会和建立国际文化合作平台，松阳将进一步提升自身在国际文化创意领域的影响力和竞争力。在未来的政策支持和发展规划中，松阳还将注重可持续发展理念。通过推进绿色文化产业、促进文化资源的合理利用和保护，松阳将实现文化创新与生态环境的和谐共生，为地方经济的可持续发展提供坚实保障。

总之，松阳在人文经济领域的政策支持与未来展望，展现了地方政府对文化创新和经济发展的高度重视和战略规划。在政府和社会各界的共同努力下，松阳必将迎来更加辉煌的文化繁荣和经济发展新篇章。

## 第一节　松阳科技创新驱动人文经济发展的理论机制与路径研究

在全球经济一体化和信息技术快速发展的背景下，科技创新已成为推动地方经济发展的重要动力。松阳县域，作为一个具有丰富历史文化资源的地区，通过科技创新驱动人文经济发展，探索出了一条独具特色的经济发展路径。本节将深入探讨松阳科技创新如何推动人文经济发展的理论机制与实践路径，旨在揭示科技创新在现代经济发展中的独特作用，以及其在推动松阳人文经济高质量发展中的实际应用和成效。科技创新不仅包括技术的研发和应用，更涉及了科技与文化、创意、市场等多方面的融合。松阳作为一个历史文化悠久的县域，拥有着丰富的文化遗产和独特的地域文化资源，这些都为科技创新与人文经济的结合提供了丰厚的土壤。通过对科技创新驱动人文经济发展的理论机制与实践路径的研究，我们不仅能够深入了解科技创新的经济价值，还能为其他地区提供可借鉴的科技经济发展模式。本节内容将从理论层面探讨科技创新驱动人文经济发展的内在机制，分析科技创新如何通过技术进步、产业升级、市场扩展等方式推动人文经济的持续增长。具体而言，我们的研究将聚焦于科技与文化融合发展的多维层面。首先，我们将深入探讨技术进步对文化资源现代转化的推动作用，特别是如何利用数字化技术和互联网技术等先进手段，对松阳的传统文化资源进行创新性转化，进而增强其经济价值和市场竞争力。其次，我们将分析产业升级与创新驱动如何相互促进，即通过科技创新来引领松阳传统产业的升级和变革，实现文化产业与现代科技产业的高度融合，从而优化产业结构并提高经济效益。再次，我们将研究如何通过科技创新开发出富有创意和市场潜力的文化产品，以此拓展新的市场空间，并提升松阳文化产品的附加值与市场竞争力。最后，为了夯实这一系列的创新发展，我们将着眼于科技平台与创新生态系统的构建，旨在为松阳的科技创新和人文经济发展打造一个优质的环境，并提供必要的支持，从而实现科技与经济的深度融合与良性发展。这一系列研究不仅有助于推动松阳的文化产业和科技创新，还将为地区的可持续发展注入新的活力。本节将总结松阳科技创新驱动人文经济发展的经验和启示，提出进一步推动科技创新与人文经济融合发展的政策建议。通过这一系列的研究和分析，我们希望能够为松阳乃至其他地区提供理论支持和实践指导，推动地方经济的高质量发展，促进科技与人文经济的深度融合。

### 一、科技创新的理论模型构建

松阳的科技创新在推动人文经济发展的过程中，起到了至关重要的作用。为了系统化地阐述这一过程，本节将构建一个复杂的数学模型，通过理论分析与实证检验，揭示科技创新对人文经济发展的具体影响机制与路径。

**1. 理论基础**

科技创新驱动人文经济发展的理论基础包括创新扩散理论、区域经济增长理论和文化创意产业理论[57-58]。通过这些理论，本节可以构建一个涵盖科技创新、人文经济、政策支持和市场需求等多因素的综合模型。

**2. 模型构建**

（1）模型假设。

假设一：松阳地区的经济由人文经济和其他产业经济构成。

假设二：科技创新可以通过直接和间接途径影响人文经济发展。

假设三：政府政策和市场需求在科技创新与人文经济发展之间起调节作用。

（2）数学模型。

设 $Y_t$ 为 $t$ 时期松阳人文经济的产出，$K_t$为 $t$ 时期的人文资本，$A_t$为 $t$ 时期的科技创新水平，$L_t$ 为 $t$ 时期的劳动投入，$P_t$ 为 $t$ 时期的政府政策支持水平，$M_t$ 为 $t$ 时期的市场需求。

人文经济产出函数可以表示为：

$$Y_t = F(K_t, A_t, L_t, P_t, M_t) \tag{10-1}$$

假设人文经济产出函数为 Cobb - Douglas 形式：

$$Y_t = K_t^{\alpha} A_t^{\beta} L_t^{\gamma} P_t^{\delta} M_t^{\theta} \tag{10-2}$$

其中 $\alpha$、$\beta$、$\gamma$、$\delta$、$\theta$ 分别为各投入要素的产出弹性。

**3. 科技创新的动态方程**

假设科技创新的动态变化方程为：

$$A_{t+1} = A_t + \phi I_t - \mu A_t \tag{10-3}$$

其中，$I_t$ 为 $t$ 时期的科技创新投资，$\phi$ 为科技创新投资的转化效率，$\mu$ 为科技创新的自然衰减率。

**4. 人文资本的动态方程**

$$K_{t+1} = K_t + \lambda H_t - \rho K_t \tag{10-4}$$

其中，$H_t$为 $t$ 时期的人文教育和培训投入，$\lambda$ 为人文教育和培训投入的转化效率，$\rho$ 为人文资本的自然衰减率。

**5. 劳动投入的动态方程**

$$L_{t+1} = L_t + \nu(N_t - L_t) - \sigma L_t \tag{10-5}$$

其中，$N_t$为 $t$ 时期的总人口，$\nu$ 为劳动力转化率，$\sigma$ 为劳动力自然流失率。

**6. 政府政策支持的动态方程**

$$P_{t+1} = P_t + \omega G_t - \tau P_t \tag{10-6}$$

其中，$G_t$为 $t$ 时期的政府投入，$\omega$ 为政府投入的转化效率，$\tau$ 为政策支持的自然衰减率。

**7. 市场需求的动态方程**

$$M_{t+1} = M_t + \kappa C_t - \eta M_t \tag{10-7}$$

其中，$C_t$为 $t$ 时期的消费投入，$\kappa$ 为消费投入的转化效率，$\eta$ 为市场需求的自然衰减率。

**8. 模型求解与分析**

通过上述方程组，我们可以构建出一个动态系统，利用数值方法对其进行求解和分析。具体步骤如下。

（1）初始条件设定。

设定初始时期 $t=0$ 的各变量初值 $Y_0$、$K_0$、$A_0$、$L_0$、$P_0$、$M_0$。

（2）参数估计。

根据实证数据和相关文献，估计模型中的参数值 $\alpha$、$\beta$、$\gamma$、$\delta$、$\theta$、$\phi$、$\mu$、$\lambda$、$\rho$、$\nu$、$\sigma$、$\omega$、$\tau$、$\kappa$、$\eta$。

（3）数值模拟。

利用数值模拟方法（如龙格—库塔法）求解动态系统，分析各变量随时间的变化趋势。

（4）灵敏度分析。

通过改变模型参数，分析各因素对人文经济发展的敏感性。

## 二、模型扩展与优化

为了更加精确地反映科技创新对人文经济发展的影响，本节可以在基本模型的基础上，进一步扩展和优化模型，考虑更多的影响因素和复杂关系。

（1）引入外部溢出效应。

科技创新不仅对本地区的人文经济有直接影响，还可能通过知识溢出效应对邻近地区产生影响。引入外部溢出效应，可以更全面地分析科技创新的区域影响。

假设 $A_t^{ext}$ 为外部科技创新水平，则人文经济产出函数可以扩展为：

$$Y_t = K_t^{\alpha}(A_t + \epsilon A_t^{ext})^{\beta} L_t^{\gamma} P_t^{\delta} M_t^{\theta} \tag{10-8}$$

其中，$\epsilon$ 为外部溢出效应系数。

（2）考虑科技创新的不同类型。

科技创新可以分为技术创新和制度创新，两者对人文经济的影响机制不同。我们可以分别考虑技术创新水平 $A_t^{tech}$ 和制度创新水平 $A_t^{inst}$。

假设人文经济产出函数为：

$$Y_t = K_t^{\alpha}(A_t^{tech})^{\beta_1}(A_t^{inst})^{\beta_2} L_t^{\gamma} P_t^{\delta} M_t^{\theta} \tag{10-9}$$

技术创新和制度创新的动态方程分别为：

$$A_{t+1}^{tech} = A_t^{tech} + \phi_1 I_t^{tech} - \mu_1 A_t^{tech} \tag{10-10}$$

$$A_{t+1}^{inst} = A_t^{inst} + \phi_2 I_t^{inst} - \mu_2 A_t^{inst} \tag{10-11}$$

其中，$I_t^{tech}$ 和 $I_t^{inst}$ 分别为技术创新和制度创新的投资。

（3）融合文化因素。

文化因素是人文经济发展的重要组成部分，可以通过引入文化资本 $C_t$ 来反映。文化资本不仅直接影响人文经济产出，还可能与科技创新产生交互作用。

假设人文经济产出函数为：

$$Y_t = K_t^{\alpha}(A_t^{tech})^{\beta_1}(A_t^{inst})^{\beta_2} C_t^{\zeta} L_t^{\gamma} P_t^{\delta} M_t^{\theta} \tag{10-12}$$

文化资本的动态方程为：

$$C_{t+1} = C_t + \chi E_t - \psi C_t \tag{10-13}$$

其中，$E_t$ 为文化投资，$\chi$ 为文化投资的转化效率，$\psi$ 为文化资本的自然衰减率。

**1. 实证分析与政策建议**

收集松阳地区及其周边区域的相关数据，包括人文经济产出、科技创新投资、政府政策支持、市场需求、人文资本、文化资本等。利用历史数据校准模型参数，进行拟合验证。通过实证检验模型的准确性和适用性。通过政策模拟分析不同政策组合对人文经济发展的影响，可以为政府决策提供科学依据。本节将采用定量和定性相结合的方法，模拟不同政策情景，以评估其对人文经济的潜在影响。具体来说，可以围绕以下几种情景进行深入分析：第一，增加科技创新投资情景将重点研究不同水平的科技创新投资对人文经济发展的影响。科技创新被视为推动经济增长的重要动力，通过比较各个投资水平（如低、中、高投资）对文化产业增长、就业率提升和技术溢出效应的影响，我们可以明确科技投资与人文经济之间的关系。这一分析将帮助政府认识到有效的资金配置及其对整体社会经济效益的潜在积极作用。第二，优化政策支持情景将聚焦于不同政府政策支持力度和方向的效果。这包括对文化产业的税收优惠、资金补助、技术支持等政策的综合评估。通过模拟不同政策组合的实施效果，我们将能够分析哪些政策组合最能激励文化企业的发展，增加社会资本的流动性，并促进人文经济的全面提升。深入研究这些政策的实施效果，有助于政府在制订具体政策时考虑更精准的支持方向。第三，促进文化资本积累情景将探讨文化投资对人文经济发展的贡献。文化资本的积累不仅包括财政支持，还涵盖社会、教育和技术等多方面的投入。通过分析文化资本的增加如何影响创新能力、市场竞争力和社会认同，我们可以更全面地理解文化投资在经济发展中的重要性与作用。这种探讨将为政府在促进文化产业发展、提升公众文化消费水平提供政策建议。综上所述，本节的研究通过科学的政策模拟分析框架，旨在全面评估不同政策组合对人文经济发展的影响，从而为政府在政策制定和实施过程中提供实证依据，推动人文经济的可持续发展。

**2. 结论与展望**

通过构建和分析复杂数学模型，深入研究科技创新驱动松阳人文经济发展的理论机制与路径，我们可以获得更为系统和深刻的理解，进而得出以下结论。

首先，科技创新是推动人文经济发展的关键因素。在我们的模型中，科技创新的水平被视为影响人文经济产出和竞争力的核心变量。实证分析表明，当科技创新水平提高时，相关产业的生产效率和产品附加值显著增加。这种提升不仅体现在传统文化产业的转型升级上，也能促进新兴文化创意产业的形成，进而推动人文经济整体的快速发展。因此，投入科技创新不仅是提高经济增长速度的手段，更是增强松阳人文经济竞争力的基础。

其次，政策支持和市场需求是重要调节因素。我们的研究强调，合理的政府政策支持和稳定的市场需求对科技创新成果的转化具有关键性作用。通过分析不同政策情景及其对市场需求的影响，我们发现，适当的政策激励，如资金补贴、税收减免以及技术扶持政策，能够有效降低创新企业的经营风险，从而促进更多的科技创新活动。同时，稳定的市场需求也为科技创新的成果提供了实际应用的场景，推动科技成果转化为经济效益。因此，形成良好的政策环境与市场氛围两者需要相辅相成，以确保科技创新能够有效转化为社会经济发展的动力。

最后，文化资本与科技创新的协同作用。在我们的复杂模型中，文化资本不仅是人文经济的重要组成部分，也是促进科技创新的重要资源。通过融合文化资本与科技创新，我们能够探索出新的发展路径，实现人文经济的可持续发展。这种协同作用体现在多个层面：第一，文化因素能够提升科技研发的创造性，加速新产品和服务的开发；第二，科技创新能够增值文化资本，提高文化产品的市场竞争力。这种双向互动不仅丰富了人文经济发展的内涵，也为政策制定者在推动文化与科技融合方面提供了理论依据。

综上所述，通过数学模型的构建与分析，我们不仅揭示了科技创新对松阳人文经济发展的重要影响，还强调了政策支持、市场需求、文化资本与科技创新之间的复杂关系。这些结论为相关政策的制定与实施提供了重要的理论指导，助力松阳在科技与人文学科的交融发展中实现更高水平的经济增长和社会福祉。

## 第二节 松阳的人文生态发展的政策支持研究

在当前全球化和城镇化快速推进的背景下，地方政府在推动经济发展的同时，更加注重人文生态的保护与发展。人文生态的发展不仅关乎文化传承和社会和谐，更是提升地方吸引力和竞争力的重要因素。松阳县，作为一个历史文化丰富、自然环境优美的地区，通过一系列政策支持，成功实现了人文生态的可持续发展。本节将对松阳人文生态发展的政策支持进行系统研究，探讨其在政策制定和实施中的成功经验与面临的挑战。松阳人文生态发展的政策支持，涵盖了文化遗产保护、生态环境治理、社区文化建设和社会公共服务等多个方面[63-64]。地方政府通过制订和实施科学合理的政策，不仅保护了松阳的历史文化遗产和自然生态环境，还推动了社区文化的繁荣和社会公共服务的提升，从而实现了人文生态与经济发展的"双赢"局面。

本节内容将从以下几个方面展开：一是文化遗产保护政策。分析松阳在文化遗产保护方面的政策措施，包括法律法规的制定、财政支持的投入、非物质文化遗产的传承与保护等，探讨其对文化传承和经济发展的促进作用。二是生态环境治理政策。探讨松阳在生态环境保护方面的政策实践，包括环境保护规划、绿色发展政策、生态补偿机制等，评估其对自然环境保护和可持续发展的影响。三是社区文化建设政策。研究松阳在社区文化建设方面的政策支持，包括社区文化活动的组织、文化设施的建设、社区文化资源的整合等，分析其对社区凝聚力和居民幸福感的提升效果。四是社会公共服务政策。评估松阳在人文生态发展中，社会公共服务政策的实施情况，包括教育、医疗、文化体育等公共服务的完善，探讨其对社会公平和公共福利的影响。通过对松阳人文生态发展政策支持的系统研究，我们希望能够总结出一套有效的政策框架和实施路径，为其他地区提供借鉴和参考。同时，也希望通过对政策实践中的成功经验和存在问题的分析，为进一步完善人文生态发展政策提供科学依据和实践指导，推动地方人文生态和经济的协调发展，实现社会的可持续繁荣。

## 一、政策支持的理论基础与实践探索

### 1. 政策支持的理论基础

人文生态发展的政策支持是指政府和相关机构通过制订和实施一系列

政策措施，促进地区人文生态的可持续发展。这些政策措施涉及文化保护、文化传承、文化产业发展、文化教育等多个方面，其理论基础主要包括以下几个方面。

（1）公共政策理论。

公共政策理论认为，政府作为社会公共事务的管理者，具有调节和干预社会经济活动的职能。通过制订和实施公共政策，政府可以引导和支持人文生态发展，实现社会整体利益的最大化。在公共政策理论中，政策的制定和实施需要考虑社会的整体利益。政府在保护文化遗产、促进文化产业发展和推动文化教育方面发挥着关键作用。例如，通过制订文化保护法律法规，政府可以有效保护和传承文化遗产；通过设立文化产业发展基金，政府可以激励文化企业的创新和创业；通过加强文化教育基础设施建设，政府可以提高文化教育水平，培养具有文化素养和创新能力的人才。

（2）文化经济学理论。

文化经济学理论关注文化与经济的互动关系，认为文化产业的发展不仅可以促进经济增长，还可以增强社会凝聚力和文化认同。文化产业政策的制定和实施，是实现文化经济协同发展的重要手段。文化经济学理论强调文化资源的经济价值，通过合理的政策支持，可以将文化资源转化为经济效益。例如，文化创意产业的发展不仅能够直接创造经济价值，还能带动旅游、娱乐等相关产业的发展，形成综合经济效益。此外，文化产业的发展还可以增强社会的文化认同和凝聚力，促进社会的和谐与稳定。

（3）可持续发展理论。

可持续发展理论强调在经济、社会和环境三个方面实现均衡发展。人文生态发展政策应注重文化资源的可持续利用，保护文化遗产，促进文化多样性，实现人与自然的和谐共生。可持续发展理论要求在发展经济的同时，注重保护自然和文化资源，确保资源的可持续利用。政府在制订人文生态发展政策时，应考虑文化资源的保护和合理利用，避免资源的过度开发和浪费。例如，通过制订文化遗产保护政策，政府可以保护历史建筑、传统村落和非物质文化遗产；通过推广绿色发展政策，政府可以促进生态环境的保护，实现经济与环境的协调发展。

（4）区域发展理论。

区域发展理论认为，区域经济的发展需要根据本地区的资源禀赋和比较优势，制订适合的区域发展战略。松阳的人文生态发展政策应结合当地的文化资源特点，制订具有地方特色的政策措施，推动区域经济与文化协调发展。区域发展理论强调因地制宜的发展战略。松阳作为一个历史文化资源丰富的地区，应充分利用其独特的文化资源优势，制订符合地方实际的文化发展政策。例如，通过发展文化旅游，松阳可以将其丰富的文化遗产资源转化为经济效益；通过支持文化创意产业的发展，松阳可以提升文化产业的创新能力和市场竞争力，推动地方经济的高质量发展。

**2. 政策支持的实践探索**

松阳在促进人文生态发展的过程中，进行了积极的政策探索和实践。这些政策实践主要包括以下几个方面。

（1）文化遗产保护政策。

松阳拥有丰富的文化遗产资源，包括传统村落、古建筑、非物质文化遗产等。为了保护这些宝贵的文化资源，松阳制定了一系列文化遗产保护政策，实施文化遗产保护工程，建立文化遗产保护机构，加强文化遗产的修缮和管理，促进文化遗产的传承和利用。

关于松阳文化遗产保护的举措，可以从以下几个方面进行深入探讨，以展示该地区在文化遗产保护方面的系统性与综合性。

第一，文化遗产保护法律法规的制定和实施。松阳通过制订地方性法规，明确了文化遗产保护的法律框架。这些法规不仅界定了文化遗产的保护范围，包括历史建筑、传统村落及非物质文化遗产等，还规定了具体的保护措施和管理职责。通过这种法律制度，松阳增强了对文化遗产的法律保护力度，为遗产保护工作提供了坚实的法治保障。这一方面不仅提高了公众对文化遗产保护的意识；另一方面也为行政执法和社会监督提供了依据，形成了文化遗产保护的良好法律环境。

第二，文化遗产保护工程的实施。松阳积极开展了一系列文化遗产保护工程，如对传统村落的修缮和维护、古建筑的修复与保护等。这些工程采取了科学的修复方法，确保在保留传统风貌的同时，增强建筑的耐久性和使用功能。通过这些具体的工程措施，松阳有效地保护和修复了大量宝贵的文化遗产，丰富了地区的文化内涵，促进了可持续旅游和地方经济的发展。这种保护不仅体现了对历史的尊重，也为居民提供了良好的生活环境。

第三，文化遗产保护机构的建立。松阳设立了专门的文化遗产保护机构，负责全面协调和管理当地的文化遗产保护工作。该机构不仅承担规划、研究、评估和监督的职责，还与各相关部门密切合作，确保文化遗产保护工作的系统性和连贯性。通过建立这样的专门机构，松阳能够形成有效的管理机制，统筹各类资源，推动文化遗产保护工作的落实与深化。这一机构的设置进一步加强了各项保护政策的执行力，为文化遗产的长远保护和可持续利用奠定了基础。

第四，文化遗产保护资金的投入。为了保障文化遗产保护工作的顺利进行，松阳加大了对文化遗产保护的资金投入，设立了文化遗产保护专项基金。这一专项基金为各类文化遗产保护项目提供了必要的财务支持，使得具体的修复与保护工作得以顺利实施。同时，资金的有效投入还鼓励社会各界参与文化遗产保护，形成政府、社会和市场共同参与的保护格局。这种多元化的资金投入机制，不仅提升了保护工作的效率和效果，也增强了文化遗产保护的社会认同感和参与意识。

松阳在文化遗产保护方面的多项举措，体现了法律、工程、机构与资金等多方面的综合治理思路。这些措施不仅促进了文化遗产的有效保护，也为该地区的可持续发展提供了重要支撑。通过这些系统性的努力，松阳正逐步构建起一个全面、高效的文化遗产保护体系，为未来的文化传承与经济发展奠定了坚实基础。这些文化遗产保护政策和措施，有效保护了松阳的文化遗产资源，实现了文化遗产的传承和利用。

（2）文化产业发展政策。

松阳在推动文化产业发展方面采取了一系列积极的措施，制定了详细的文化产业发展规划，出台了旨在扶持文化产业的政策，设立了专门的文化产业发展基金，并积极鼓励文化企业创新创业，支持文化创意项目的发展。这些政策的引导与支持使得松阳的文化产业逐步壮大，形成了以文化创意、影视制作和文旅融合等为核心的特色产业集群。松阳在文化产业发展方面的政策措施主要集中在以下几个方面：第一，文化产业发展规划的制定。松阳根据自身丰富的文化资源和实际情况，制定了系统的文化产业发展规划。这一规划明确了文化产业的发展方向、核心目标以及阶段性任务，提出了具体可行的发展措施，旨在充分发挥本地文化的独特优势。通过科学规划，松阳能够更好地统筹文化资源，指导文化产业的健康发展。第二，文化产业扶持政策的出台。为加速文化产业的发展，松阳出台了一系列有针对性的扶持政策，包括税收优惠、财政补贴、融资支持等。这些政策旨在降低文化企业的运营成本，提高其市场竞争力，激励企业进行技术创新和产品研发。这种政策支持不仅为现有文化企业提供了更宽松的发展环境，也鼓励新兴文化市场主体的成长，为产业创新培养新动能。第三，文化产业发展基金的设立。松阳成立了文化产业发展基金，专门用于支持文化企业的创新和创业活动。这项基金提供了必要的资金支持，使得文化项目能够顺利实施，推动文化创意项目的快速发展。通过这种资金的有效投入，松阳提高了文化企业的融资能力，促进了各类文化创意和艺术项目的实现，从而在整体上增强了文化产业的活力和可持续发展能力。第四，文化创意项目的支持。松阳积极鼓励各类文化创意项目的发展，通过政策引导与资金支持推动其实施与推广。例如，参与重大文化活动、节庆庆典、艺术展览、影视作品制作等，都是松阳在文化创意项目支持方面的重要体现。这种支持不仅丰富了地方文化生活，提升了公众的文化参与感，也有效增强了松阳在文化领域的影响力。可见，松阳通过系统的文化产业发展政策和措施，有效促进了区域文化产业的发展，逐步形成了具有地方特色的产业集群。这一集群不仅提升了松阳的经济实力，也增强了其文化竞争力，推动了文化与经济的深度融合，为地方经济的可持续发展奠定了坚实基础。

（3）文化教育政策。

文化教育是人文生态发展的基础，松阳通过制订和实施文化教育政策，加强文化教育基础设施建设，完善文化教育体系，提高文化教育水平。松阳积极推进文化课程改革，丰富文化教育内容，培养具有文化素养和创新能力的人才。同时，松阳还通过文化讲座、文化活动等形式，提升全民文化素质，促进文化自信和文化传承。

松阳在文化教育方面的政策措施主要包括以下几个方面。

第一，文化教育基础设施的建设。松阳加大了对文化教育基础设施的投入，建设了一批现代化的文化教育设施，如图书馆、文化馆、博物馆等，提升了文化教育的硬件水平。第二，文化教育体系的完善。松阳完善了文化教育体系，制定了文化教育发展规划，明确了文化教育的发展目标和方向，提出了具体的发展措施。第三，文化课程改革的推进。松阳推进了文化课程改革，丰富了文化教育的内容，如将传统文化、地方文化等纳入课程体系，提升了文化教育的内涵和质量。第四，文化素质提升活动的开展。松阳通过举办文化讲座、文化活动等形式，提升全民的文化素质，增强了文化自信和文化认同。这些文化教育政策和措施，有效提升了松阳的文化教育水平，培养了一批具有文化素养和创新能力的人才，促进了文化的传承和发展。

（4）文化交流与合作政策。

为了提升松阳的文化影响力和竞争力，松阳积极开展文化交流与合作，制定了文化交流与合作政策，推动松阳与国内外文化机构、文化企业的交流与合作，促进文化资源共享和文化产业协同发展。松阳通过举办文化节、文化展览、文化论坛等活动，扩大松阳文化的知名度和影响力，提升松阳在国内外文化领域的地位和话语权。松阳在文化交流与合作方面的政策措施主要包括以下几个方面：第一，文化交流与合作政策的制定。松阳制定了文化交流与合作政策，明确了文化交流与合作的方向和目标，提出了具体的措施和支持政策。第二，文化交流活动的举办。松阳定期举办一系列文化交流活动，如文化节、文化展览、文化论坛等，推动松阳与国内外文化机构和文化企业的交流与合作。第三，文化合作项目的实施。松阳积极实施一批文化合作项目，通过合作实现文化资源的共享和文化产业的协同发展。第四，文化影响力的提升。松阳通过文化交流与合作活动，提升了文化的知名度和影响力，增强了松阳在国内外文化领域的话语权和地位。

这些文化交流与合作政策和措施，有效提升了松阳的文化影响力和竞争力，推动了文化资源的共享和文化产业协同发展，实现了松阳文化在更广阔范围内的传播和影响。

**3. 政策支持的效果评估**

政策支持的效果评估是检验政策实施成效的重要手段。松阳通过建立政策效果评估机制，定期对人文生态发展的政策实施情况进行评估，总结经验，发现问题，提出改进措施。政策效果评估主要包括以下几个方面。

（1）文化遗产保护效果评估。

通过对文化遗产保护工程的实施情况进行评估，检验文化遗产保护政策的有效性，分析文化遗产保护的实际效果，发现文化遗产保护中的问题，提出改进建议，确保文化遗产得到有效保护和合理利用。文化遗产保护效果评估的具体措施包括：一是数据收集与分析。对文化遗产保护项目的实施情况进行详细的数据收集和分析，评估项目的完成情况和实际效果。二是现场检查与评估。组织专家对文化遗产保护项目进行现场检查，评估项目的实施质量和保护效果，发现项目实施过程中存在的问题。三是公众参与与反馈。通过公众调查和反馈收集公众对文化遗产保护项目的意见和建议，了解公众对文化遗产保护工作的满意度和期望。四是改进措施的制定与实施。根据评估结果，制定改进措施，优化文化遗产保护政策和实施方案，确保文化遗产保护工作的持续改进和提高。

（2）文化产业发展效果评估。

通过对文化产业发展情况的统计分析，评估文化产业政策的实施效果，分析文化产业发展的趋势和问题，提出文化产业发展的对策和建议，推动文化产业健康可持续发展。文化产业发展效果评估的具体措施包括：一是产业统计与分析。对文化产业的发展情况进行详细的统计和分析，评估文化产业的规模、结构和效益。二是市场调研与分析。通过市场调研，了解文化产业的市场需求和竞争情况，分析文化产业的发展趋势和潜力。三是企业访谈与调查。对文化企业进行访谈和调查，了解企业的发展状况和面临的困难，收集企业对政策支持的意见和建议。四是政策调整与优化。根据评估结果，调整和优化文化产业政策，制订有针对性的扶持措施，促进文化产业的健康发展。

（3）文化教育效果评估。

通过对文化教育政策实施情况的评估，检验文化教育政策的有效性，分析文化教育的发展成效和存在的问题，提出文化教育改革和发展的对策建议，提高文化教育水平，培养更多具有文化素养和创新能力的人才。文化教育效果评估的具体措施包括：一是教育数据的收集与分析。对文化教育的各项数据进行详细的收集和分析，评估文化教育的基础设施建设、教育质量和教育水平。二是教育成果的评估与分析。通过对文化教育成果的评估，分析文化教育政策的实施效果，发现文化教育中的问题和不足。三是教师与学生的访谈与调查。对文化教育的教师和学生进行访谈和调查，了解他们对文化教育政策的意见和建议，收集一线教育工作者和学生的真实反馈。四是政策改进与完善。根据评估结果，制订改进措施，优化文化教育政策和实施方案，提升文化教育的整体水平和质量。

（4）文化交流与合作效果评估。

通过对文化交流与合作活动的评估，分析文化交流与合作的成效，发现文化交流与合作中的问题，提出改进建议，推动文化交流与合作深入开展，提升松阳的文化影响力和竞争力。文化交流与合作效果评估的具体措施包括：一是活动数据的收集与分析。对文化交流与合作活动的数据进行详细的收集和分析，评估活动的组织情况和实际效果。二是参与者的反馈与评估。通过调查和访谈，收集文化交流与合作活动参与者的反馈和意见，了解活动的满意度和改进需求。三是合作项目的评估与分析。对文化合作项目的实施情况进行评估，分析项目的实施效果和合作成效，发现合作中的问题和挑战。四是改进措施的制定与实施。根据评估结果，制订改进措施，优化文化交流与合作政策和活动方案，确保文化交流与合作的深入开展和持续提升。

## 二、松阳人文生态发展政策支持的案例分析

### 1. 传统村落保护与发展的政策支持案例

松阳的传统村落保护与发展是人文生态发展政策支持的重要组成部分。

通过传统村落保护与发展政策的实施，松阳在保护传统文化、促进旅游发展、提升居民生活质量等方面取得了显著成效。以下是松阳传统村落保护与发展的政策支持案例分析。

（1）背景介绍。

松阳拥有丰富的传统村落资源，这些村落具有独特的历史、文化和建筑价值。然而，随着现代化进程的推进，传统村落面临衰退和消失的风险。为了保护和传承这些宝贵的文化遗产，松阳政府制定了一系列传统村落保护与发展政策，推动传统村落的保护与可持续发展。

（2）政策措施。

第一，村落保护规划。松阳制定了传统村落保护规划，明确传统村落的保护范围和保护措施，提出传统村落保护与发展的目标和策略。保护规划的制定为传统村落的保护与发展提供了科学依据和指导。

第二，保护修缮工程。松阳实施了一系列传统村落保护修缮工程，对传统村落中的古建筑、古民居、古街巷等进行修缮和维护，恢复传统村落的历史风貌。保护修缮工程不仅保护了传统村落的物质文化遗产，还为传统村落的旅游发展提供了基础设施支持。

第三，文化传承活动。松阳通过组织文化传承活动，推动传统文化的传承和发扬。传统村落中的非物质文化遗产，如传统技艺、民俗活动、节庆习俗等，通过文化传承活动得到了保护和弘扬。文化传承活动不仅增强了村民的文化自信，还吸引了大量游客，促进了旅游发展。

第四，政策扶持资金。松阳设立了传统村落保护与发展专项资金，用于支持传统村落的保护修缮工程、文化传承活动和旅游开发项目。政策扶持资金的设立，为传统村落的保护与发展提供了有力的财政支持。

（3）案例效果。

第一，文化遗产保护成效显著。通过传统村落保护修缮工程，松阳的传统村落得到了有效保护，古建筑和古民居的历史风貌得以恢复，传统村落的文化遗产得到了有效传承和发扬。

第二，旅游发展带动经济增长。传统村落的保护与发展促进了旅游业的发展，大量游客前来参观和体验传统村落的独特魅力，带动了当地经济的增长。传统村落的旅游收入增加，村民的生活水平提高。

第三，文化传承增强社区凝聚力。传统村落的文化传承活动增强了村民的文化自信和社区凝聚力，村民们积极参与文化传承活动，推动传统文化的保护和弘扬。文化传承活动不仅丰富了村民的精神生活，还增强了社区的向心力和凝聚力。

第四，政策扶持增强发展信心。政策扶持资金的设立为传统村落的保护与发展提供了有力的财政支持，增强了村民和社会各界对传统村落保护与发展的信心。政策扶持资金的使用提高了传统村落的保护水平和发展质量。

**2. 文化创意产业发展的政策支持案例**

松阳的文化创意产业发展是人文生态发展政策支持的另一个重要方面。通过文化创意产业发展政策的实施，松阳在文化产业发展、创新创业、文化产品创作等方面取得了显著成效。以下是松阳文化创意产业发展的政策支持案例分析。

（1）背景介绍。

松阳拥有丰富的文化资源和创意潜力，这为文化创意产业的发展提供了坚实的基础。为了促进文化创意产业的发展，松阳政府制定了一系列文化创意产业发展政策，推动文化创意产业成为经济增长的新引擎。

（2）政策措施。

第一，文化创意产业发展规划。松阳制定了文化创意产业发展规划，明确文化创意产业的发展目标、重点领域和发展路径。规划的制定为文化创意产业的发展提供了战略指导和行动指南。

第二，创意产业园区建设。松阳建设了文化创意产业园区，为文化创意企业提供集中的办公场所和配套设施。创意产业园区的建设不仅为文化创意企业提供了发展空间，还促进了文化创意企业之间的交流与合作。

第三，创新创业扶持政策。松阳出台了一系列创新创业扶持政策，为文化创意企业提供税收优惠、资金支持、技术培训等服务，鼓励文化创意企业创新创业。创新创业扶持政策的实施为文化创意企业的发展提供了有力支持。

第四，文化产品创作支持。松阳设立了文化产品创作专项基金，支持文化创意企业和个人开展文化产品创作。文化产品创作专项基金的设立为文化创意企业和个人提供了资金支持，促进了文化产品的创作和创新。

（3）案例效果。

第一，文化创意企业迅速成长。通过文化创意产业发展政策的支持，松阳的文化创意企业迅速成长，形成了涵盖影视制作、文艺创作、数字媒体、文化旅游等多个领域的文化创意产业集群。文化创意企业的迅速成长不仅带动了经济增长，还提升了松阳的文化影响力。

第二，创新创业氛围浓厚。创新创业扶持政策的实施激发了文化创意企业和个人的创新创业热情，松阳形成了浓厚的创新创业氛围。大量文化创意企业和个人在创新创业扶持政策的支持下，开展了多样化的文化创意活动，推动了文化创意产业的繁荣发展。

第三，文化产品创作成果丰富。文化产品创作专项基金的设立激发了文化创意企业和个人的创作热情，松阳涌现出一批具有市场竞争力和文化价值的文化产品。这些文化产品不仅在国内外市场上取得了良好的反响，还提升了松阳的文化品牌影响力。

第四，文化创意产业带动就业。文化创意产业的发展带动了大量就业机会，吸引了大量人才到松阳创业和就业。文化创意产业的繁荣发展不仅增加了就业机会，还提升了居民的收入水平，改善了社会民生。

**3. 文化教育与社区建设的政策支持案例**

文化教育与社区建设是松阳人文生态发展的重要组成部分。通过文化教育与社区建设政策的实施，松阳在提升文化教育水平、增强社区凝聚力、改善社区环境等方面取得了显著成效。以下是松阳文化教育与社区建设的政策支持案例分析。

（1）背景介绍。

松阳在文化教育与社区建设方面具有丰富的经验和资源。为了进一步提升文化教育水平，增强社区凝聚力，松阳政府制定了一系列文化教育与社区建设政策，推动文化教育与社区建设的协调发展。

（2）政策措施。

松阳在文化教育及社区建设方面采取了一系列政策，显著提升了当地的文化氛围和居民的生活质量。首先，通过文化教育基础设施建设政策，松阳加强了文化教育的硬件支持，改善了教育环境。这一基础设施的建设为提升文化教育的质量和水平提供了良好的条件，使得师生能够在更为优越的环境中进行教学与学习。其次，松阳实施了文化课程改革与创新政策，丰富了文化教育的内容，并创新了教学形式。这一改革不仅提高了学生的文化素养和创新能力，还增强了文化教育的吸引力和实效性，从而促进了学生的全面发展和积极参与。再次，松阳还通过社区文化活动政策组织和开展丰富多彩的社区文化活动，增强了社区的凝聚力和居民的文化自信。这些活动不仅丰富了居民的精神文化生活，也提升了社区的向心力和团结性，为构建和谐社区环境提供了支持。最后，松阳的社区环境改善政策通过加强基础设施建设和改善整体环境，提升了居民的生活质量。这一措施不仅增强了社区的宜居性，也提高了其对外部居民和游客的吸引力，进一步促进了地方经济和社会的发展。综上所述，松阳通过文化教育基础设施的建设、文化课程的改革创新、社区文化活动的开展及社区环境的改善，形成了一个有效的综合体，为提升文化教育质量、增强社区凝聚力和提高居民生活质量奠定了坚实基础。这些措施的实施，标志着松阳在推动传统文化及社区发展的创新努力，既丰富了居民的文化生活，也促进了社会的和谐与进步。

（3）案例效果。

松阳在文化教育和社区建设领域的综合措施有力促进了其社会发展的多个方面，具体表现为文化教育水平的显著提升、社区凝聚力的增强、居民生活质量的改善以及社会治理水平的提高。首先，松阳通过文化教育基础设施的建设和文化课程的改革与创新，显著提升了文化教育水平。这一系列措施不仅全面提高了学生的文化素养和创新能力，还极大改善了文化教育的质量和效果，有助于培养更具综合素质的人才。其次，松阳通过积极开展社区文化活动，显著增强了社区凝聚力。居民的广泛参与使得社区文化活动丰富多彩，这不仅丰富了居民的精神文化生活，还提升了社区的向心力和凝聚力，促进了社区的和谐发展。再次，松阳的社区环境改善政策则显著提升了居民的生活质量。通过完善社区基础设施和优化环境，社区的宜居性和吸引力得到了增强，从而为居民提供了更加舒适的生活条件。最后，松阳在实施文化教育与社区建设政策过程中，社会治理水平也随之提升。文化教育的进步和社区建设的推进有效促进了社会的和谐稳定，为可持续发展奠定了坚实基础。综上所述，松阳通过全面推进文化教育及社区建设，实现了多方面的社会效益。文化教育水平的提升、社区凝聚力的增强、居民生活质量的改善以及社会治理水平的提高，形成了良性互动，进一步推动了地方的和谐与发展。这些措施展示了松阳在促进社会综合发展的有效策略，为其他地区的实践提供了有益借鉴。

## 三、未来政策支持的优化与展望

### 1. 未来政策支持的优化方向

为了确保松阳人文生态的可持续发展，未来的政策支持应在以下几个关键领域进行优化和升级。

（1）政策体系的完善。

未来应着力完善现有政策体系，制订一套系统且全面的政策措施，这些措施需要涵盖文化保护、文化传承、文化产业、文化教育以及社区建设等各个方面。这一政策体系的构建将为松阳人文生态的可持续发展提供坚实的制度保障。例如，通过法定的文化遗产保护框架，可以确保松阳的独特文化资源得到有效保护和传承。同时，创新的文化产业发展政策可以激励当地企业与艺术家的创意活动，促进文化产品的多样化和商业化。

（2）政策执行的提升。

加强政策执行力是另一个重要方面，确保各项政策措施能够真正落地生效。这包括建立强有力的政策执行监督机制和科学的评估体系，及时发现和解决政策实施中的障碍和问题。例如，可以通过引入第三方评估和公众反馈机制，对政策的实施效果进行定期监控和评估，从而不断提升政策执行的效率和效果。

（3）政策创新的推动。

政策创新是推动松阳人文生态持续发展的关键动力。应根据人文生态发展的新趋势和新需求，灵活调整和创新现有政策，以适应不断变化的社会和经济环境。例如，可以探索采用“数字人文”策略，通过现代信息技术手段，如大数据和人工智能，来提升文化资源的传播效果和利用效率。

（4）政策支持的精准化。

加强政策支持的精准化，意味着需要根据松阳不同地区、不同文化资源及不同产业的特点，制订更具差别化和精准化的政策措施。这样的精准支持可以提高政策的针对性和有效性，优化政策资源的配置，最大限度地发挥政策的积极作用。例如，对于具有独特文化资源的偏远地区，可以制订专门的经济扶持措施，以增强当地文化产业的竞争力和可持续发展能力。

总的来说，松阳未来的政策支持需要在政策体系完善、执行力提升、政策创新推动以及精准化支持等方面进行全方位的优化，以确保人文生态的可持续发展。这些措施不仅将为松阳带来更加繁荣的文化和社区生活，还将为其他地区的人文生态建设提供宝贵的经验借鉴。

**2. 政策支持的实施路径**

为了实现政策支持的优化与提升，未来的政策应从以下几方面实施。

（1）加强政策研究与制定。

强化政策研究至关重要，应该充分利用科研机构、高校、智库等多方资源，深入开展关于人文生态发展的政策研究。这一过程不仅应聚焦于理论基础的构建，也需要通过数据分析提供实证支持，以确保政策制定既科学又高效。在制订政策时，广泛征求各方意见，包括学术界、行业专家及社会公众，以确保所出台的政策能充分考虑到各方需求，从而增强政策的科学性、合理性和可行性。此外，建立与相关领域专家和利益相关者的互动机制，将有助于不断完善政策内容和方向。

（2）强化政策执行与监督。

建立和健全政策执行与监督机制，是保证政策落到实处的关键。必须通过加强对政策实施过程的监督与评估，及时发现问题并进行整改，以提升政策实施效果。这包括制订明确的考核指标，对政策执行不力的部门和个人要追究责任，以确保各项政策得到严格执行。同时，加强基层执行层面的培训和指导，提高执行人员的专业能力和责任意识，能够显著增强政策落实的有效性。

（3）推动政策创新与试点。

为了适应人文生态发展的新挑战，应鼓励政策创新和试点实践，支持不同地区根据自身特点和需求开展政策试点。这种方法能够探索出符合地方实际的新路径和新模式。例如，可在一些具有代表性的地区实施创新政策的试点，通过实践总结经验，评估效果，并将成功的政策措施推广应用于更广泛的范围。这不仅为政策创新提供了实践基础，也为后续的政策制定提供了可靠的经验借鉴。

（4）加强政策支持与社会参与。

加强政策支持与社会参与的结合，是推动人文生态发展的重要保障。通过调动社会各界的积极性，形成政府、企业、社会组织及居民之间的有效合作，可以构建一个多元化的政策支持体系。积极参与不仅可以增强政策的透明度和公信力，还能提高政策实施的效果。例如，鼓励企业参与文化项目的投资建设，充分发挥社会组织在文化保护与传承中的作用，使居民在政策实施和项目推进中发挥作用，以实现政策效果的最大化。

综上所述，优化和提升政策支持的实施路径需要在研究制定、执行监督、政策创新及社会参与四个方面进行全方位的努力。只有通过这四个方面的协调推进，才能确保松阳人文生态的可持续发展，为地方经济和社会的全面进步提供坚实保障。这一框架不仅具有学术价值，也为实际政策的实施提供了切实可行的指导。

**3. 政策支持的预期效果**

通过对松阳人文生态发展政策的优化与提升，预期将实现以下几大主要效果。

（1）文化遗产保护与文化产业发展的双向推动。

通过完善文化遗产保护政策并确保其有效执行，松阳的文化遗产将得到更加全面的保护和合理利用，促进文化资源的可持续发展。同时，文化产业政策的优化将推动文化产业的创新和繁荣，使得文化创意企业与项目不断涌现，成为经济增长的重要引擎，进而提升松阳的文化影响力和竞争力。例如，加强对非物质文化遗产的保护与传承，可以激发文化产业中的创新活力，从而形成良性循环，既保护了文化根基，又促进了经济增值。

（2）文化教育水平与社区建设的共同提升。

通过实施文化教育政策，松阳的文化教育水平将显著提升，学生的文化素养和创新能力得以全面提高，文化教育的质量和效果因此得到显著改善。与此同时，社区建设政策的优化将进一步提升社区的凝聚力和宜居性。这包括居民生活质量的显著改善，社区环境的美化和和谐，以及文化活动的丰富多彩，最终实现高水平社区治理和居民满意度的提升。这种双重提升不仅有助于塑造一个知识型社会，也为创建宜居社区奠定了坚实的基础。

（3）社会治理与政策创新的协同深化。

通过加强文化教育和社区建设，松阳的社会治理体系将更加健全，社会管理水平显著提升，居民的文化素质和法治意识得以增强，从而进一步巩固社会的和谐与稳定。在这一基础上，推动政策创新与试点实践，松阳将探索出一批具有示范效应的人文生态发展政策措施，这些创新政策不仅将在地方上取得丰硕成果，还将为全国范围内的人文生态建设提供宝贵的借鉴和参考。例如，地方特色的治理模式和社区参与的实践经验，有望成为全国其他地区学习的典范。

（4）国际文化交流与居民幸福感的全面增强。

通过优化文化交流与合作政策，松阳将进一步扩大国际文化交流的广度和深度，提升文化影响力和知名度，使国际文化交流合作的成果更加丰硕。与此同时，一系列优化政策的实施，将使得居民享受到更加优质的公共文化服务和更加便利舒适的社区生活，居民的文化自信和幸福感显著提升，社会的和谐发展将迈上新的台阶。例如，举办国际文化节或艺术展览，不仅可以增强地方文化的国际影响力，也能提升居民的自豪感和参与度，从而达到“共赢”的效果。

总之，松阳通过对其人文生态发展政策的优化与提升，不仅在文化遗产保护、文化产业发展、文化教育水平和社区建设等方面实现显著成效，同时也将促进社会治理体系的健全、政策创新成果的丰硕、国际文化交流的广泛以及居民幸福感的大幅提升。这种全方位的发展策略，将为松阳乃至全国的人文生态建设树立榜样，提供有力的理论和实践支持。

### 四、总结

松阳的人文生态发展政策支持研究，通过对政策支持的理论基础、实践探索、案例分析和未来展望的系统阐述，展示了松阳在人文生态发展中的成功经验和面临的挑战。松阳通过制订和实施一系列政策措施，在文化遗产保护、文化产业发展、文化教育、社区建设等方面取得了显著成效。未来，松阳将继续加强政策研究和政策创新，完善政策体系，提高政策实施效果，推动松阳人文生态的可持续发展。通过深入的政策支持研究，可以为松阳的人文生态发展提供更加科学和有效的指导，确保松阳在人文生态发展的道路上走得更加稳健和长远。这不仅有助于提升松阳的综合竞争力和文化影响力，也为全国范围内的人文生态建设提供了宝贵的经验和借鉴。总之，在政策支持的引领下，松阳的人文生态发展将迎来更加美好的未来。通过持续的政策优化和创新，松阳的人文生态建设必将迈上新的台阶，实现更高质量的可持续发展目标。

## 第三节　松阳的人文经济可持续发展策略与路径研究

松阳，这座承载着悠久历史和厚重文化的县城，以其独特的人文资源和优美的自然环境，成为现代人们向往的文化圣地。在现代化进程中，如何在保护和传承松阳独特人文资源的同时，实现经济的可持续发展，是当前亟待解决的重要课题。探索松阳的人文经济可持续发展策略与路径，不仅有助于提升地方经济的综合竞争力，更可以为全国其他地区提供有益的经验和范例。人文经济，是以文化资源为基础，通过创新的手段和市场化的运作，将文化与经济活动深度融合，实现文化价值的经济转化[61-62]。松阳的人文经济发展，需要在保护和传承文化遗产的基础上，深入挖掘文化资源的内涵和价值，通过多样化的表达形式和传播渠道，推动文化产业和文化旅游的高质量发展。例如，通过活化利用历史建筑和文化遗址，开发具有松阳特色的文化旅游产品；通过支持和鼓励文化创意产业，打造一批具有影响力的文化品牌；通过举办各类文化活动和节庆，提升松阳的文化知名度和吸引力。第一，政府在松阳的人文经济可持续发展中起着至关重要的引导和支持作用。政府可以通过制订和实施科学的发展规划，对文化资源进行有效保护和利用，防止文化资源的过度商业化和损毁。同时，通过政策和资金支持，推动文化基础设施建设，鼓励文化创新和创意产业发展，营造良好的发展环境和政策氛围。政府还可以通过加强与国内外文化机构和企业的合作，促进文化交流和合作，提升松阳的国际知名度和影响力。第二，企业作为市场经济的主体，是推动人文经济发展的重要力量。企业可以通过市场化运作，将松阳丰富的文化资源转化为高附加值的文化产品和服务。例如，旅游企业可以通过策划和推广特色文化旅游线路，增强旅游体验的文化内涵；文化创意企业可以通过开发原创文创产品，提升文化产品的市场竞争力和品牌影响力；互联网和科技企业可以通过数字技术和新媒体手段，推动文化传播和产品消费的数字化和智能化。通过企业的创新和市场运作，人文经济可以实现可持续发展和壮大。第三，社区和居民的参与，是人文经济可持续发展的基础和保障。松阳的人文经济发展，不仅需要政府和企业的推动，更需要广大社区和居民的积极参与和支持。通过社区文化活动和居民参与，可以增强人们的文化认同感和自豪感，形成全社会共同推动人文经济发展的良好氛围。同时，社区和居民的积极参与，也为文化资源的发掘和利用提供了丰富的素材和创意，推动文化产品和服务的多样化和创新化，增强地方经济的活力和创造力。第四，教育科研机构在松阳的人文经济发展中，承担着重要的智力支持和技术支撑作用。通过文化研究和保护、经济和管理研究，为人文经济的发展提供科学依据和理论指导。同时，教育机构可以通过课程设置和文化实践，将松阳的人文资源和经济发展理念融入教学中，培养更多具备文化素养和经济管理能力的人才，为人文经济的发展提供持续的人才支持和智力保障。可见，松阳的人文经济可持续发展策略与路径研究，是一个多层次、多主体、多方协同的系统工程。通过政府引导、企业创新、社区参与、教育科研支持，松阳可以实现文化资源与经济活动的深度融合，推动地方经济的高质量和可持续发展。研究这一策略与路径，不仅有助于提升松阳的综合竞争力和可持续发展能力，还能为其他地区提供借鉴和参考，为实现全社会的文化经济繁荣和进步贡献智慧和力量。

## 一、松阳人文经济发展的现状与挑战

### 1. 背景与现状

松阳，作为一个具有深厚历史文化底蕴的地区，拥有丰富的人文资源和独特的生态环境。近年来，松阳在经济发展过程中，充分发挥其文化和自然资源优势，积极探索人文经济的可持续发展路径。人文经济不仅包括传统的文化产业和旅游业，还涉及文化遗产保护、生态文明建设、文化教育等多个方面。在这一背景下，松阳的人文经济发展呈现出以下几个方面的现状。

（1）文化产业发展迅速。

松阳的文化产业涵盖广泛，包括传统工艺、美术、文学、影视制作等多个领域。特别是以文化创意产业为代表的文化经济，成为当地经济发展的新亮点。文化创意园区和文化创意项目的不断涌现，带动了文化产业的快速增长。

（2）旅游业蓬勃发展。

松阳凭借其丰富的自然和人文景观，吸引了大量游客。旅游业已成为松阳经济的重要支柱，特别是乡村旅游和文化旅游的发展，为当地居民带来了显著的经济效益。同时，旅游业的发展也推动了相关产业链的形成和完善。

（3）文化遗产保护成效显著。

松阳高度重视文化遗产的保护与利用，通过一系列政策措施，保护和修复了大量历史文化遗址和传统建筑。这不仅保存了宝贵的文化记忆，也为旅游业和文化产业的发展提供了重要资源。

（4）文化教育不断提升。

松阳在文化教育方面也取得了显著进展。通过加强文化课程改革、推进文化教育基础设施建设，提升了学生的文化素养和创新能力。同时，社区文化活动的广泛开展，也增强了居民的文化认同感和社区凝聚力。

**2. 松阳人文经济发展面临的挑战**

尽管松阳在人文经济发展方面取得了不少成绩，但仍面临一些挑战和问题，需要在未来的发展过程中加以解决。

（1）文化产业结构单一。

目前，松阳的文化产业主要集中在旅游业和部分文化创意产业，缺乏多样化的发展模式和创新驱动。文化产业链条尚未完全形成，相关配套服务和支撑体系有待进一步完善。

（2）生态环境压力增大。

随着旅游业和相关产业的快速发展，松阳的生态环境面临较大压力。环境污染、资源过度开发等问题逐渐显现，需要采取有效措施加以应对，以实现经济发展与环境保护的协调统一。

（3）文化遗产保护与开发的矛盾。

在文化遗产保护过程中，如何平衡保护与开发利用的关系，是松阳面临的重要课题。过度开发可能导致文化遗产的损毁，而过于保守的保护又可能限制其经济价值的实现。

（4）人才短缺和技术瓶颈。

人文经济的发展需要大量高素质的人才和先进的技术支持。然而，松阳在这方面仍存在较大缺口。特别是在文化创意产业和高端旅游服务业，专业人才的缺乏和技术创新能力的不足，制约了产业的进一步发展。

（5）政策支持与执行的不足。

尽管松阳出台了一系列促进人文经济发展的政策，但在政策的执行和落实方面仍存在一些不足。政策的连续性和稳定性、政策执行的力度和效果，都需要进一步加强和改善。

## 二、松阳人文经济可持续发展的策略

针对上述现状和挑战，松阳需要制订和实施一系列策略，以推动人文经济的可持续发展。这些策略包括文化产业的优化升级、生态环境的保护与修复、文化遗产的创新利用、人才培养与技术创新以及政策支持的完善等方面。

**1. 文化产业的优化升级**

（1）多元化发展模式。

松阳应推动文化产业的多元化发展，探索和培育新的文化产业形态和发展模式。特别是在数字文化、文化创意、文化科技融合等领域，加大投入和支持力度，培育一批具有市场竞争力和创新能力的文化企业。

（2）产业链条的延伸。

通过优化产业链条，推动文化产业与其他产业的融合发展。例如，促进文化产业与旅游业、教育业、科技产业等的深度融合，形成“文化+”的多元产业格局，提升产业整体竞争力和抗风险能力。

（3）创新驱动发展。

鼓励文化企业加大研发投入，提升技术创新能力。特别是在数字媒体、虚拟现实、人工智能等新兴技术领域，推动文化内容的创新和应用，提升文化产品的附加值和市场吸引力。

**2. 生态环境的保护与修复**

（1）生态文明建设。

松阳应坚持生态优先的发展理念，推进生态文明建设。通过制订和实施严格的环境保护政策，加强环境监管和执法，防止环境污染和生态破坏，实现绿色发展。

（2）可持续旅游发展。

在旅游业发展过程中，松阳应注重生态环境的保护，推广可持续旅游模式。例如，通过制订游客承载力标准，控制旅游人数，避免过度开发和资源浪费。同时，推广生态友好型旅游项目，提升旅游的环境效益和社会效益。

（3）生态修复工程。

针对生态环境存在的问题，松阳应进一步实施一系列生态修复工程。例如，通过植树造林、水土保持、湿地保护等措施，恢复和改善生态环境，提升生态系统的稳定性和可持续性。

**3. 文化遗产的创新利用**

（1）保护与利用的平衡。

松阳在文化遗产保护过程中，应注重保护与利用的平衡。通过科学规划和管理，确保文化遗产得到有效保护的同时，合理利用其经济价值。例如，可以通过文化遗产的展示、文化旅游项目的开发、文化创意产品的制作等方式，实现文化遗产的经济效益和社会效益“双赢”。

（2）文化遗产数字化。

推进文化遗产的数字化保护和利用，提升文化遗产的传播力和影响力。例如，通过数字化技术，将文化遗产转化为数字内容，便于保存和展示。同时，通过网络平台和新媒体，扩大文化遗产的传播范围和受众群体，提升文化遗产的知名度和影响力。

（3）文化品牌建设。

松阳应积极推动文化品牌建设，通过打造具有地域特色和文化内涵的品牌，提升文化遗产的市场价值和竞争力。例如，可以通过举办文化节庆活动、制作文化创意产品、开发文化旅游线路等方式，提升文化品牌的影响力和吸引力。

**4. 人才培养与技术创新**

（1）人才培养机制。

松阳应建立和完善人才培养机制，提升人文经济领域的人才素质和能力。通过加强与高校、科研机构的合作，开展人才培训和教育，培养一批具有专业知识和创新能力的高素质人才。同时，通过实施人才引进政策，吸引和留住高端人才，为人文经济的发展提供智力支持。

（2）技术创新支持。

加大对技术创新的支持力度，提升人文经济领域的技术水平。通过设立科技创新基金，支持文化企业和科研机构开展技术研发和创新应用。特别是在数字文化、文化科技融合等领域，加大技术研发投入，推动文化内容和技术手段的创新和应用。

**5. 政策支持的完善**

（1）政策体系的优化。

松阳应完善现有的政策体系，制订更加系统和全面的政策措施，覆盖文化保护、文化产业、生态环境、文化教育等各个方面。通过优化政策体系，提升政策的协调性和针对性，形成政策合力，推动人文经济的可持续发展。

（2）政策执行的提升。

加强政策执行力，确保各项政策措施能够落到实处。通过建立健全政策执行与监督机制，及时发现和解决政策执行中的问题，提升政策实施效果。特别是对重点政策和关键项目，应加强跟踪和评估，确保政策的实际效果和社会效应。

（3）政策创新的鼓励。

松阳应鼓励政策创新，根据人文经济发展的新形势和新需求，及时调整和创新政策措施。通过政策创新，推动人文经济的发展注入新的动力。例如，可以通过设立创新试点，探索和推广新的政策模式和发展路径，提升政策的灵活性和适应性。

## 三、松阳人文经济可持续发展的路径

在制订和实施人文经济可持续发展策略的基础上，松阳需要明确具体的发展路径，以确保策略的落地和目标的实现。以下是松阳人文经济可持续发展的主要路径。

**1. 人文经济与生态文明的协同发展**

（1）绿色经济模式。

推动人文经济与生态文明的协同发展，探索绿色经济模式。在文化产业和旅游业的发展过程中，注重环境保护和资源节约，推广绿色生产和消费方式，实现经济发展与生态保护的“双赢”。绿色经济模式是可持续发展的重要组成部分。在文化产业的发展中，松阳应注重环境保护，通过采用环保技术和绿色能源，减少文化产业对环境的负面影响。例如，在文化旅游景区的建设和运营中，采用绿色建筑材料和节能设备，减少能源消耗和污染排放。同时，推动生态旅游的发展，通过开发生态友好的旅游项目，如自然保护区观光、生态农场体验等，实现旅游经济与生态保护的协调发展。

（2）社区文化建设滞后。

尽管松阳在文化教育方面取得了一定的进展，但社区文化建设仍存在滞后现象。社区文化活动的数量和质量有待提升，居民参与文化活动的积极性和参与度不高。社区文化设施的建设和维护也亟待加强。社区文化建设是提升居民生活质量和文化素养的重要途径。松阳应加大对社区文化建设的投入，通过建设多功能的社区文化中心、图书馆、文化广场等设施，提供更多文化活动场所。社区文化活动的组织需要多样化和创新，通过举办文化节、文艺演出、读书会等，吸引更多居民参与，增强社区凝聚力和文化认同感。

（3）市场化程度不足。

松阳的人文经济发展在市场化程度方面仍然不足。文化产品和服务的市场化运作不够成熟，市场机制的作用未能充分发挥。文化企业在市场竞争中面临的挑战较大，市场开拓和品牌建设存在困难。提高市场化程度是文化产业发展的关键。松阳需要完善文化产业的市场机制，激发市场主体的活力。通过引入市场竞争机制，推动文化企业创新发展，增强市场竞争力。同时，政府应为文化企业提供市场信息和技术支持，帮助其开拓市场、提升品牌影响力。此外，加强文化市场监管，规范市场秩序，保障文化产品和服务的质量，营造公平竞争的市场环境。

（4）社会资本参与不足。

在推动人文经济发展的过程中，社会资本的参与度不高。文化项目和产业的发展需要大量资金投入，而社会资本的引入和利用仍有较大提升空间。政府和企业之间的合作机制有待完善，社会资本在文化产业中的作用有待进一步发挥。引入和利用社会资本是推动文化产业发展的重要手段。松阳应创新投融资机制，设立文化产业投资基金，吸引社会资本参与文化项目投资和建设。通过政府与企业的合作，推动 PPP 模式在文化项目中的应用，实现资源共享和优势互补。此外，鼓励和引导金融机构加大对文化产业的信贷支持，提供多元化的融资服务，提升文化产业的资金保障和运营效率。

**2. 社区文化建设的提升**

（1）加强社区文化设施建设。

加强社区文化设施的建设和维护，为居民提供良好的文化活动场所和条件。通过建设社区文化中心、图书馆、文化广场等设施，提升社区文化活动的基础设施水平，满足居民的文化需求。社区文化设施是社区文化建设的基础。松阳应加大对社区文化设施的投资，建设功能齐全、设施先进的文化中心和图书馆，为居民提供优质的文化服务。文化广场的建设可以提供户外文化活动场所，丰富居民的文化生活。此外，还需要加强对现有文化设施的维护和管理，确保设施的正常运转和良好使用。

（2）推进社区文化活动的组织。

积极组织和开展丰富多彩的社区文化活动，提升居民的参与度和满意度。通过举办社区文化节、文艺演出、书画展览、读书会等活动，丰富居民的文化生活，增强社区凝聚力和文化认同感。社区文化活动是增强社区凝聚力的重要途径。松阳应根据居民的文化需求和兴趣，设计和组织多样化的文化活动，提升居民的参与热情。例如，社区文化节可以展示本地的文化特色和居民的文化才艺，文艺演出可以丰富居民的文化生活，书画展览和读书会可以提升居民的文化素养和阅读兴趣。此外，还可以利用现代信息技术，通过线上线下相结合的方式，扩大文化活动的影响范围和参与人数。

（3）加强文化志愿者队伍建设。

建立和完善文化志愿者队伍，鼓励和引导居民积极参与社区文化建设。通过培训和管理，提升文化志愿者的服务水平和能力，发挥他们在社区文化活动中的积极作用。文化志愿者是社区文化建设的重要力量。松阳应通过多种途径招募和培训文化志愿者，提升他们的服务意识和能力。例如，通过组织培训班和交流活动，提升文化志愿者的专业素养和服务技能；通过建立志愿者激励机制，表彰和奖励优秀文化志愿者，激发他们的服务热情和积极性。此外，文化志愿者还可以参与社区文化活动的组织和策划，提升活动的质量和效果。

**3. 市场化运作的强化**

（1）文化产品的市场推广。

加大文化产品的市场推广力度，通过多种渠道和方式，提升文化产品的市场知名度和影响力。特别是在数字媒体和电子商务平台方面，加大宣传和推广力度，拓宽文化产品的销售渠道和市场空间。市场推广是文化产品进入市场的重要环节。松阳应利用现代信息技术，提升文化产品的市场推广效果。例如，通过建设数字媒体平台，推广文化产品的视频、音频和图文内容，提升产品的市场知名度和影响力；通过电子商务平台销售文化产品，拓宽销售渠道和市场空间，提升产品的市场竞争力和经济效益。此外，还可以通过举办品牌推介会、参与国际展会等方式，提升松阳文化产品的知名度和影响力。

（2）市场机制的完善。

完善文化产业的市场机制，提升市场运作的效率和效果。通过引入市场竞争机制，激发文化企业的创新活力和市场竞争力。同时，加强市场监管和规范，保障文化市场的健康发展。市场机制是文化产业发展的核心。松阳应通过政策引导，推动文化企业市场化运作，提升市场竞争力。例如，通过引入市场竞争机制，激发文化企业的创新活力和市场竞争力；通过优化市场监管政策，规范文化市场秩序，保障文化产品和服务的质量；通过提供市场信息和技术支持，帮助文化企业了解市场动态，制订科学的市场策略，提升市场运作的效率和效果。

（3）品牌建设与推广。

加强文化品牌的建设和推广，通过打造具有地域特色和文化内涵的品牌，提升文化产品的市场竞争力和附加值。通过举办品牌推介会、参与国际展会等方式，提升松阳文化品牌的知名度和影响力。品牌是文化产品的核心竞争力。松阳应通过打造具有地域特色和文化内涵的文化品牌，提升文化产品的市场竞争力。例如，通过挖掘和弘扬松阳的历史文化资源，打造独具特色的文化品牌；通过举办品牌推介会和参与国际展会，提升品牌的知名度和影响力；通过与知名品牌合作，提升文化产品的市场竞争力和附加值。此外，还应加强品牌管理和维护，确保品牌形象的一致性和稳定性。

**4. 社会资本的引入与利用**

（1）投融资机制的创新。

创新文化产业的投融资机制，提升社会资本的参与度和利用率。通过设立文化产业投资基金，吸引社会资本参与文化项目的投资和建设。鼓励和引导金融机构加大对文化产业的信贷支持，提供多元化的融资服务。投融资机制是文化产业发展的重要保障。松阳应通过创新投融资机制，吸引更多社会资本参与文化产业的发展。例如，通过设立文化产业投资基金，吸引社会资本参与文化项目的投资和建设；通过与金融机构合作，提供多元化的融资服务，提升文化企业的融资能力；通过政策引导，鼓励社会资本参与文化项目的开发和运营，提升项目的资金保障和运营效率。

（2）政府与企业的合作。

加强政府与企业之间的合作，推动社会资本在文化产业中的作用。通过建立政府与企业的合作平台，促进资源共享和优势互补，提升文化项目的投资效益和社会效益。政府与企业的合作是文化产业发展的重要途径。

## 四、研究结论

松阳的人文经济可持续发展策略与路径研究，旨在通过系统分析和科学规划，为松阳的人文经济发展提供理论指导和实践支持。通过明确并实施一系列策略和路径，松阳可以充分利用其独特的人文资源和生态环境，推动人文经济的高质量可持续发展。在未来的发展过程中，松阳需要不断加强政策研究和创新，完善政策体系，以提升政策实施的有效性和针对性。第一，通过多元化的发展模式和创新驱动，推动文化产业的优化升级。例如，松阳可以探索文化与科技、旅游、教育等多领域的融合，创新文化产品和服务的形式，提升文化产业的竞争力和附加值。这不仅有助于丰富文化市场的供给，也能促进文化与其他产业的深度融合，形成新的经济增长点。第二，通过生态环境的保护与修复，实现经济发展与生态保护的协调统一。松阳应实施生态补偿机制和绿色发展策略，推进生态修复工程，提高森林覆盖率和生态系统的稳定性和复原力。这样的做法既有助于保护生态环境，也为经济发展提供了可持续的自然资源基础，实现了经济效益和生态效益的“双赢”。第三，通过文化遗产的创新利用，提升文化遗产的经济价值和社会效益。松阳可以推动文化遗产的数字化管理和展示，开发基于文化遗产的特色旅游线路和文化体验活动，使文化遗产成为吸引游客的新亮点。同时，通过挖掘和利用地方文化元素，开发具有地方特色的文创产品，提升文化遗产的经济价值，使其成为区域经济发展的新引擎。第四，通过人才培养与技术创新，提升人文经济的发展动力和竞争力，打造中国式现代化语境下的“人文经济学”[65]。松阳应加大对文化创意人才的培养力度，建立健全人才引进和激励机制，吸引和留住高端人才。第五，鼓励技术创新，利用现代科技手段提升文化产业的竞争力，如利用大数据和人工智能技术，提升文化产品的个性化和智能化水平。第六，通过政策支持的完善，确保各项措施的落地和实施。松阳应制订详细的行动计划，明确各部门的职责和工作重点，建立严格的监督评估机制，确保政策实施的效果。同时，应加强与社会各界的沟通和合作，营造良好的政策支持和实施环境，推动各项措施的有效执行。

综上所述，松阳的人文经济可持续发展需要全社会的共同努力和参与。通过政府、企业、社会和个人的协同合作，松阳的人文经济必将在未来的发展中取得更加辉煌的成就，实现更高质量的可持续发展目标。这不仅将提升松阳的综合竞争力和发展潜力，也为其他地区的人文经济可持续发展提供了宝贵的经验和借鉴。

# 参考文献


［1］章锦河．文化和旅游深度融合：新时代人文经济学视角的创新研究［J］．生态经济，2024，40（4）：228－229.

［2］王忠，车学森．人文经济学研究：理论演进和话语创新［J］．江苏社会科学，2024，（2）：77－86.

［3］王忠，李小霞．基于人文经济学视角的城市可持续发展路径［J］．南京社会科学，2024，（2）：38－46.

［4］胡钰．人文经济学的实践基础、基本假设与核心理念［J］．苏州大学学报（哲学社会科学版），2024，45（2）：1－8.

［5］陈忠．人文经济学与中国式现代化苏州样本［J］．江苏社会科学，2023，（5）：29－34.

［6］皮埃尔·布迪厄．文化资本与社会炼金术［M］．上海：上海人民出版社，1997. 1.

［7］徐智浩．浙江松阳“拯救老屋行动”激活乡村发展“新动能”［J］．中国统计，2024，（5）：11－13.

［8］张跃胜，吴莹昊，孙绍勇．准确把握习近平文化思想的生成基础、价值锚定和实践路径——兼论习近平关于人文经济学的重要论述［J］．南开经济研究，2024，（6）：37－54.

［9］杨鹏．文化创意产业：驱动经济增长的新动力［J］．文化产业，2024，（27）：58－60.

［10］孙九霞．旅游发展驱动“和美乡村”建设：文化经济化与经济文化化［J］．贵州社会科学，2024，（1）：154－161.

［11］孙琳．人文经济学对物化主体的超越及其世界历史意义［J］．苏州

大学学报（哲学社会科学版），2024，45（5）：10－18.

［12］向勇．人文经济学视野下中国式现代化的逻辑与关切——以人文经济学的“苏州样本”为例［J］．苏州大学学报（哲学社会科学版），2024，45（4）：1－8.

［13］任平．新时代人文经济学：新质生产力高质量发展的人文逻辑［J］．武汉大学学报（哲学社会科学版），2024，77（4）：5－13.

［14］陈立旭．人文经济多重维度与人文经济学研究对象［J］．浙江社会科学，2024，（6）：9－12.

［15］白永秀，朱闪闪．构建中国特色社会主义人文经济学［J］．福建论坛（人文社会科学版），2024，（6）：43－54.

［16］王国成．拉姆齐消费——投资模型研究［J］．数量经济技术经济研究，1995，（4）：36－42.

［17］孙宗伟．效用价值论，还是劳动价值论？——评经济思想史上关于价值源泉的争论［J］．马克思主义理论学科研究，2016，2（3）：28－38.

［18］汪毅霖．实验经济学与行为经济学可通约吗——科学哲学视域下的思想回顾与范式比较［J］．中国社会科学评价，2022，（3）：72－81，158－159.

［19］卡尔·波兰尼．大转型：我们时代的政治与经济起源［M］．浙江人民出版社，1997.

［20］黄静晗，郑庆昌．正式制度与非正式制度的关系结构与形成逻辑——基于对我国农村集体产权制度改革的观察［J］．福建师范大学学报（哲学社会科学版），2023，（6）：39－48，72.

［21］迈克·费瑟斯通．消费文化与后现代主义［M］．译林出版社，2000，1－268.

［22］胡德平．资本主义起源的文化解释：一种心理—观念史的路径——评艾伯特·奥·赫希曼的《欲望与利益——资本主义走向胜利前的政治争论》［J］．国外理论动态，2014，（3）：103－109.

［23］德隆·阿西莫格鲁、詹姆斯·A. 罗宾逊．国家为什么会失败［M］．湖南科学技术出版社，2015.6.

［24］孙明东．论异化劳动理论和人本主义的关系［J］．马克思主义哲学

研究，2023，(1)：149－156.

[25] 任平. 深化研究人文经济学：方向抉择、当代使命与未来前景[J]. 苏州大学学报（哲学社会科学版），2024，45（1）：1－10.

[26] 平新乔. 论厉以宁的经济学贡献[J]. 金融评论，2023，15（4）：1－21，124.

[27] 王晋. 创新实践人文经济学的“苏州样本”[J]. 唯实，2024，(1)：16－19.

[28] 陈忠. 人文经济学与中国式现代化苏州样本[J]. 江苏社会科学，2023，(5)：29－34.

[29] 秦云龙. “共富学堂”铺就共富路 浙江丽水推进共同富裕实践调研行[J]. 经济，2022，(11)：32－35.

[30] 兰林友. 遗产旅游、文化符号与再造遗产——“武松”叶法善养生文化符号之争的旅游人类学解读[J]. 原生态民族文化学刊，2014，6（4）：128－137.

[31] 周艳芳，雷燕. 松阳高腔挖掘与整理的现状及路径研究[J]. 丽水学院学报，2023，45（3）：45－51.

[32] 林章荣. 浙江松阳：电商人才培训助力茶产业化危为机[J]. 中国人才，2020，(7)：64.

[33] 孙琳. 人文经济学对物化主体的超越及其世界历史意义[J]. 苏州大学学报（哲学社会科学版），2024，45（5）：10－18.

[34] 陈立旭. 人文经济多重维度与人文经济学研究对象[J]. 浙江社会科学，2024，(6)：9－12.

[35] 胡承槐，顾青青. 人文经济学的概念、对象、方法及其实践性、科学性[J]. 浙江社会科学，2024，(6)：18－26＋156. DOI：10.14167/j.zjss.2024.06.009.

[36] 白永秀，朱闪闪. 构建中国特色社会主义人文经济学[J]. 福建论坛（人文社会科学版），2024，(6)：43－54.

[37] 周正兵. 理查德·凯夫斯的文化经济学思想述评[J]. 北京联合大学学报（人文社会科学版），2024，22（4）：37－44.

［38］赵秀丽，李建平．历史唯物主义视域下制度型开放的政治经济学解读［J］．当代经济研究，2024，(5)：26－37.

［39］冯莉，谢晓川．马克思政治经济学的历史转向及深远影响［J］．马克思主义与现实，2024，(2)：59－66.

［40］陈宗胜，徐珺．探索中国特色社会主义政治经济学的新成果——评谷书堂教授《社会主义政治经济学论稿》［J］．开放导报，2024，(3)：112－113.

［41］新华社新时代人文经济学课题组．新时代人文经济学发展范式研究［J］．苏州大学学报（哲学社会科学版），2024，45（1)：11－19. DOI：10. 19563/j. cnki. sdzs. 2024. 01. 002.

［42］谭江华．人文经济学视角下的中国本土外贸企业发展的困局破解［J］．兰州学刊，2015，(1)：147－150.

［43］胡钰．人文经济学的理论基础［J］．人民论坛·学术前沿，2024，(4)：38－46.

［44］周琍，赵全伟．人文经济学助力城市文明典范建设：理论逻辑、现实挑战和实现路径［J］．江西师范大学学报（哲学社会科学版），2024，57（3)：47－57.

［45］李晓乐．人文经济学：中国式现代化的文化自觉［J］．苏州大学学报（哲学社会科学版），2024，45（3)：19－27.

［46］王璐，陈鹏飞．马克思经济学的总体方法论辨析——兼论西方主流经济学方法论的内在缺陷［J］．政治经济学评论，2024，15（4)：100－127.

［47］周文，白佶．中国式现代化与经济学自主知识体系：根本遵循与理论再造［J］．社会科学，2024，(7)：18－28. DOI：10. 13644/j. cnki. cn31－1112. 2024. 07. 003.

［48］田丽，毕昆．基于复杂网络的国际传播研究新趋势［J］．青年记者，2024，(6)：60－64. DOI：10. 15997/j. cnki. qnjz. 2024. 06. 006.

［49］钟先勇．基于复杂网络理论的部门间经济贸易网络控制与依赖关系研究［D］．内蒙古财经大学，2024.

［50］刘福香，冯灿．东北三省商贸流通网络空间结构特征研究——基于社会网络分析法［J］．北方经贸，2024，(9)：1－6.

[51] 叶素珍，周文婷，陈雨茜. 传统文化保护利用的松阳实践——松阳高腔创新发展新路径 [J]. 文化月刊，2022，(10)：46-47.

[52] 叶素珍. 松阳高腔保护传承的调查和思考 [J]. 今古文创，2020，(45)：67-68.

[53] 潘建英，吴关军. 松阳端午茶 [J]. 浙江档案，2013，(12)：46-47.

[54] 叶加娣，潘建英. 做好喝的松阳端午茶 [J]. 浙江档案，2013，(12)：48-49.

[55] 宋昭君. 松阳：强化数字治理，绘就基层“智治”蓝图 [J]. 中国建设信息化，2022，(1)：48-50.

[56] 张欣然，罗昕雨，刘美兰，等. 数字乡村经济发展模式现状分析及研究——以浙江省丽水市松阳县为例 [J]. 商讯，2021，(36)：32-34.

[57] 王晓静，刘士林，杨珺涵. 人文经济的历史逻辑、理论逻辑和现实意义 [J]. 南京社会科学，2023，(9)：41-50.

[58] 贾丽桓. 人文经济的三维探赜——生成逻辑、理论内涵与实践指向 [J]. 江南论坛，2024，(7)：4-9.

[59] 章锦河. 文化和旅游深度融合：新时代人文经济学视角的创新研究 [J]. 生态经济，2024，40 (4)：228-229.

[60] 彭泽明，李婷. 文化遗产旅游中的文化传播安全维护框架——基于“5W”模式 [J]. 中国文化产业评论，2024，34 (1)：81-95.

[61] 魏鹏举. 中国发展的文化自觉：人文经济学之引入 [J]. 山东大学学报（哲学社会科学版），2023，(5)：25-33.

[62] Roos, M., & Reccius, M. Narratives in economics [J]. Journal of Economic Surveys, 2024, 38 (2): 303-341.

[63] Ahmed, Z., Asghar, M. M., Malik, M. N., & Nawaz, K.. Moving towards a sustainable environment: the dynamic linkage between natural resources, human capital, urbanization, economic growth, and ecological footprint in China [J]. Resources Policy, 2020, 67: 101677.

[64] Schröder, P., Lemille, A., & Desmond, P. Making the circular economy work for human development [J]. Resources, Conservation and Recycling,

2020，156：104686.

［65］何显明．中国式现代化语境下的“人文经济学”［J］．浙江社会科学，2024，（6）：12－14.

# 附　　录

## 1. 附录 A：统计数据与图表

（1）松阳人口统计数据。

| 年份 | 户籍人口（万人） | 增长率（%） |
|---|---|---|
| 2012 | 23.9 | — |
| 2013 | 23.97 | 0.29 |
| 2014 | 24.06 | 0.38 |
| 2015 | 23.99 | -0.29 |
| 2016 | 24.07 | 0.33 |
| 2017 | 24.14 | 0.29 |
| 2018 | 24.12 | -0.08 |
| 2019 | 24.06 | -0.25 |
| 2020 | 24.03 | -0.12 |
| 2021 | 23.91 | -0.50 |
| 2022 | 23.83 | -0.33 |
| 2023 | 23.68 | -0.63 |

（2）松阳经济发展（GDP）增长趋势。

| 年份 | 松阳县生产总值（GDP）亿元 | 增长率（%） |
|---|---|---|
| 2012 | 66.07 | |
| 2013 | 73.6 | 11.40 |
| 2014 | 79.58 | 8.13 |
| 2015 | 81.26 | 2.11 |
| 2016 | 91.38 | 12.45 |

续表

| 年份 | 松阳县生产总值（GDP）亿元 | 增长率（%） |
| --- | --- | --- |
| 2017 | 97.52 | 6.72 |
| 2018 | 105.83 | 8.52 |
| 2019 | 115.55 | 9.18 |
| 2020 | 119.49 | 3.41 |
| 2021 | 130.72 | 9.40 |
| 2022 | 142.98 | 9.38 |
| 2023 | 153.99 | 7.70 |

（3）松阳农业产值统计。

| 年份 | 农业产值（亿元） |
| --- | --- |
| 2012 | 12.12 |
| 2013 | 12.86 |
| 2014 | 14.2 |
| 2015 | 19.61 |
| 2016 | 20.99 |
| 2017 | 21.71 |
| 2018 | 18.84 |
| 2019 | 14.79 |
| 2020 | 14.46 |
| 2021 | 14.93 |
| 2022 | 15.57 |
| 2023 | 16.59 |

**2. 深度访谈对象简介及访谈问题**

（1）访谈对象。

茶农代表松阳传统农业的主要从业者，对茶叶生产、销售有深入了解。手工业从业者主要是从事松阳传统手工艺的工匠，负责产品制作与市场推广。政府官员为负责文化与经济政策实施与管理的政府工作人员。游客为对松阳文化旅游有深切体验的外来访客，包括国内外游客。

（2）主要访谈问题。

茶农访谈问题：

（a）请您介绍一下目前茶叶种植的基本情况。

（b）在茶叶销售过程中，您遇到的主要困难有哪些？

（c）对于政府在茶产业发展的支持政策，您有何看法和建议？

手工业从业者访谈问题：

（a）您从事的主要手工业技艺是什么？

（b）在技艺传承和产品销售中，您认为最需要哪些方面的支持？

（c）对于未来手工业的发展，您有怎样的期待？

政府官员访谈问题：

（a）当前松阳政府在文化与经济发展中的主要政策有哪些？

（b）您认为这些政策实施后的效果如何？

（c）对于促进文化与经济深度融合，您有何具体计划和措施？

游客访谈问题：

（a）您是通过什么途径了解到松阳的？

（b）在松阳的旅游体验中，您最满意和最不满意的地方是什么？

（c）对于松阳的文化内容和旅游服务，您有什么建议？

# 后　记

“今携松阳志，共谈文化魂”，作为一名长期从事文化经济学研究的学者，我始终对文化与经济的互动机制抱有浓厚的兴趣。文化不仅是一个地区经济发展的内在驱动力，也是一个地区综合竞争力的重要组成部分。松阳县，这个位于浙江省丽水市的县城，被誉为“江南最后的秘境”，以其丰富的历史文化遗产和独特的自然景观令人难以忘怀。松阳县拥有得天独厚的自然和文化资源，这里有100多个保存完好的古村落分布于松阳县境内。此外，由于松阳特殊的地理环境，传统的手工艺、悠久的茶文化以及丰富的民间艺术而得以保留。这些传统文化资源不仅是松阳的独特标识，也是其经济发展的重要依托。在松阳的青山绿水间驻足，不禁令人想起陶渊明的《饮酒》：“采菊东篱下，悠然见南山。”这种宁静与自然的和谐，不正是我们所追求的文化与经济的完美融合吗？松阳的每一处风景，每一个故事，都在诉说着这片土地的独特魅力和深厚底蕴。漫步在松阳的乡村田野间，我感受到了文化的根脉在生根发芽，也看到了文化铺就的经济长廊。我时常被这里的自然美景和人文气息所感动。绵延的高山和茫茫的浓雾正是苏轼《题西林壁》的真实写照：“横看成岭侧成峰，远近高低各不同。不识庐山真面目，只缘身在此山中。”正是这片土地的多样性和文化的多元性，让我们对文化—经济的深度融合有了更深刻的理解和更全面的视角。因此，本课题组选择松阳县作为县域人文经济学的典型样本研究，围绕松阳县域的研究不仅可以深入探讨文化与经济融合的机制，还可以为其他地区的人文经济学研究提供有益的借鉴。

在决定以松阳县作为人文经济学样本对象后，本研究团队多次前往松阳进行实地调研。初到松阳，映入眼帘的是古老的街巷、青石板铺就的道路以及保存完好的明清古建筑群落。这里的古街石梯、青砖黛瓦都透着浓浓的历史气息，仿佛在诉说着岁月的变迁。在调研过程中，课题组多次深入松阳的多个古村落，包括陈家铺村、西坑村、平田村、横坑村等，与当地的村民、乡村文化工作者、村集体负责人等进行面对面交流并进行深入访谈。在交流的过程中，他们的热情和质朴深深地打动了我，也让我更加坚定了研究松阳文化与经济融合发展的信心。特别让我印象深刻的是：无论松阳的传统手工艺人，还是致力于现代农业发展的乡村企业家，他们都在用自己的行动诠释着松阳文化与经济的血脉联系。

本书不仅系统探讨了松阳县文化与经济融合发展的现状、机制和路径，还试图从理论和实践两个层面，为文化经济学的发展提供新的视角和思路。通过对松阳的深入研究，我们希望能够揭示文化资源在现代经济中的独特价值，探索文化与经济融合发展的可行路径：一方面，文化与经济的深度融合，不仅可以推动地方经济的繁荣，还可以提升居民的生活质量，增强地区的文化自信。正如王维在《山居秋暝》写道：“空山新雨后，天气晚来秋。明月松间照，清泉石上流。”眼前的美景正是松阳文化与自然的完美写照，也是文化与经济和谐发展的生动体现。另一方面，松阳文化的魅力更多地体现在原始的质朴之美，正如杜牧《秋夕》中的意境：“银烛秋光冷画屏，轻罗小扇扑流萤。天阶夜色凉如水，卧看牵牛织女星。”这种宁静和美丽的景象，正是松阳文化的真实写照，也为我们的研究增添了诗意和灵感。

在松阳的调研过程中，我时常被松阳人文景观的美丽和深厚的文化底蕴所感动，尤其是松阳近年来不断加强诗词文化发展，进一步弘扬张玉娘的诗词，这不仅是对自然美景的赞美，更是对文化力量的深情表达。正如杜甫在《登高》中所写：“无边落木萧萧下，不尽长江滚滚来。”这种历史的厚重感与现代经济的发展交织在一起，共同推动着松阳的前进。本书从多个角度探讨了松阳县如何通过文化资源的保护和利用，实现经济的可持续发展。无论是旅游业的发展，还是传统手工艺的传承与创新，都展示了文化对经济发展的巨大推动力。文化是一个民族的灵魂，是经济发展的重要资源。愿松阳的文化在经济发展的浪潮中焕发出更加绚丽的光彩，愿人文经济学的研究在实践中不断丰富和发展。我要再次感谢绍兴文理学院人文社科处的诸凤娟教授，陈福喜副研究员以及韦霏红老师、钱佳莹老师。感谢商学院的院长王华锋教授。感谢你们在我的研究过程中给予的鼎力支持和帮助。特别感谢我的好友阳欢、梁堃，你们的智慧和努力是这本书得以完成的重要保障。感谢松阳县政府和当地居民，感谢你们的热情接待和宝贵的意见，让我们的研究得以顺利进行，特别要感谢松阳县吴杰老师多次陪同我去松阳县的各个村落、大木山茶园等地方进行调研，使我对松阳的文化才有了深入的了解。感谢我的家人，你们的理解和支持是我不断前行的动力。在这里，我还要感谢那些曾经帮助和激励过我的老师和朋友们，你们的鼓励和指导让我在学术的道路上不断进步。最需要感谢的是中国财政经济出版社的段钢编审，是段老师一次次的认真帮助修改，才让我顺利完成本书。在完成这本书的过程中，我深刻体会到了文化与经济融合发展的重要性和潜力。因此，希望这本书能够对读者有所帮助，也希望大家能够继续关注和支持文化经济学的发展。

赵　江

2024 年 10 月 7 日